1　西洋婦人図

平賀源内が描いた、現存する唯一の絵画といわれ、画面の左下には「源内」の落款がみえる。本草・物産学者、戯作者などさまざまな肩書きをもち、多方面で活躍した源内は、自由で開放的な田沼時代を象徴する人物といえるだろう。

2　雪松図屛風（左隻）

江戸時代中期の画家円山応挙の筆。応挙は西洋画や清の画家沈南蘋の影響を受け、写生を重視した円山派の画風を確立した。この「雪松図屛風」は天明期頃に描かれた応挙の代表作で、国宝に指定されている。

3　松前屛風

蝦夷地の城下町松前を描いた屛風。福山城(中央)、商家の蔵や行き交う人々、帆を上げる船など、宝暦年間（1751～1764）の様子を克明に描写している。松前の絵師龍園斎小玉貞良の作品。

4　田沼意次画像（模写）
田沼家の菩提寺である勝林寺（東京都豊島区）に伝わる意次の肖像画。田沼家の家紋「七曜紋」がみえる。

5　三囲之景図
画家で蘭学者の司馬江漢による日本初の腐蝕銅版画。江戸隅田川三囲神社付近を描いている。平賀源内と出会い、西洋画の研究を始めた江漢は、蘭書の記事などを手がかりに天明3年（1783）、エッチングと呼ばれる腐蝕銅版画の制作に成功。ほかに油絵も多数手がけ、西洋画の普及に貢献した。

藤田 覚

日本近世の歴史4

田沼時代

吉川弘文館

目次

図版目次

〔口絵〕

〔挿図〕

〔表〕

田沼時代とは——プロローグ

著者の田沼時代観

田沼時代は、近世の歴史のなかで、軍事的警察的な威圧を背景にした権力的な抑圧が相対的に弱く、厳格な身分秩序による抑制もまた弱まった時代であった。そのなかで、斬新な発想と知識や技術をひっさげて、「山師」とよばれた人びとが幕府政治でも活躍した。それは、わずか六〇〇石の旗本が五万七〇〇〇石の城持ち大名に出世し、老中にまでなって幕府政治を牛耳った田沼意次《たぬまおきつぐ》に象徴される。その意味で、田沼時代は「山師」の時代だった。政治権力と身分秩序による抑制が比較的弱い穏和な時代を背景にして、現実の政治、経済、社会から新たな発想や知識を求められたこともあいまって、学問や芸術の世界でも「山師」的な新たな試みがなされ、その結果、多様な文化が族生し多面的に発展していった時代である。おそらく、近世人がもっとものびやかな、もっともゆったりした空気を吸った時代だったのではないか。以上が著者の田沼時代観であり、それを本書で叙述していくことになる。

本書が対象とするのは、一八世紀の半ば近くから末頃まで、年号でいえば宝暦《ほうれき》年間（一七五一～六三年）から天明《てんめい》年間（一七八一～八八年）まで、将軍でいえば九代徳川家重《いえしげ》と一〇代徳川家治《いえはる》の時代であ

図1　田沼意次

る。この期間は、歴史教科書や概説書などで田沼時代とよばれることが多く、田沼意次の名字を時代の名に冠した近世の時期区分のひとつとしてよく使われる。ある時代の名称に個人名を付けて語られるのは、長い日本の歴史のなかでも稀なことである。

それは、田沼意次が幕府政治の実権を握っていたとされる期間に代表させた名称であり、その個人に象徴されるかのような時代である。しかし、田沼意次個人が、江戸時代から現代に至るまで時に正反対の評価をうけることがあるという事情もあって、この時代の理解はなかなか定まらない。そもそも田沼が幕政の実権を握っていた時期そのものをめぐっても、近世史研究者のあいだで必ずしも一致しているわけではない。

著者は、田沼意次が、幕府の最高実力者にのし上がり、幕府政治をリードし始めたのが宝暦八年（一七五八）頃からで、幕府政治の全権を掌握したのが天明元年（一七八一）、と理解している。天明期以前は、これが田沼の政治、政策だと具体的に指摘できるような幕府政治との関わりはそれほどよくわからないのだが、天明期に入ると、田沼色の濃い大胆かつ積極的な政策が打ち出されたからである。

結局はその大胆な政策が田沼の命取りになったのだが、田沼時代の終焉は、天明七年（一七八七）六月の寛政《かんせい》改革の開始による。

田沼時代の歴史的な位置や意義を理解するためには、一八世紀初めから末までの約一世紀の歴史を視野に入れて考える必要がある。そのため本書は、田沼時代を中心にしながらも、一八世紀の政治史を叙述することになる。

江戸幕府が成立してから一〇〇年近くになる一七世紀末頃から、江戸幕府の政治や法、制度などに現実の社会と経済に合わない面があらわれてきた。それは、村・町の確立とその充実、そのもとで自立的に発展しつつある現実社会との不適合な面が出てきたということである。現実とのズレを修正しようとする試みが一八世紀初頭、元禄から正徳期にかけておこなわれ、それが大規模になされたのが享保の改革とよばれる政治改革である。現実に合うように法や制度、政治のあり方を手直しすることが課題であった。田沼時代は、その延長線上にあり、現実を前提にしてそれにより密着し依存した政治が展開した。そのような現実に合わせる手法の政治が行き詰まり、それを転換させようとしたのが寛政の改革である。

田沼時代の光と陰

田沼意次は、毀誉《きよ》褒貶《ほうへん》の激しい人物である。江戸時代からの定説でもある、賄《わい》賂《ろ》汚職の政治家であり、極悪人という評価がある一方、「豪傑」、あるいは清廉で開明的、革新的な政治家という評価もある。一人の人物がかくも正反対の評価を受けるのは、これも珍しいことだろう。田沼時代は、辻善之助以来、賄賂汚職が横行した暗黒の時代という面とともに、革新的な経済政策が打ち出され、さらに新たな思想、文化の生み出された面が指摘されてきた。また、林基、佐々木潤之介らから、田沼時代すなわち宝暦・天明期は明治維新の起点であるとする、近世史の大きな画期に位置づける積極的な主張も出されてきた。

本書は、六〇〇石の旗本田沼意次が出世して老中になり幕政を主導できた理由は何か、賄賂汚職がはびこった構造的な仕組みは何か、「山師」たちが幕府政治のなかで活躍できた秘密は何か、そのような疑問を幕府の政治構造、権力構造、および財政状況から解明することに力点をおく。さらに、田沼時代の特徴として注目すべきは、さまざまな新たな学問や芸術が目覚ましく発展し、宝暦・天明文化、あるいは天明文化とよばれる近世の一時代を画するような文化が生み出されたことである。その政治的社会的な背景を、幕府政治のあり方とも関連づけながら考察することになる。

田沼時代には、賄賂や不正の横行、未曾有の飢饉《ききん》や大災害、および農村や都市における大規模な騒動の頻発に帰結した陰の部分と、宝暦・天明文化の発展という光の部分が存在する。この光と陰の部分を、別個のものとしてではなく統一的に理解することが求められている。田沼時代の全体像を描くことを目的とする本書は、その点に力点をおいて叙述してゆきたい。

一　田沼時代の社会と政治の仕組み

1―民間経済・社会の充実と幕府の政治・行政

民間の充実

一七世紀末から一八世紀初めの元禄《げんろく》から享保《きょうほう》期にかけて、江戸時代の経済は大きく発展した。幕府や藩が経済を主導し、商人や職人が武家の需要を満たすことを基本とする経済の段階をはるかに超えて、江戸時代の経済は、商人や職人ら民間の自立的な活動に支えられる段階に入った。幕府や藩の需要に応えて巨額の利益をあげていた特権的な御用商人（初期豪商）の多くは、この時期までに没落するか衰退してしまった。それと交代して、都市の消費と在方の生産とを結びつけた商業、金融活動を展開する大坂や江戸の問屋商人、および仲買商人らが成長してきた。

民間経済の発展・充実は、村と町の民間社会の充実でもあり、江戸幕府の政治や行政もそれに依存しつつ展開していった。あるいは、それなしには成り立たなかったと言ってもよい。それは、年貢の村請けや、土木・建築、物品の調達や売却の多くが民間の請負により行われたことに象徴される。また、経済と社会の発展は、経済と社会そのものを複雑化させ、全国、あるいは地域や都市にさまざま

図2　菱垣新綿番船出港図

な問題も発生させ、幕府にその解決を求めた。しかし、幕府はそのような行政需要に応える能力を十分には持てなかった。難問解決の智恵は、民間にもあった。江戸時代の新しい経済を切り開き、それを支えた町人や百姓身分の者は、さまざまな問題のなかに新たな商売の機会や利潤追求の場を見いだしていった。そのためには、新しい発想や知識、創意工夫が求められ、彼らはさまざまな政策提案や請願、すなわち献策を行い、うまく行くとそれが幕府に採用され施行されることもあった。創意工夫に満ちた新たな政策提言を行い、それを政策化する人びとが活躍し、彼らは「山師」などと呼ばれた。

活発な献策の時代

江戸幕府は、一七世紀末以降、民間から請願

や献策を受け付け、それを政策化する権力だった。幕府役人と役所だけが政策を立案し、それを実施するのではなく、民間からの献策を政策化することもおこなわれていた。その提言の多くは、幕府の利益になること、人びとの為になることを考えついたので、その事業を請け負わせて欲しい、という趣旨のものだった。請願や献策が、江戸あるいは地方の幕府機関（遠国《おんごく》役所、遠国奉行）に出されるようになったのは、一七世紀末の元禄時代かららしい。

　詳しいことはわからないが、元禄一五年（一七〇二）に、江戸の町人が町奉行に、豊作、凶作にかかわらず米一石を一両に公定し、米の売買の独占を認めてくれるならば、多額の運上を献納すると請願し、同じ年に江戸の町人が、塩を食べるすべての江戸住民から運上を取り立てれば幕府の利益になる、と献策している。幕府の利益を謳《うた》うが、多数の者が不利益を蒙《こうむ》り出願人は利益を狙っているとして、ともに認められなかった。だが、幕府に採用され、幕府の為にも人びとの為にもならなかった献策が多かったという（『元禄世間咄風聞集』）。

　六代将軍徳川家宣《いえのぶ》、七代将軍徳川家継《いえつぐ》の侍講《じこう》という立場で幕政に深く関与した新井《あらい》白石《はくせき》（一六五七

図3　新井白石

一七二五）のところに、長崎貿易の利権を求める業者の使いとしてある寺の役僧が請願に来て、白石が実現のために運動することを承知してくれれば、まず金五〇〇〇両、成功すれば白石の息子二人に三〇〇〇両ずつ毎年贈るという条件を提示したという。白石はこの体験から、賄賂根絶のためにその温床となっている請願や献策を禁止するほかないと判断した（『折《おり》たく柴の記』）。白石の主張にそって、正徳《しょうとく》六年（一七一六）三月、幕府は民間からの請願や献策をいっさい禁止した（『御触書寛保集成』二九一七号）。

触書には、近年請願が多く、採用されたものもあるが有益な結果をもたらしたものはなく、かえって好ましくない結果を生み、さらに、賄賂が横行する原因になっているので、幕府が諮問したときを除き民間から請願や献策することを厳禁する、と書かれていた。ところが幕府は、三年も経たない享保四年（一七一九）二月、請願や献策を許可し、採用できるものは審議して採用する方針に転換した（『御触書寛保集成』二九二七号）。その結果、幕府の利益、人びとの為を標榜する請願や献策が、活発に行われるようになった。一八世紀は、民間から請願や献策が活発に行われた時代だった。

献策の政策化

明和《めいわ》五年（一七六八）一二月、大坂町奉行所は家質奥印差配所《かじちおくいんさはいしょ》の設立を認可した。家屋敷を担保（家質）とする金銭貸借証文は、差配所の奥印《おくいん》をうけ、借方、貸方の双方ともに差配所へ世話料《せわりょう》（手数料）を支払うことを義務づけた。商人が資金繰りのため所有する家屋敷を抵当（家質）に入れて融資をうけるのは、ごくありふれたことだった。活発な家質金融に目をつけ、その円滑化を標榜して仲介と保証を独占し、利益をあげようと目論んだ者がいた。家質金融の円滑化は、商人の営業活動にとって有益であり、幕府にとっては冥加金《みょうがきん》の収入を見込め、請負人は手数料収入を得ることができる。たしかに差配所は利益をあげ、明和八年には幕府へ九九五〇両もの冥加金を上納した。

商人は、借金とその返済状況などの懐《ふところ》事情は店の信用と深く関わるので内緒にしておきたいが、すべてを差配所に知られてしまうので、高い世話料とともに差配所への大坂町人たちの不満は強かった。明和五年の正月には、差配所設立の中心になった大坂の住吉屋、紙屋利兵衛らの屋敷が打ちこわされる事件がおこったほどである。それでも幕府は、多額の冥加金の上納を期待し、人びとの反対を押し切って設立させたのである。しかし、差配所の運営は順調ではなく、設立八年目の安永《あんえい》四年（一七七五）に廃止された。

樋屋市郎兵衛ら大坂町人三人が、宝暦《ほうれき》一〇年（一七六〇）、庶民向けの低利の金融機関として、銭小貸会所《ぜにこがしかいしょ》の設立を大坂町奉行へ出願し認められた。しかし、請負人の不正などもあり、天明《てんめい》八年（一七八八）に廃止された。また、小口の融資を仲介する機関として、明和八年（一七七一）に銀小貸会所が、大坂町奉行所の認可をうけて設立された。これは返済の滞納が多くなり、天明八年に廃止された。会所の請負人は仲介手数料を収益にし、そのなかから大坂町奉行所へ冥加金を上納した。幕府は、民間からの請願や献策をうけて株仲間の結成や会所の設置を認可し、その見返りに運上《うんじょう》や冥加金の収入を期待したのである。

請願者と住民や関係する業者の利害は、なかなか一致しない。幕府は、請願があると利害関係者の意見を聴取し、反対が強いものは採用しないなど利害の調整を試みていたが、ときに冥加金上納の方を優先することがあった。田沼時代には、民間からの献策とその採用が活発に行なわれ、利害調整が不十分なまま実施することがあったため、その政策に反対する人びとによる大騒動を引き起こして幕府の失政になった事例が多い。また、許認可権をもつ幕府役人や役所と請願する民間業者との癒着や後ろ暗い関係も生み出し、幕府の政治と行政を腐敗させる一因となった。

請負の広がりと不正

幕府は初めのうち、さまざまな土木、建築工事をおこなうにあたり大名に「お手伝い」を命じるほか、担当役人（奉行《ぶぎょう》）を決めて資材から労働力の調達まで直営でやってきた。一七世紀の後半以降とくに元禄期になると、江戸城の御殿などを除いて、江戸市中の土木・建築業者らに請け負わせる方式に転換した。また、物品の調達も取扱い業者が請け負う仕組みになり、工事でも物品調達でも請負方式が普通になった。

しかも、請負業者の選定には入札《いれふだ》が採用された。競争入札による請負は、一七世紀初頭から部分的に採用されていたが、広くおこなわれるようになるのは、一七世紀後半以降であった。請負、さらに競争入札制の確立には、民間経済の充実がその前提にあった。町人たちは幕府御用の請負を獲得するため、許認可権をもつ役所の奉行や役人、さらには老中以下の有力政治家へ賄賂攻勢をかけるようになり、入札談合すらおこなわれるにいたった。請負と競争入札制の広がりは、許認可権を持つ幕府役所・役人と民間業者のあいだで賄賂が横行する温床となった。

2―社会の風潮

権勢を誇らない権力者

柳沢吉保《やなぎさわよしやす》、間部詮房《まなべあきふさ》、大岡忠光《おおおかただみつ》、そして田沼意次は、その出自は小身の旗本などだった。自己の能力と将軍の恩顧《おんこ》だけを頼りに、将軍の権力と権威を背景にして権勢を振るい、大名にまで成り上がった。一七世紀半ばに確立した老中制度のもとでは、譜代の有力大名が老中になって幕政を取り仕切った。生まれながらの譜代大名が老中になって権勢を振るった時代と、小身から身を起こした側用人《そばようにん》や側用人兼任の老中が権勢を振るった時代とでは、おのずとその時代の社会の雰囲気や風潮に違いが生まれてくる。このことは、田沼時代を理解するうえで重要な要素だと考えられる。

京都町奉行所与力《よりき》を務めた神沢杜口《かんざわとこう》（一七〇八―九五）は、田沼意次について、外面は親しみやすく諸大名とは親しく付き合い、自身の出世を謙遜し、下級の家来たちにまで親切に声をかけるなど、少しも権勢を誇るところがなかった、と書いている（『翁草』）。幕府の最高実力者にもかかわらず権勢を誇らない腰の低い謙遜家、という意次の人物像が浮かぶ。しかも、意次のような態度や姿勢は、当時の権力者に共通したものだと言う。

神沢は、権勢家の今昔を比較し、昔は居丈高《いたけだか》に人を威圧し見ただけで怖いような強面《こわもて》だったが、今はいたって柔和で人へ丁寧に応対し、その物腰は身分の低い下人に近い、と言う。かつての権勢家は、人を威圧して物をむさぼり取ろうとしたが、今は、穏やかで人を手なずけ物をむさぼり取ろうとする、とその違いを語る。力ずくか悪巧みかの違いに過ぎず、「悪」という点では同じだが、かつての方がはっきりしていてましだとも言う。

田沼意次の逸話

九代将軍徳川家重《いえしげ》は、田沼意次のことを「またうとのもの」（正直者、律義者という意味）と評したという（『徳川実紀』第十篇）。意次が子孫に与えた遺訓のなかに、「人並みに違い候行作《ぎょうさ》にて、世俗にそけ（げ）ものと申す類間々《まま》これ有り候、これまたあい慎むへき事に候、物事変に落ちさるやうに心かけらるへく候」という箇所がある（『相良町史』）。「そげもの（削者）」とは、かわり者、奇人の意味である。人と違う振舞いにより、世間から「そげもの」と見られないよう気をつけろ、と教える。律義者の性格がよく出ている。

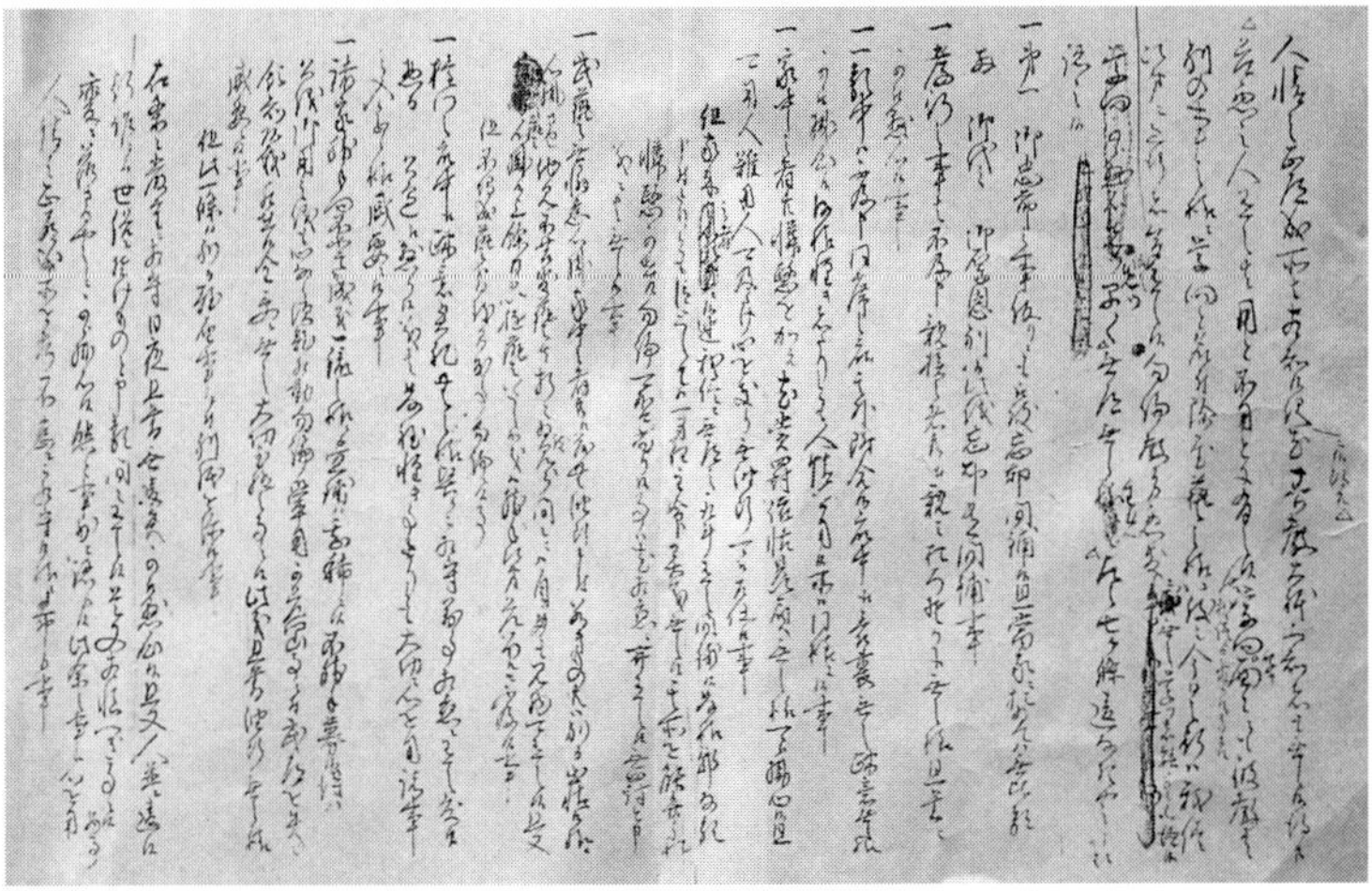

図4　田沼意次遺訓案

意次は、末端の家来にまで親切だったとの逸話がある。田沼家が、天明七年（一七八七）に一万石に減封され、そのため暇《いとま》を出された下級奉公人が、神沢杜口につぎのように語っている（『翁草』。現代語訳に改めた）。

家来たちに情けをかける点では、比べられる者がない。寒い早朝に江戸城へ登城するため、供揃《ともぞろ》えをして、田沼意次は乗り物に乗ろうとした。駕籠《かご》をかつぐ陸尺《ろくしゃく》、槍《やり》を持つ槍持ち、先箱《さきばこ》を運ぶ者などなど、たくさんの中間《ちゅうげん》や足軽ら下級の奉公人がお供をするのだが、意次はその供の頭《かしら》を呼び、今朝はひどく寒いので、お供の奉公人に、行った先で不作法なことをしてはならない、とよく申し付けたうえで、酒を振る舞い、酒が呑めない下戸《げこ》には温かな食べ物を与えて寒さを凌がせよ、と命じた。その間は待っているから、と意次自身は屋敷の奥に戻った。酒や温かな食べ物を振る舞われた供の者たちは気分よくなり、意次はかれらを従えて登城した。

いつも家来の労をねぎらい、わずかなことにでも褒美を与えた、とも言う。下級の奉公人にまで目を配り、気持ちよく働けるための配慮や心遣いのできる人物、あるいは人心操縦術に長けた人物、という意次像が浮かぶ。意次は遺訓のなかで、相手の身分や格式の高下に応じてつき合い方を変えるのを戒め、誰とも分け隔てなく親密に付き合うように心がけよ、と書いている。家来に情けをかけ、えこ贔屓《ひいき》なく下級の者にも気を配れ、とも言う。

意次は、小姓を振出しに幕府役人として昇進をかさね、大名になり老中の地位にまで昇った。生まれながらの譜代門閥大名が、当然のコースのように昇進し老中を務めたのではなく、旗本の幕府役人が昇進を重ねた結果として老中を務めたのである。物腰の柔らかさや慇懃《いんぎん》さなど、役人風とでもいうべき姿勢や態度が表れてくる理由だろう。

穏和で丁寧すぎ

罪を犯せば、その程度に応じた刑罰を科される。幕府役人が職務上でヘマをすれば、その程度に応じた処分を受けた。田沼時代の幕府は、本来の刑罰、処分よりも軽くしていた、という。理由はそれが「御慈悲」とされたからだが、その結果、賞罰の基準が曖昧になり綱紀が緩んだ、と批判された(『東京市史稿』産業篇三二)。小普請《こぶしん》の植崎九八郎《うえさきくはちろう》も、幕府は賞罰を明確にせず穏便を第一にしていた、と指摘する。触書の文面も、角《かど》が立たないようにとの配慮から穏やかすぎ、法が出ても「三日法度」、つまり三日もすれば守らなくてよい、と法を軽視する風潮が強まった、と批判する（「植崎九八郎上書」）。「御慈悲」「諸事穏便」を第一としたため法の権威が弱まり、人びとの規範意識が薄くなった、と言うのである。「諸事穏便」こそ、この時代の風潮をよく表現している。

幕府役人たちは、寛政二年（一七九〇）一月、近年の役人たちの風潮に関して、老中から口頭注意をうけた（『御触書天保集成』下、五一四二号）。それは、幕府役人の応対や文面が丁寧すぎる、というものだった。相手の身分や地位に応じて振る舞い、それに応じた文言を用いるべきで、度を超すとかえって不敬になる、と戒めその例をあげる。

老中、若年寄、側用人などの幕府重職は、月に数回、登城前対客《とじょうぜんたいきゃく》という登城前に大名や幕臣の陳情を屋敷で受け付け面談する機会を設けている。ところが屋敷を訪れた幕府役人は、ずっと平伏したままだという。たとえ下級役人であっても、お辞儀の時以外は、老中から顔が見えるようにすべきだ、と諭している。また、老中への上申文書に、「ご覧に入れ奉《たてまつ》り候」「お渡し遊ばされ候」と書いているが、「ご覧に入れ候」「お渡しなされ候」でよい。また、老中らの安否を問い合わせる文書に、「機嫌尋ねられ候」などの文言が使われているが、たとえお目見え以下の身分の者でも書くべきではないし、「あり難い」などは将軍に関わらないことに使うべきではない、と戒めている。田沼時代以来の幕臣の風潮、とくに丁寧すぎる風潮は、寛政改革期の老中たちの目に余ったらしい。

政治的な力や権威をむき出しにして振り回し人びとを威圧するより、人に穏やかに接し、丁寧に扱うことを良しとする風潮が広まった社会になった、ということである。細部にわたるまでの上下の秩序にそぐわない立ち居振る舞いや、書札礼《しょさつれい》から外れた田沼時代の社会の風潮は、既成の秩序を重視する人びとから反感をもたれた。

外国との戦争も国内の戦争もない状態が一五〇年以上も続き、日本の歴史上でも稀な「天下泰平」の世が到来した。田沼時代は、「泰平」の持続により政治と社会が成熟した時代、ということもできる。

山師の横行

田沼時代を象徴するものの一つに、「山師」の横行がある。有名な蘭学者の杉田玄白が、「世にあふは　道楽ものにおごりもの、ころび芸者に山師運上」という世相を風刺した狂歌を書き留め（『後見草《のちみぐさ》』）、田沼時代に「山師」が活躍したことを伝える。また、情報収集の専門家である幕府御庭番《おにわばん》の梶野平九郎《かじのへいくろう》は、天明七年（一七八七）五月の江戸打ちこわし直後に江戸市中を探索し、「山師体《やましてい》の者ばかり利運にまかり成り」「いよいよ世上一同山師体《てい》のようにまかり成り」「山師の体多くござ候」など、いかに多くの山師が横行していたのかを批判的に報告している（『東京市史稿』産業編三一）。

山師とは何か。創意工夫をこらした新たな試みをする人びと、斬新な政策提言をおこないそれを巧みに政策化した人びとたちを指している。田沼時代とは、そのような「山師」的な人びとが活躍した、あるいは活躍できた時代でもあった。

3―幕府政治の仕組み

将軍権力の強化

一八世紀の幕府政治構造の特徴は、二つある。第一は将軍権力の強化の結果としてその側近である中奥役人《なかおく》、すなわち側用人《そばようにん》や御用取次《ごようとりつぎ》たちの権勢が強まったこと、第二は勘定所の肥大化と権限の強化である。

江戸幕府の政治構造の特徴は、将軍を政治的頂点とし老中制度を根幹とする職制にあり、幕末まで基本的には変わらなかった。しかし、老中以下諸役人は、徳川将軍と固い主従関係を取り結んだ譜代大名と旗本、言いかえれば徳川家の「家人《けにん》」とはいえ、政治制度としての老中制度は、幕府政治を主導しようとする強い意志をもった将軍が登場すると緊張関係を孕《はら》むものともなった。

それを「将軍専制」「将軍親政《しんせい》」と呼ぶこともある。五代将軍徳川綱吉《つなよし》（一六四六―一七〇九）は、老中制度を牛耳る譜代有力大名らに移っていた幕府政治の実権を将軍のもとに奪い返そうとした。だが、現実の幕政運営は、すでに確立していた老中制度を前提とせざるを得ない。綱吉はその枠の中で将軍親政を実現するため、それまでの幕政運営のラインに側用人を加え、

〔将軍―側用人〕―老中―諸役人

とした。すると、老中を通すことなく内々（内証）に将軍と大名や旗本を結ぶことが可能になる。制

度的なものではないが、大名にとっては、

〔将軍―側用人〕―老中―大名

の制度的ルートのほかに、

〔将軍―側用人〕―大名

の内証ルートが生まれた。大名たちは、老中ルートでは実現が難しいような案件の場合、側用人を通して運動し、

大名↓側用人↓将軍↓側用人↓老中↓大名

という流れで実現させていった。

将軍は側用人を取次にして大名らとつながり、その願望を実現させることにより権威と権力を強め、側用人は、大名らの願望を将軍に取り次ぎ実現させることによりその権勢を強めた。将軍権力の強化、側用人の強い権勢とは、このような状況をさしている。

側用人の時代

将軍権力の強化とともに、側用人の時代が生まれた。

老中制度が確立しない段階では、徳川家康の頃の本多《ほんだ》正信《まさのぶ》・正純《まさずみ》父子を代表として、秀忠《ひでただ》や家光《いえみつ》の特別な恩顧と信任をうけた側近が、幕府政務に参与して活躍した。彼らは出頭人《しゅっとうにん》（近習出頭人）と呼ばれた。老中制度が確立して以降、出頭人に類似する存在は綱吉のときから登場する側用人であり、八代将軍吉宗《よしむね》のときに設けられた御用取次《ごようとりつぎ》である。彼らは、側近として将軍の手足ある

いは耳目になって活動し、将軍と老中との間を取り次ぐのみならず、将軍と旗本や大名とのあいだを内証に取り次ぐ存在だった。綱吉のときの柳沢吉保、六代家宣《いえのぶ》と七代家継《いえつぐ》のときの間部詮房《まなべあきふさ》が有名である。八代吉宗のときの有馬氏倫《ありまうじのり》、加納久通《かのうひさみち》（この両名は御用取次）、九代家重《いえしげ》のときの大岡忠光《おおおかただみつ》、一〇代家治《いえはる》のときの田沼意次、一一代家斉《いえなり》のときの水野忠成《ただあきら》と続く。このように一七世紀末から一九世紀前半の約一五〇年間は、いくらかの中断を挟みながらも側用人らが活躍した時代だった。

側用人政治という用語は、事態を正確に表現したとはいえない。将軍が側用人を重用した政治というべきだろう。ただし、側用人が、幕府の政策立案、評議に具体的にどのように関わったのかは、それほどよくわかっているわけではない。幕府政治の表舞台で活躍した側用人に間部詮房がいる。個々の政策の評議に将軍の意思を伝え、老中と相談したことが明らかにされているからである。

大老堀田正俊《ほったまさとし》が、貞享《じょうきょう》元年（一六八四）八月に、江戸城中で若年寄の稲葉正休《いなばまさやす》に刺し殺された事件をきっかけに、将軍の身の安全確保という観点から、老中以下の諸役人と将軍とが直接に接する機会を制限した。その結果、将軍と諸役人との間に側用人や側衆を介在させる仕組みになり、老中といえども彼らを介さないと将軍に会えなくなった。その結果、側用人など奥勤めの役人たち、すなわち中奥役人（将軍が日常の生活をおくる本丸御殿の中奥に詰めた役人）たちの役割がしだいに大きくなっていった。

側用人は、「お側の御用人」として将軍に近侍《きんじ》し、政務の相談にあずかるとともに、将軍と老中との間を取り次ぐのがおもな職務である。将軍の意思は、側用人を通して伝えられるので、側用人は将軍の意思を体現する存在になる。側用人の言葉は恐れ多くも将軍のお言葉、になる。そこに、強い権勢の生まれる根拠があった。

しかし、側用人には決定的な弱点があった。「飛ぶ鳥を落とす」とよく表現される権勢の根拠は、あくまでも特定の将軍の恩顧によるものなので、将軍が亡くなるやその権勢もまたたくまに失われてしまう。それでも柳沢吉保は、甲府一五万石（のちに大和郡山《やまとこおりやま》）、間部詮房は、上野高崎《こうずけたかさき》五万石（のちに越前鯖江《えちぜんさばえ》）の大名にまで成り上がった。

御用取次の登場

側用人の存在により老中制度の地位は相対的に低下し、それを担う譜代門閥大名たちの不満は募った。側用人排除と老中重視という彼らの輿望《よぼう》を担って登場したのが、八代将軍吉宗だった。吉宗は、享保元年（一七一六）に将軍に就任するや、側用人の間部と侍《じ》講《こう》の新井白石《あらいはくせき》を罷免して彼らの期待に応える姿勢を示したが、同時に側衆のなかに御用取次という役職を新設し、紀伊和歌山藩主の時代からの近臣、有馬氏倫と加納久通の二名を任命した。吉宗は、この御用取次を使ってたくみに享保期の諸政策を推進した。

御用取次は小姓などを経て就任し、最終的に一万石以上の大名になる者もいた。その職務は、老中や諸役人と将軍の間を取り次ぐことで、図に示すと、

老中・諸役人→〔御用取次→将軍〕

となり、将軍の手足や耳目となって幕府政治に関与していった。老中は、さまざまな伺書を提出して

将軍の裁可を求め、また、老中の意見が一致しなかった案件や老中個人の意見について将軍へ「掛《か》け合《あ》い」という相談をもちかけ、判断を仰いだ。そのさい、将軍の判断を補佐するのが御用取次たちの重要な役割だったので、幕政上の機密事項にふれるだけではなく、将軍の政治判断に大きな影響力をもった。

さらに側用人と同様に、

〔将軍→御用取次〕→大名・旗本・諸役人

という内証のルートが生まれた。

「側用人政治」を否定したといわれる吉宗は、自らが新設した御用取次を使って「側用人政治」によく似た政治運営を、享保九年（一七二四）頃までやっていた。元禄時代以来の幕政運営方式の延長線上に享保期の吉宗政治の仕組みがある、あるいは、綱吉が切り開いた将軍権力強化の遺産のうえに吉宗の政治がある、と言える。大岡忠光や田沼意次が活躍した時代の九代将軍家重と一〇代将軍家治は、綱吉や吉宗のように幕府政治を主導しようとする個性の強いタイプではなかった。そのような将軍の時代、すなわち田沼時代の幕府政治の特徴は何か。

将軍家重と側用人大岡忠光

徳川吉宗の子で九代将軍家重（一七一一—六一）は、出産障害により言語不明瞭となり、側用人の大岡忠光（一七〇九—六〇）だけが理解できたため重用され、権勢をふるったといわれる。いったん確立した強い将軍権力は、将軍自身に強い政治的な意

図5　徳川家重

思がなければ、側用人や御用取次が力をふるう範囲が広く大きくなる構造にある。

大岡忠光は、知行三〇〇石の下級旗本の家に生まれ、一六歳の時にまだ一四歳の家重の小姓になり、家重が将軍になると御用取次に就任した。宝暦四年（一七五四）、若年寄に昇進し、奥勤めも兼ねた。柳沢吉保と間部詮房は、大老や老中の格式を与えられたが、あくまでも格式だけでその職についたわけではなく、大岡のように奥（御用取次）と表（若年寄）の職を同時に兼ねるのは、江戸幕府では新しい形態であり、のちに奥勤め（側用人）と表の老中職とを兼ねた田沼意次の先蹤《せんしょう》となった。宝暦六年（一七五六）に側用人となり、そのさい若年寄をやめた。御用取次になったときに二〇〇〇石、その後しばしば加増をうけ、側用人へ昇進のさい武蔵岩槻《むさしいわつき》二万石の大名となった。

その権勢は強かったといわれるものの、老中制度のもとで行われる政策や法の立案と実施、すなわち幕府政治に強い影響力や政治力を行使したのかどうかよくわからない。大岡忠光は中奥の役人であり、現実政治との関わりはさしてなかったのではないか。

4—田沼意次の時代

田沼意次政権の政治構造は、元禄期以来のあり方を前提としつつも、かなり特徴をもっていた。それは、田沼時代を理解するうえで重要である。

意次の権勢の根拠

田沼意次が、側用人大岡忠光より、おそらく柳沢吉保よりも強い権力を持てたのは、幕府職制の頂点である老中と中奥役人の頂点である側用人を兼ねたことが大きい。老中は、政策を立案し執行する責任者であり、将軍は、老中から可否を問われ側用人や御用取次に補佐されて決定を下す。老中と側用人を兼ねると、政策の立案・執行と将軍の判断を補佐する役割を、一人で果たすことになる。また、「大名→老中→将軍」という制度的ルートと、「大名→側用人→将軍」という内証ルートの取次を同一人が兼ねることになる。幕府政治の実権を独占できる位置に立ったことが、意次の強大な権限・権勢の根拠である。

意次の履歴

田沼家は、大坂夏の陣に徳川方に属して戦い、ついで御三家のひとつ紀伊徳川家の初代頼宣《よりのぶ》に仕え、紀伊藩士となった。意次の父、田沼意行《おきゆき》（一六八八—一七三四）は、徳川吉宗がまだ部屋《へや》住《ず》みの頃から仕え、吉宗が将軍になると江戸に召し連れられ幕臣となった。享保九年に従《じゅ》五位下《ごいのげ》に叙されて主殿頭《とのものかみ》を称し、享保一八年に六〇〇石の知行を与えられた。吉宗が将軍になったため召し連れられ、幕臣になった元紀伊藩士はたくさんいて、吉宗とその子弟の側近を中心に幕臣の中に紀伊藩出身者グループ、紀州閥が形成され、しだいに側近職にとどまらず勘定所その他の役所に進出した。意次が活躍する人的環境には、紀州グループの存在があった。紀伊藩出身という家筋、および父が吉宗のいわば子飼《こが》いの家来であった点は、意次にとって大きな意味をもった。

図6　徳川家治

　意次は、意行の長男で享保四年（一七一九）に江戸で生まれ、幼名龍助《りゅうすけ》。同一七年、将軍吉宗にお目見えし、同一九年、部屋住みながら吉宗の嫡男、家重の小姓《こしょう》に召し出された。

　父の死後、享保二〇年、意次は遺跡《いせき》六〇〇石を継いだ。元文《げんぶん》二年（一七三七）、従五位下に叙せられ主殿頭を称した。意次が飛躍するきっかけは、延享《えんきょう》二年（一七四五）、家重が九代将軍に就任したことで、意次は将軍小姓になり、翌年、小姓頭取《とうどり》に昇進して目覚しい出世と加増が始まる。延享四年、小姓組番頭格《ばんがしらかく》で御用取次見習に昇進し、足高《たしだか》として一四〇〇俵（知行になおすと一四〇〇石）を支給された。翌寛延《かんえん》元年（一七四八）、小姓組番頭に昇進し、一四〇〇石を加増され知行二〇〇〇石、そして宝暦《ほうれき》元年（一七五一）、御用取次になった。同五年、三〇〇〇石加増され知行五〇〇〇石の上級旗本になった。宝暦八年に幕府評定所への出席を命じられ、美濃《みの》郡上《ぐじょう》一揆という難事件を果断に処理し、優れた政治的、行政的な力量を示した。同年、遠江国《とおとうみ》榛原郡《はいばら》相良《さがら》（現静岡県牧之原市）で五〇〇〇石を加増されて一万石となり、相良に拠点をおく新大名家、田沼家が誕生した。相良藩の成立である。

宝暦一〇年（一七六〇）、家重が引退し家治《いえはる》が一〇代将軍になった。将軍が引退あるいは死去すると、側近は辞任あるいは転任するのが普通である。その理由は、新将軍には新将軍の側近がいるからである。ところが意次は、そのまま御用取次を続けるよう命じられ、家治の信任を得てさらに目覚しい出世を遂げて行った。同一二年、相良周辺で五〇〇〇石を加増され一万五〇〇〇石、明和《めいわ》四年（一七六七）に側用人に昇進、位階は従四位下《じゅしいのげ》にあがり、さらに五〇〇〇石を加増され二万石になった。そのうえ、相良に築城を許され城持大名となった。

老中兼務の側用人

明和六年（一七六九）、老中格《かく》となり、五〇〇〇石を加増され二万五〇〇〇石、官職も侍従《じじゅう》にあがった。意次は、中奥の役人のトップである側用人から、幕府職制のトップである老中の一員として幕府政治に関与し、諸政策や人事の決定と執行にあたることになった。しかし同時に「勤め方ただ今までの通り」と、側用人の職務もこれまで通りに務める側用人兼任の老中格だった。明和九年（一七七二）、「格」がとれて老中となり、また五〇〇〇石を加増され三万石になった。側用人兼務の老中というより、老中兼務の側用人とよぶべきかもしれない。中奥役人の権力の強化・肥大化は、表の老中をも飲み込んでしまった。

安永《あんえい》六年（一七七七）、七〇〇〇石を加増され三万七〇〇〇石になった。将軍家治の子で次期将軍予

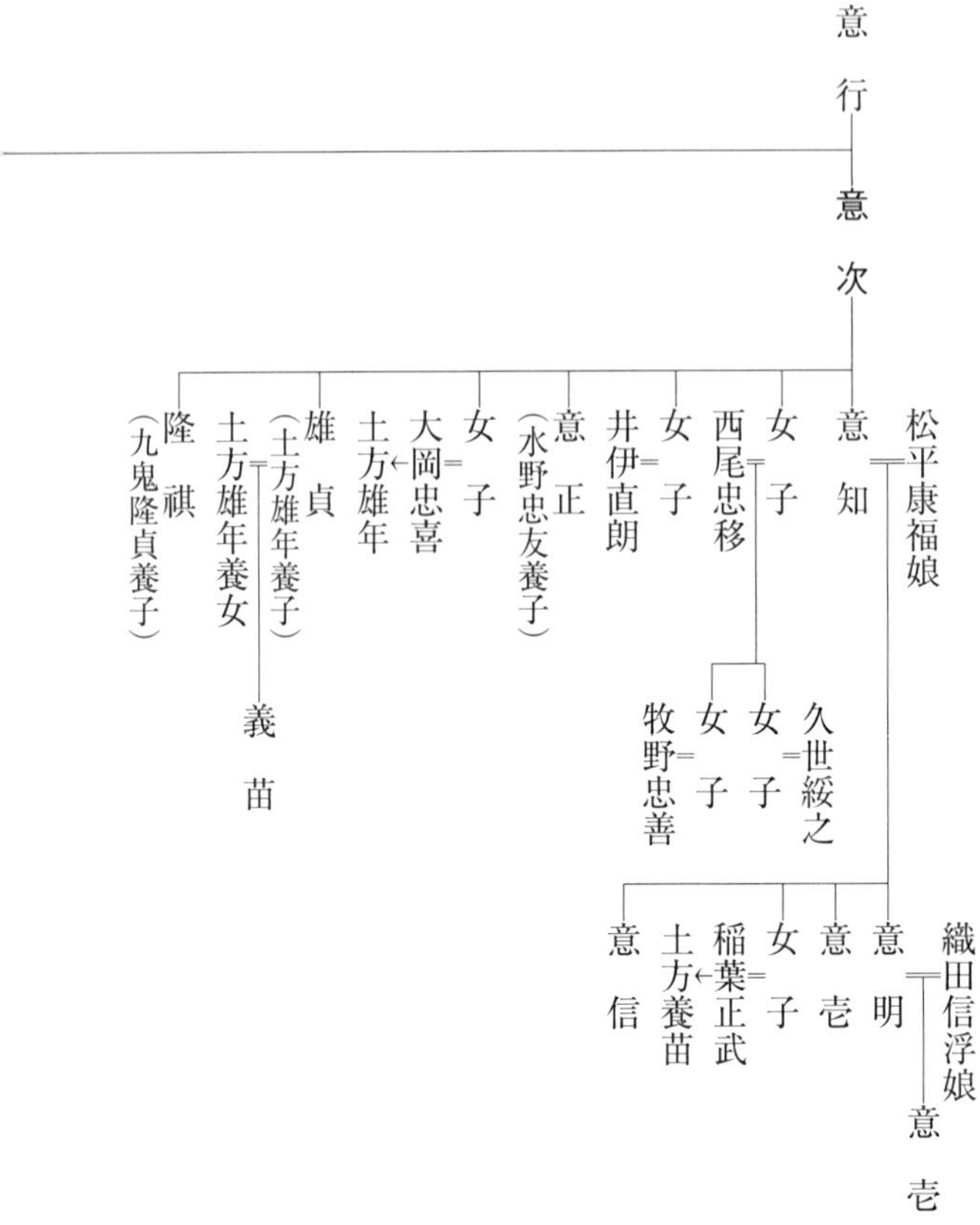
意行
意次
松平康福娘
意知
女子
西尾忠移
女子
井伊直朗
意正
（水野忠友養子）
女子
大岡忠喜
土方雄年
雄貞
（土方雄年養子）
土方雄年養女
隆祺
（九鬼隆貞養子）
義苗
久世綏之
女子
女子
牧野忠善
織田信浮娘
意明
意壱
意壱
女子
稲葉正武
土方養苗
意信

閨閥図

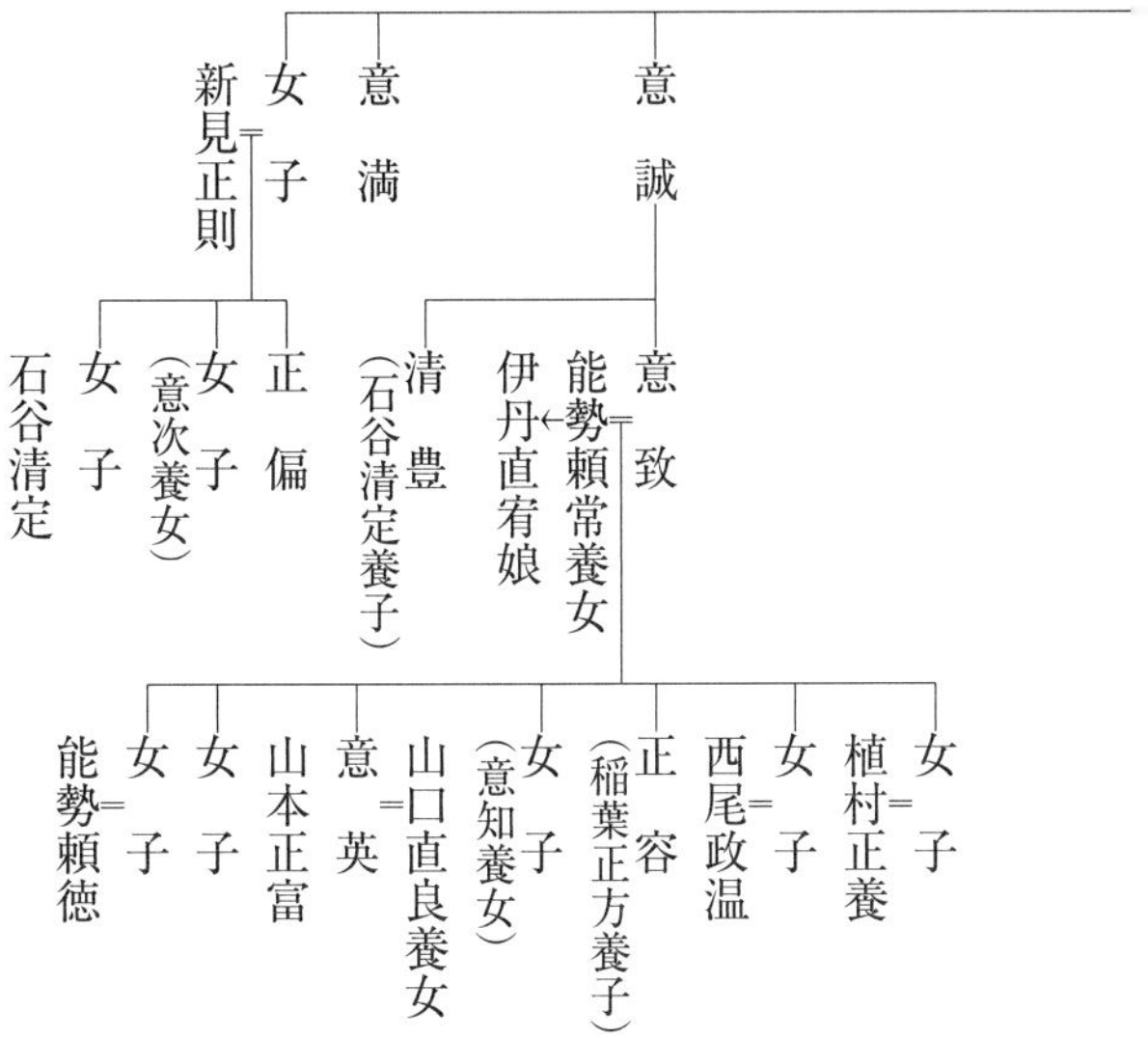

意誠
意満
女子
新見正則
意致
能勢頼常養女
伊丹直宥娘
清豊（石谷清定養子）
正偏
女子（意次養女）
女子
石谷清定
女子
植村正養
女子
西尾政温
正容（稲葉正方養子）
女子（意知養女）
山口直良養女
意英
山本正富
女子
女子
能勢頼徳

図7　田沼意次

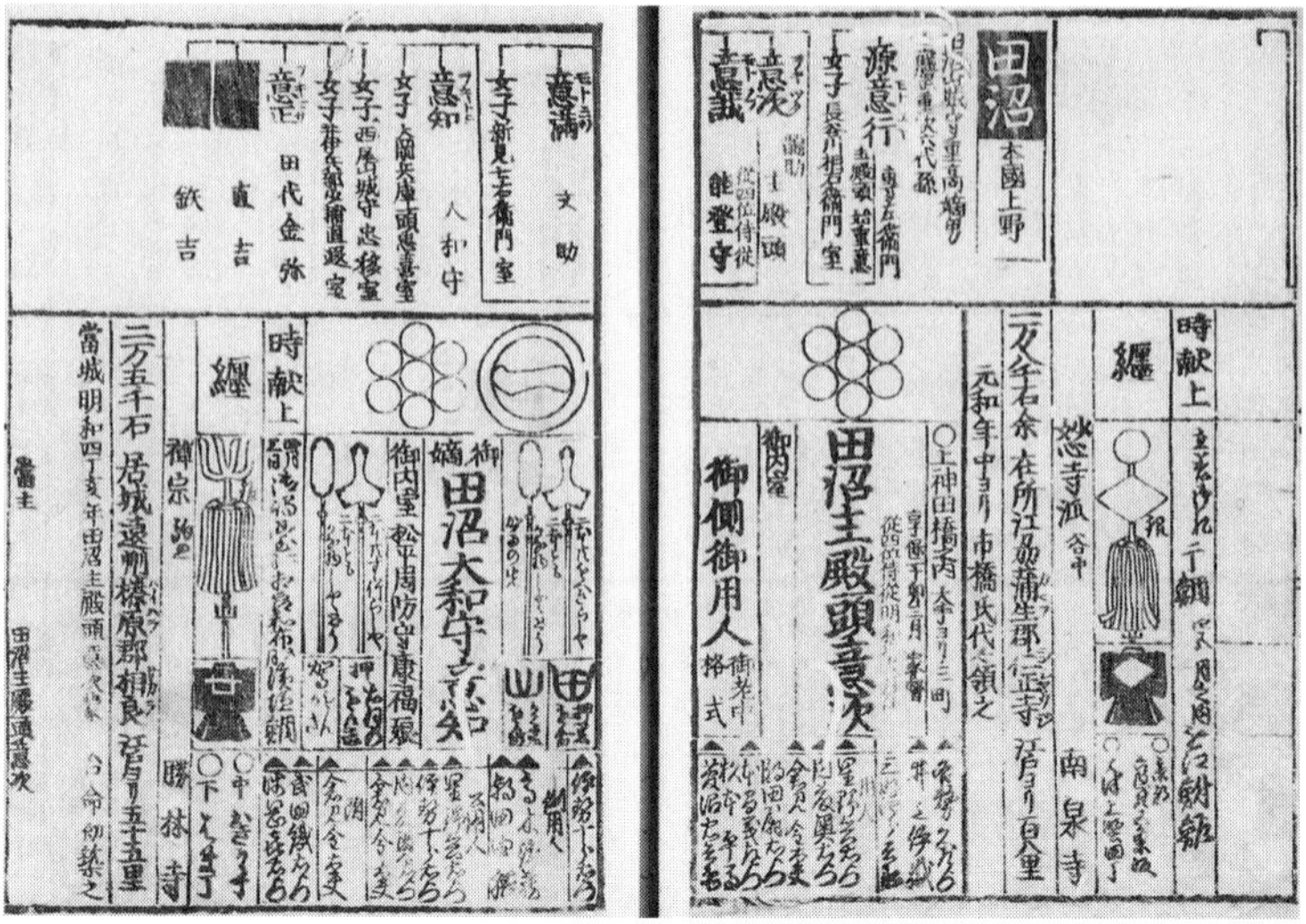

図8 『大名武鑑』にみる意次の系譜

定の家基《いえもと》が急死し、意次は家治の養子の選定を命じられ、天明《てんめい》元年（一七八一）、一橋家の徳川治済《はるさだ》の子、豊千代《とよちよ》（のちの家斉《いえなり》）に決定した。この大任を果たし、また一万石加増され四万七〇〇〇石になった。

天明元年、意次の嫡男《ちゃくなん》意知《おきとも》が老中昇進コースの出発点、奏者番《そうじゃばん》に就任した。部屋住みの身で、しかも父親が老中という者が奏者番になるのは空前のことである。それどころか意知は、同三年、若年寄に昇進し、月番《つきばん》（一か月交替で責任者を務めること）を免除される代わりにときどき奥の御用を務めるようにと命じられ、将軍側近の職務をつけ加えられた。おそらく、それほど遠くない将来に意知が側用人兼任の老中に就任する布石であり、意次から意知へ権力が継承される道筋をつけたといえる。田沼意次、意知父子に幕府権力が集中する異例の事態が生まれた。しかし意知は、同四年三月二四日、江戸城中で旗本佐野善左衛門政言《さのぜんざえもんまさこと》により斬殺され（四月二日死去と公表）、父から子への権力継承の目論見《もくろみ》は断たれた。それでも意次は、同五年、さらに一万石を加増され五万七〇〇〇石になった。しかし、それが最後の加増になった。

人脈・党派の形成

田沼意次の権力、権勢の根拠は、将軍徳川家重ついで家治の特別な恩顧を前提として、側用人と老中を兼任したところにあった。意次は、それを維持し永続させるため、大名家と姻戚関係を結び、さらに幕府役人や大奥のなかに人脈を形成し、要所要所に一族を配置した。江戸幕府の政治権力を構成する江戸城の表、中奥、大奥という三つの空間にいかに権力基盤を築くのかが、権勢の強さとその持続性を決める。江戸時代には擬制《ぎせい》的なものを含め血縁関係が大きな意味をもったので、結婚や養子縁組による姻戚関係などが動員される。個人の能力、将軍の恩顧、政治の仕組みだけではない、もっとドロドロした生臭い人間関係に重要な意味があった。

意次の妻（正妻）は、一橋家の家老伊丹直賢《なおかた》の娘で、直賢の孫娘は意次の弟意誠《おきのぶ》の子、意致《おきむね》の後妻に入っている。意次の弟意誠も一橋家に仕えているので、一橋家とは特別な関係をもっていたのである。

意次の嫡男意知の妻は、石見《いわみ》浜田五万四〇〇〇石の譜代大名で、宝暦一四年（一七六四）に老中になった松平康福《やすよし》の娘、意次の三女が嫁いだ遠江横須賀三万五〇〇〇石の譜代大名西尾忠移《ただゆき》は、天明四年（一七八四）に奏者番、意次の四女が結婚した井伊直朗《いいなおあきら》は、彦根藩井伊家の分家で越後与板《よいた》二万石の譜代大名、天明元年（一七八一）に西丸若年寄、同六年に若年寄に昇進、意次の次男意正《おきまさ》が養子に入った水野忠友《ただとも》は、小姓から勝手掛《かってかかり》老中にまで昇進し、知行七〇〇〇石から三万石の大名に、しかも駿河《するが》沼津《ぬまづ》城主にまで出世、意次の七女は、九代将軍家重の側用人大岡忠光の子で、武蔵岩槻《いわつき》二万石の大岡忠喜《ただよし》の後妻、六男雄貞《かつさだ》は、伊勢菰野《こもの》一万一〇〇〇石の大名、土方雄年《ひじかたかつなが》の養子になっている。

意次の三女が嫁いだ西尾忠移の娘二人、すなわち意次の外孫の結婚相手は、一人は、天明元年（一七八二）に京都所司代から老中に昇進した下総関宿《しもうさせきやど》五万八〇〇〇石の譜代大名久世《くぜ》広明《ひろあき》の孫、いま一人は、西尾家が婿養子に貰い、天明四年に京都所司代から老中に昇進した牧野貞長《さだなが》の二男忠善《ただよし》である。この牧野家は、初代成貞《なりさだ》が将軍綱吉の側用人を務めた家で、当時は常陸笠間《ひたちかさま》八万石の大名だった。意次の嫡男意知の子意明《おきあき》の妻は、出羽高畠《でわたかばたけ》二万石の大名織田信浮《のぶちか》の長女、意次の弟意誠の孫の養女は、御用取次稲葉正明《まさあきら》の息子正武《まさたけ》の妻であった。田沼意次は、子と孫、甥や姪を通してかなりの数の大名家、とくに老中、若年寄、御用取次ら江戸城の表と中奥の重職たちと姻戚関係を結んでいたのである。

大奥の掌握

大奥との関係では、「神田橋お部屋様《へやさま》」と呼ばれた意次の側室《そくしつ》が重要な役割を果たした。その女性の身元を保証する仮親《かりおや》は、幕府御医師の千賀道有《せんがどうゆう》（芳久《よしひさ》）という。千賀家は、町医者千賀道隆《どうりゅう》（久頼《ひさふゆ》）が、明和元年（一七六四）に幕府御医師に登用され、安永四年（一七七五）に奥医師となり、その子の道有も天明五年（一七八五）に奥医師となった家である。この千賀氏が、将軍家治の子で次期将軍予定の家基《いえもと》の生母とつながっていた。

家基の生母「於知保《おちほ》」は旗本津田信成《のぶしげ》の娘、その弟の信之《のぶゆき》の側室が千賀氏の娘なので、津田家と千賀家とはつながっていた。将軍の側室が津田信之の姉、信之の側室が千賀氏の娘、意次の側室の仮親が千賀氏という関係になる。これがもつ重要な意味は、意次が大奥に影響力を及ぼす回路が作られたことである。当時の大奥の実力者高岳《たかおか》という女性は、意次と関係が深かった。高岳は、有力者の田沼意次と結ぶことにより大奥での地位を築き、意次は高岳と結ぶことにより大奥に影響力を確保するという利害が一致したのだろう。こうして意次は、大奥にも権力基盤を確保した。

役人との人脈

大名とだけではなく、幕府でもっとも重要な役所だった勘定所にも人脈を築いていた。田沼時代前半の経済政策を担った勘定奉行の石谷清昌《いしがやきよまさ》の子清定《きよさだ》の妻は、意次の妹の娘で、姪を通して敏腕でならした石谷清昌と姻戚関係をもっていた。また、側室の仮親である千賀氏を通じて、田沼時代後半の経済政策を担当し、意次の腹心といわれた勘定奉行の松本秀持《ひでもち》と関係を持っていた。松本の養子は千賀道隆の子久道《ひさみち》だった。さらに、勘定吟味役《ぎんみやく》の村上常福《つねとみ》は、千賀道有の娘を養女にしていた。このように田沼意次は、勘定奉行と勘定吟味役の三名と姻戚関係をもち、勘定所に大きな影響力を及ぼす人脈を築いていた。

江戸町奉行両名のうち、北町奉行の曲淵景漸《まがりぶちかげつぐ》は、旗本村越《むらこし》家へ養子に出た実子徳之助が田沼意次の用人井上寛司《かんじ》の娘と結婚し、南町奉行の牧野成賢《しげかた》は、弟牧野成如《しげゆき》の妻が老中水野忠友の妹である。このほか、意次の家来が、勘定所の勘定や、老中らの政策立案を助ける奥右筆《おくゆうひつ》らと姻戚関係をもってい

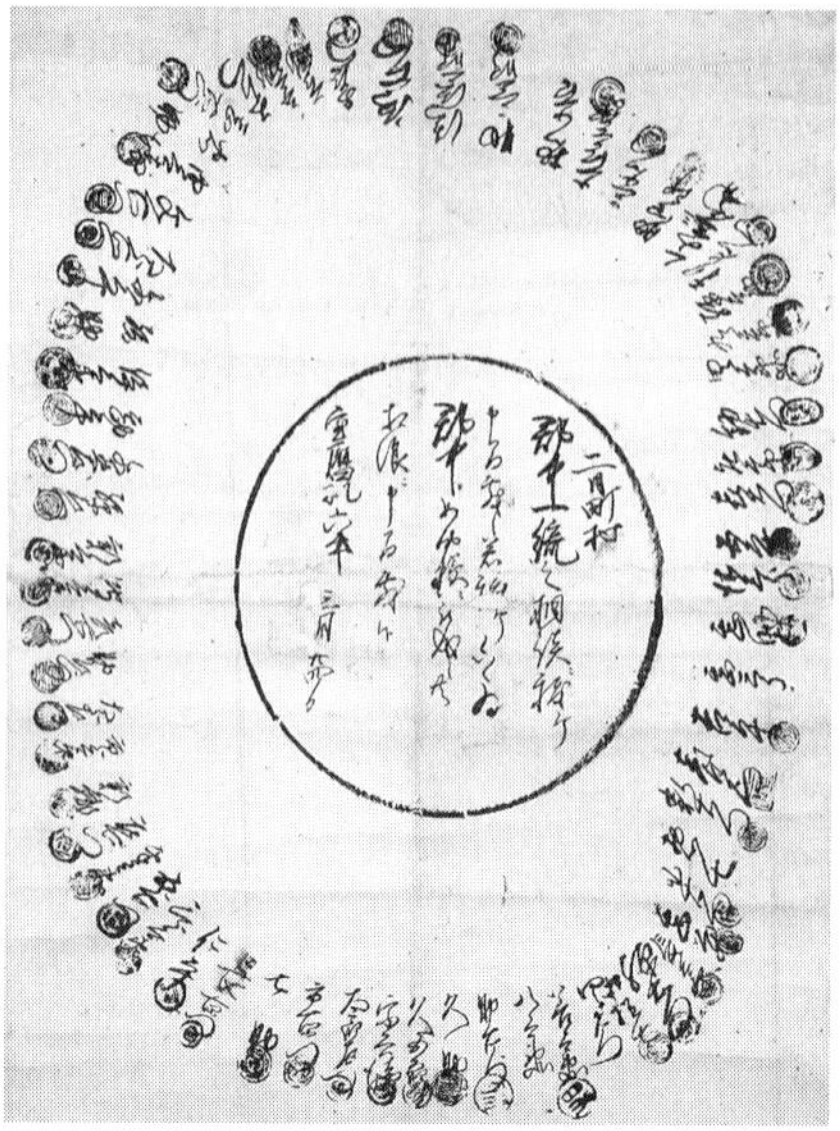

図9　美濃郡上一揆の傘連判状

た。勘定奉行や町奉行など幕府の重要ポストには、意次との直接の姻戚関係も含め、何らかのつながりを持つ役人たちが配置されていたのである。さらに、意次の家来と姻戚関係を結んだ旗本が、奥右筆や勘定所の勘定など、幕政運営の実務を担う重要なポストについている。このように田沼意次は、表、中奥、大奥のすべてに姻戚関係などによる人脈を作り、権力の基盤を築いていた。

それにとどまらず、弟意誠を通じて御三卿《ごさんきょう》の一橋家と深いつながりを作っていた。意誠《おきのぶ》は一橋家の家老、その子意致《おきむね》は将軍家治の子家基《いえもと》に付けられ、目付を経て一橋家の家老になった。後に意致は、将軍家治の養子となった家斉《いえなり》の御用取次見習から、天明二年四月に御用取次に昇進した。意次は、一橋家の家老に弟、ついで甥を配置し、将軍家治の養子の選定で一橋家の徳川治済《はるさだ》と家斉に大きな「恩」を売り、さらに、甥を家斉の御用取次にすえて次期将軍に田沼一族の強い影響力を維持する布石を打った。これは、田沼家の権勢を次の将軍の代にまで維持するための戦略だったにちがいない。

中奥役人の田沼意次は、表の幕府政治に関わるようになり、次第に幕府権力を握るに至る。意次が、幕府政治と直接に関わり始めたのは、美濃《みの》郡上《ぐじょう》一揆の処理からである。美濃郡上藩金森《かなもり》家（三万八八〇〇石）は、年貢増徴によって財政窮乏を打開しようと図ったが、領民たちは、宝暦四年（一七五四）から同八年にかけて、城下郡上八幡町への強訴《ごうそ》、江戸で老中への駕籠訴《かごそ》（老中の乗る駕籠に取りすがって訴える）、目安箱への訴状などにより激しく抵抗した。それに加えて、美濃郡上藩の預所《あずかりしょ》（幕府から預けられた幕領）にあった越前の白山中居《はくさんちゅうきょ》神社で、神職たちの内部抗争である石徹白《いとしろ》騒動がおこり、領民の一揆と重なって大騒動になった。

幕府有力者への途

幕府は宝暦八年七月、この事件の背後に幕府要人が絡んでいると将軍家重が「御疑い」を抱いたことから、評定所で審理されることになり、田沼意次がそこへの出席を命じられた。中奥役人の御用取次が評定所に出座するのは、前代未聞のことである。この審理の結果、金森頼錦《よりかね》の請託をうけて老中、若年寄、大目付、勘定奉行、代官らが、郡上藩領民を押さえつけようとしたことが明らかになり、老中本多《ほんだ》正珍《まさよし》の罷免と逼塞《ひっそく》（屋敷の門をとざして昼夜の出入を許さない刑）、西丸若年寄本多忠央《ただなか》（遠江相良藩）の罷免と改易、大目付曲淵英元《ひでちか》の罷免と小普請入り、閉門《へいもん》（屋敷の門をとざし、窓もしめきり、昼夜の出入を許さない刑）、勘定奉行大橋親義《ちかよし》の改易、代官大橋安清《やすきよ》の罷免と小普請入り、さらに同年一二月、美濃郡上藩金森家の改易という、まれにみる厳しい処罰がおこなわれた。幕府を震撼《しんかん》させた難事件を果断に処理したのが意次で、その手際は見事なものだったらしい。意次は、この後も将軍の耳目として評定所への出座を続け、幕府政治の一部に直接に関わっていった。

幕府最高実力者へ

幕府は、秋田藩の佐竹秀丸《ひでまる》（義直《よしなお》、のち義敦《よしあつ》）が、宝暦八年に遺領を継いだもののまだ一一歳だったため、藩政を監察する国目付《くにめつけ》の派遣を決めた。秋田藩はこれを回避するため、老中首座《しゅざ》の堀田正亮《ほったまさすけ》と側用人大岡忠光、そして御用取次の田沼意次に工作した。意次は、老中の実力者と権勢のある側用人と肩をならべて秋田藩の工作対象者になったことからわかるように、早くも宝暦八年の時点で幕府の実力者にのし上がっていた。

薩摩藩は、宝暦一二年二月に焼けた上屋敷の再建と、藩主島津重豪《しげひで》と一橋徳川家の保姫との婚礼のため財政困難になり、幕府に拝借金を願い出ることになった。薩摩藩が、まず御用頼《ごようだのみ》（藩が各種の便宜を期待して幕府の各級の役人と取り結んだ契約関係のこと）の老中松平武元《たけちか》に内願書を差し出すと、武元の家来は意次に頼むように指示した。意次の弟で一橋家の家老田沼意誠《おきのぶ》は薩摩藩の請願をうけ、一橋家の徳川宗尹《むねただ》の内意とともに意次へ伝えた。意次は、松平武元から薩摩藩の内願書を見せられ、さらに徳川宗尹の内意もあることなのでこの件は承知した、と答えたという。結局、薩摩藩は二万両の拝借金を認められた。薩摩藩の請願をうけた老中が意次に頼むよう指示したことは、意次が将軍の意思を動かすことのできる第一の実力者になっていたことを物語る。

秋田藩は、長崎からオランダと中国に輸出する銅の半分を領内鉱山から産出していた。宝暦一二年、鉱山振興をうたい文句に幕府へ拝借金を願い出て、銀九〇〇貫（金一万五〇〇〇両）を認められた。こ

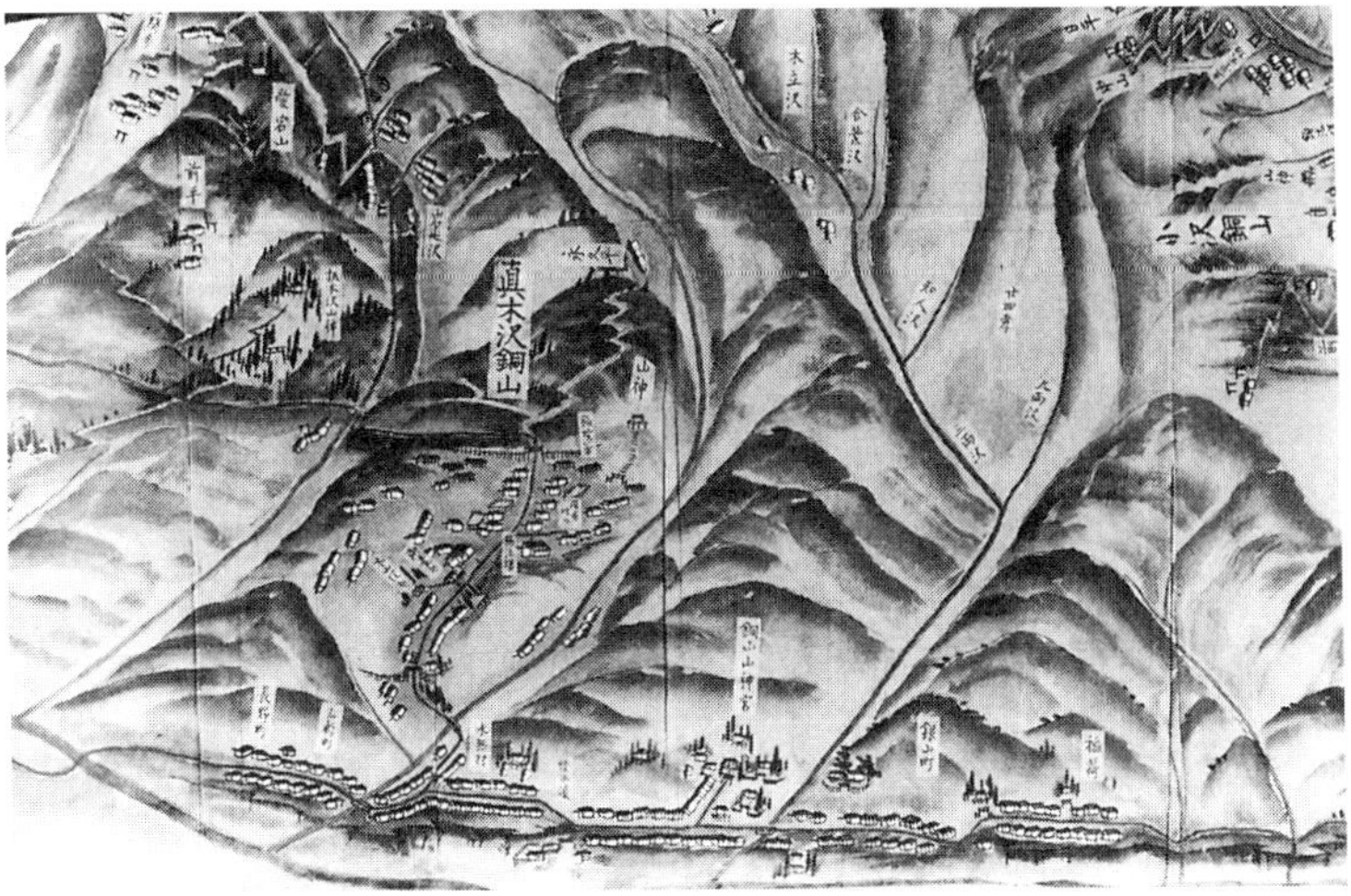

図 10　阿仁諸鉱山之図

のときは、老中の酒井忠寄《ただより》でも、松平武元でもなく、意次に働きかけて成功した。ところが、鉱山の産出量はさっぱり増えなかったため、幕府は、宝暦一四年（六月に改元があり明和元年〈一七六四〉）五月、秋田藩領の阿仁《あに》銅山とその麓の村むら約一万石の上知《じょうち》（当該地を没収するが代地を与えられる）を命じた。秋田藩は撤回を求めて幕府に運動し、六月に成功した。このときは、老中松平武元と意次に向けて工作したが、秋田藩が老中へ提出した願書には、ごく内々に意次に相談し、文面も意次の指示をうけて書いた、と記されていた。秋田藩の背後に意次がいることを知った老中たちは、銅山上知を撤回せざるを得なかったのだろう。

薩摩藩や秋田藩の幕府への工作をみると、宝暦一二年頃には、老中よりも御用取次の田沼意次が、将軍の意思を動かし大名たちの請願を実現させるもっとも大きな力を持っているとみられていたことがわかり、実質的に幕府の最高実力者になっていた。とはいえ田沼意次は、大名の請願を実現させるために背後で将軍の意思を動かす陰の実力者と言うべき存在だろう。意次は、幕府が発令した秋田藩の銅山上知政策を妨害したくらいだから、幕府の政策の立案や執行をリードしていたわけではなかった。

仙台藩主伊達重村《しげむら》は明和二年（一七六五）、少将から中将へ昇進するため、内々に老中松平武元と御用取次田沼意次に「手入れ」、すなわち工作をおこなった。それを藩士に命じた文書のなかで、近年の悪しき風潮として、何事か願望を実現させるためには幕府重職に「手入れ」するのが一般的だと言う。伊達重村は、世間の風潮を嘆きつつも自身の願望実現にもっとも効果的な幕府有力者へ工作させた。それが御用取次（すぐに側用人に昇進）田沼意次だった。誰に工作すればもっとも効果的か、すなわち誰が幕府の実力者かをよく見定めていた。

幕閣人事を独占

その転機は明和六年の老中格《かく》就任で、政策立案と執行の責任者の地位についた。そして、明和九年（一一月に改元があり安永元年〈一七七二〉）一月、側用人を兼任する老中という前代未聞の地位につき強い権力を握った。それでも、幕府の政策との具体的な関わりはよくわからない。

老中首座《しゅざ》で実力者の松平武元が安永八年、意次先任の老中板倉勝清《かつきよ》と阿部正允《まさちか》が同九年、松平輝高《てるたか》が天明元年（一七八一）に相ついで死去した。残った老中松平康福《やすよし》と、天明元年に補充された久世広《くぜひろ》明《あき》、水野忠友《ただとも》、同四年に就任した牧野貞長《さだなが》は、全員が意次の姻戚関係者だった。若年寄には、天明元年に太田資愛《すけよし》と井伊直朗《なおあきら》、同三年に意次の息子意知が就任したので、若年寄のうち三名は息子と姻戚関係者であり、御用取次の稲葉正明も同じだった。つまり、田沼意次は、老中、若年寄、御用取次を身内で固めてしまった。こうして、天明元年前後に幕府権力を完全に握った。

幕府政治を主導

それ以降、田沼意次は強力なリーダーシップを発揮していった。意次の具体的な関わりがわかる事例を二つ紹介しておこう。

ロシアとの交易や蝦夷地《えぞち》政策は、意次が工藤平助《へいすけ》『赤蝦夷風説考《あかえぞふうせつこう》』に着目し、勘定奉行の松本秀持《ひでもち》に政策化を命じたのが発端である。松本が、天明四年（一七八四）五月、具体案を意次に提出すると、勝手掛で月番老中の水野忠友へ出さなくては老中の評議ができないので、水野に提出するように指図したうえで松本の政策案を預かり、伺いの通りにするようにと松本に指示を与えている。松本は、前もって意次の了解を得たうえで、その指示通り上申書に『赤蝦夷風説考』を添えて老中水野へ提出した。また、松本が同年一一月四日に、派遣される蝦夷地調査団が用いる船や食料などについて伺うと、意次は、その伺書を水野に提出する必要はない、と指示を与えている（「蝦夷地一件」）。このように、蝦夷地政策およびロシア貿易構想は、意次色のきわめて濃厚な政策であった。

天明元年、金座の窮状を救うという名目で、両替商に役金《やくきん》を負担させようとする政策が出された。担当した南町奉行の牧野成賢《しげかた》は、意次と水野忠友に事前に目を通してもらってから伺書《うかがいしょ》を月番老中に提出している。別の伺書では、月番老中へ提出する前に意次に見せ、「右は随分よろしく思《おぼ》し召《め》し候よし」「随分しかるべき旨」「随分よろしき旨」などの賛同を得ている（旧幕府引継書「安永撰要類集　金銀銭両替之部」）。町奉行牧野は、両替商役金制度の立案と実施の過程で、意次に事前に政策案を見せ、その賛同や指示をうけた後に老中に提出する手順をとっていた。

重要な政策は、その発議が誰であるかは別にして、意次と担当の奉行が事前に協議して立案し、その後に老中の評議にかける、というやり方だった。意次が幕府の重要な政策を主導していたことをよく理解できる事例である。

意次は、老中を辞職し、処罰を受けた後の天明七年五月一五日の日付で、身の潔白を大元帥《たいげん》（大元帥明王、国家鎮護の神）に訴えた「上奏文《じょうそうぶん》」（『相良町史　資料編　近世（一）』）の中で、ささいな案件でも意次の一存で決めたことはなく、かならず老中一同で評議し、将軍に上奏して決定していたにもかかわらず、すべて意次が一存で決めていたと非難されるのは災難だ、と書いている。

意次は、老中のみならず将軍までさしおいてすべて独断専行した、だからすべての政治責任が意次にあるという非難に強い不満を持っていた。たしかに、老中一同で評議して将軍に伺い出て決定し執行する、という幕府の政策決定と執行の手続きを踏んでいたことは事実である。しかし、事前に担当奉行と意次が協議し、内々で決めたうえで老中評議にかけていたことも事実である。しかもその老中は、みな意次と姻戚関係にあり、意次に引き立てられた者たちである。さらに、将軍に伺い出たと主張するが、意次は将軍の決定を補佐する側用人兼任だった。意次の独断専行と言われても、また、政治責任を問われてもやむを得ないところである。

5――勘定所の権限強化

勘定所は、幕府財政の運営、幕府領の支配、裁判などを担当し、享保の改革により抜本的に整備拡充され、幕府のもっとも重要な役所になっていった。その要因は、財政問題こそが幕政のもっとも緊要な政治課題となったからである。

職務の再編と役人の増加

享保六年（一七二一）に、職務分掌を再編し、勘定奉行を財政と幕領支配を担当する勝手方《かってかた》と、裁判を担当する公事方《くじかた》とに分けて専念させ、業務の効率化を図った。ついで翌年、老中のなかに勝手方の業務を扱う勝手掛《かってかかり》をおいて責任者とし、老中のなかでも重職と位置づけて財政重視の姿勢を示した。さらに同八年、それまで幕領支配を関東と上方に分けていたのを一元的に支配する体制へ転換した。これにより、勝手掛老中―勝手方勘定奉行による一元的な幕領支配と年貢を基盤とする財政運営の実現を図ったのである。

享保の改革により、職員数は四〇%も増えた。そのなかでは勘定という役職が中心的な役割を果たし、定員は一三〇名を超え、そのもとで実務にあたった支配勘定も一〇〇名近くが在職した。一八世紀後半には、さらに支配勘定見習、勘定出役《でやく》、支配勘定出役なども新設され、職員はますます増員された。なお、享保九年には、大河川の治水工事の施工や監督を行う普請役《ふしんやく》が置かれ、肥大化していった。

権限の拡大

職員数の増加は、職務の増加と権限強化を反映した。五街道とその宿駅の維持・管理、助郷制度など陸上交通の管理業務を担当したのは、道中奉行である。道中奉行は、もともと大目付と勘定奉行の各一名が兼務する体制だったが、配下に多数の職員を抱えた勘定奉行が、その実務を担当するようになった。

司法でも、勘定所の進出が顕著である。最高裁判所ともいうべき評定所には、留役《とめやく》、諸書物改役《しょかきものあらためやく》、書物方などの役職があり裁判実務を担っていたが、勘定所の役人がそこに出向し、関八州以外の私領の訴訟を担当した寺社奉行は、奉行の家来が裁判事務を担当していたが弱体のため、これも吟味物調《ぎんみものしらべ》役《やく》が出向し実務にあたっていた。勘定所は、幕府の司法の主要な担い手になった。

一七世紀末から、大河川流域の洪水が頻発し、その復旧や改修工事がさかんに行われた。勘定所が、現地調査、工事計画の立案と施工などの実務を担当し、享保の改革以降、治水工事に国役《くにやく》普請制度が導入されると、それに対応するために普請役が新設された。なお、普請役は当初、普請工事の担当者、技術者として設けられたが、後には最上徳内《もがみとくない》や間宮林蔵《まみやりんぞう》らのように民間から登用され、蝦夷地の調査など極めて困難な探検ともいうべき職務に従事する者も多く出ている。

貿易関係にも進出している。後述するように、中国・オランダとの貿易を担っていた長崎会所の改

図 11　銅の貿易（『長崎古今集覧名勝図絵』）

革は、勘定奉行が長崎奉行を兼任して断行された。勘定奉行松浦信正《まつらのぶまさ》は、延享五年（七月に改元があり寛延元年（一七四八））から宝暦二年（一七五二）までの五年間、石谷清昌は、宝暦一二年から明和七年（一七七〇）までの八年間、長崎奉行を兼務し、直接長崎に乗り込んで長崎会所の大改革を行い、その管理下においた。その後も支配勘定が交代で長崎へ出役し、管理・監督を続けた。また、全国から荒《あら》銅《どう》（粗銅《そどう》）を独占的に買い付け、大坂の銅吹屋に精錬させ貿易用の棹銅《さおどう》（長細い棒状の精錬銅）として長崎に送っていた大坂銅座《どうざ》には、支配勘定や普請役が銅座掛《かかり》として出役し管理していた。貿易の維持・管理に、勘定所が大きな権限を持つようになった。

上方に役人を派遣して現地を視察し、業務の改善を促したり、朝廷にも派遣してその財政を管理・監督したり、遠国各地の奉行所や幕府役所・施設に役人を派遣して改革や監督を強化した。勘定所は、幕府の財政運営にあたるとともに、幕府各役所の経理面を監察・監督し、幕府の司法の主要な部分を担った。とくに一八世紀以降、財政問題が幕政の中心課題になるとともに、各種の財政・経済政策を立案して実行する政策官庁になった。

田沼時代の政治と社会をきびしく批判した小普請《こぶしん》の植崎九八郎《うえさきくはちろう》

は、「お勝手《かって》向《む》きご入用に懸《か》かり候者をば世上一統尊く心得」（「植崎九八郎上書」）と、幕府財政に関わる役人が偉い、と見る社会の風潮が生まれたと書く。このように勘定所は、組織を肥大化させ、その権限を拡大・強化し、幕府の機構のなかでもっとも重要な役所になったのである。

実力主義の役所

勘定所は、幕府の他の役所と比べかなり様子の違う役所だった。支配勘定—勘定—勘定組頭—勘定吟味役・勘定奉行という職階であるが、元禄時代の荻原重秀《おぎわらしげひで》以来、勘定奉行には俸禄一五〇俵の勘定、あるいはそれより低いお目見え以下の格式の出身者が何人も就任している。このような役所は、幕府には類例がない。

一人だけ紹介しよう。小野一吉《くによし》は、細工所《さいくしょ》同心組頭（お目見え以下）の子で、御《お》徒《かち》目付から元文《げんぶん》二年（一七三七）に俸禄五〇俵で勘定、宝暦五年（一七五五）に勘定吟味役で俸禄一〇〇俵（のち知行三一〇石）、同一二年に勘定奉行に昇進し五一〇石、明和八年（一七七一）に大目付、安永五年（一七七六）に西丸旗奉行、同八年に本丸旗奉行。お目見え以下の格式である細工所同心組頭の子という下級の出自ながら、知行五一〇石の勘定奉行、大目付にまで出世した。かの稀にみる才人でアイデアマンの平賀《ひらが》源内《げんない》が、たとえ源内が勘定奉行になっても「小野のまねにて珍しからず」と舌を巻くほどである（城福勇『平賀源内の研究』）。また、京都町奉行所与力の神沢杜《かんざわと》口《こう》は、小野は「御益第一によろず憚《はばか》るところなく」職務に精励し、人びとは悪く言うが、同心という低い職位から勘定奉行にまで上り詰めた人物なのだから、「才力抜群」のうえ職務に専心したという点で肩を並べられる者はいない、とまで讃えている（「翁草」）。小野一吉の並はずれた力量のほどが偲ばれる。「御益第一」で職務に専念したという点で、利益追求を第一にした田沼時代の勘定奉行にふさわしい。

小野一吉のように勘定所は、能力、実力によって奉行にまで昇進できる役所だった。その要因の一つに、担当する職務の難しさがある。複雑で難しい幕府財政の運営、しかも財政が悪化してきた段階での運営はますます難しくなり、有能な者がいなければやっていけなかった。それ故、経理の才、経済・財政政策の立案にたけた役人が頭角をあらわす実力主義の役所になった。それが、能力のある下士がトップにまで上り詰めることができた理由である。

お目見え以下の格式から出て勘定奉行に出世して辣腕《らつわん》をふるうのは、六〇〇石の旗本から出て老中に出世し、五万七〇〇〇石の大名にまで成り上がった田沼意次も同じことである。田沼時代は、能力によっては破格の出世も可能だった時代であり、従来の身分秩序や格式を乗り越えて活躍できた時代でもあった。

役人たちの出世競争

会津藩は、天明六年（一七八六）閏《うるう》一〇月頃、御三家へ幕府政治についての意見書を提出しようとした。そのなかで、幕府の下級役人が、立身出世のため「御益」策を上申し、全国津々浦々にささいな事柄についてまで調査団を派遣するため、現地の住民たちはその応対の負担と役人の無理難題に苦しみ疲弊している、と書いている（『会津藩家世実紀』十二）。

小普請の植崎九八郎も意見書「植崎九八郎上書」のなかで、

御入用金出で申さず候を第一の勤めと仕《つかまつ》り候えば、諸役人おのおの互いにあい争い、御益と号し、聚斂《しゅうれん》（過重な税の取り立て）をもって御為の御奉公と存じ、その場その場の省略に取立てをきびしく仕り、その手柄によって転役いたし、

と書いている。勘定所の役人は、幕府の支出を一銭でも減らすことを第一の仕事とし、「御益」と称して幕府の収入を一銭でも増やすことを競い合い、それで出世を遂げたという。役人の間で激しい出世競争が繰り広げられたようである。

江戸にいる役人のみならず、地方官である代官も同じだった。寛政の改革を開始した幕府は、天明七年七月に代官に対して職務上の教諭をおこなった。そのなかで、代官が、自身の業績を上げるため（「一己《いっこ》の功を立つべきため」）に運上や新田開発などを上申し実施したが、将来の利害得失を見すえないため古田畑は荒れ、用水が不足してかえって農民たちが苦しむ結果になっている、と指摘している（『日本財政経済史料』第四巻）。代官も、地方にあって出世するために業績をあげようと血眼になっていた姿を見ることができる。

下級の役人が経済・財政に関わる政策を上申し、それが採用されると責任者になり昇進する。悪化した幕府財政の増収をはかる「御益」追求の要請と勘定所の昇進システムが、見事に結びついたのである。勘定所では、業績主義に基づく出世競争が繰り広げられ、それが弊害を生みつつあった。

幕府財政を預かる勘定所の長官である勘定奉行とその役人たちの一番の関心事は、悪化した幕府財政を再建するため、財政支出を減らし収入を増やすことだった。政策官庁として成長した勘定所は、そのための経済・財政政策をつぎつぎと立案し、実施していった。しかし、明和二年（一七六五）三月、勘定奉行は老中から叱責《しっせき》され、つぎのような厳重注意をうけた（『御触書天明集成』一八八〇号）。

勘定奉行と経済・財政策

勘定奉行は、確かな見通しのない興利策を上申してはならない。何故なら老中は、勘定奉行の政策案はよく練られたものと考え、書面審査だけで認めてしまうこともあるからだ。また、老中の側から「御益」策について勘定奉行の意見をきくのは、その策の成否や問題点を知りたいからで、老中に遠慮し十分に納得できないにもかかわらず賛成するようなことがあってはならない。執行した政策がうまく行かず撤回したことがあったのは、熟慮せずその場その場の事情だけで判断したからで、まことに不埒《ふらち》なことである。今後、政策案を上申するときも、老中の諮問に答える場合も、表面を取り飾ることなく、将来を熟慮したうえで上申すべきだ。また、提案者の口車《くちぐるま》に乗り、不用意に実施することがあってはならない。

幕府の財政収入を増やすための政策は、勘定奉行と老中の双方から出されていたようであるが、勘定奉行がもっとも重要な役割を果たし、老中は信頼しきっていたらしい。ところが勘定奉行は、その政策案に利害得失や将来について熟慮することなく飛びつくことがあった。財政収入の増加に結びつく運上や冥加金の上納を餌に、さまざまな献策をする町人・百姓がいた。その提案を自身の出世と結びつけ、政策を立案する勘定所の役人がいた。そのため、町人らの口車に乗せられ、うまくしてやられ失敗したこともあった。

勘定奉行に対する老中の叱責は、実際の事件をふまえている。ひとつは、阿仁《あに》銅山上知《じょうち》一件である。幕府は、宝暦一四年（六月に改元があり明和元年〈一七六四〉）五月、秋田藩領の阿仁銅山の上知を命じたが、秋田藩の反対運動にあって六月に早くも撤回した。

もうひとつは、同年の年末に、信濃、上野、下野、武蔵の広範囲の農民が蜂起した伝馬《てんま》騒動である。中山道《なかせんどう》の交通量が増加し、それまでの助郷《すけごう》（宿駅周辺の村むらが人と馬を提供して交通を支えた制度）では負担しきれなくなった。そこで、増《まし》助郷といって、助郷を負担する村の数を増やす計画がもちあがった。そこに新たな利益追求の機会を見いだした地主、名主、商人、高利貸、問屋《といや》、本陣《ほんじん》らは、この増助郷の請負を幕府に願い出て、許可された。請負出願人たちは、新たに助郷を負担することになる宿駅から遠い村むらに、実際に人と馬を出すかわりに村高一〇〇石につき六両二分のお金を出させ、宿駅周辺の人と馬を安く雇ってその差額を利益にしようと目論んだのである。

この計画を知った信濃から武蔵にかけての農民二〇万人が、新たな負担に反対して蜂起し、幕府に訴えるため江戸へ向かった。この大騒動に驚いた幕府は、増助郷を撤回せざるを得なくなった。幕府の譲歩をかちとった一揆勢が、請負出願人たちの屋敷を打ちこわす大事件になった。これらなどが、老中の叱責にいう、ずさんで拙速、そして町人・百姓の口車に乗った事例だろう。

6―賄賂汚職の時代

幕府の役人と業者との癒着や不明朗な関係は、元禄時代から顕著になり、とくに田沼時代には賄賂《わいろ》や汚職が横行した。田沼時代は賄賂汚職の時代でもある。問題は、なぜ田沼時代にそれがはびこったのか、その必然性や構造的な要因を探ることが大事なのである。

賄賂汚職の構造的要因

賄賂汚職がさかんになる重要な要因として、幕府がとってきた土木・建築工事や物品の調達と払下げの方法がある。幕府は、入札《いれふだ》によって業者を選定するか、特定業者を指定して請け負わせる方式をとっていた。また、幕府への冥加金《みょうがきん》の上納と引き換えに各種事業の請負が出願され、それが認可されていた。幕府の役所・役人が、そのような請負業者や事業を決定する許認可権、あるいは職務権限を持っていたのである。工事の発注や物品調達をおこなう役所としては、勘定所を筆頭に、作事奉行所、小普請奉行所、普請奉行所などの工事関係役所や細工所《さいくしょ》、賄所《まかないどころ》などがあり、その他の役所も、何らかの形で民間業者との接点をもっていた。

そのうえ、中奥役人の権威が強まり、田沼意次一人に絶大な権力が集中した田沼時代の幕府の政治

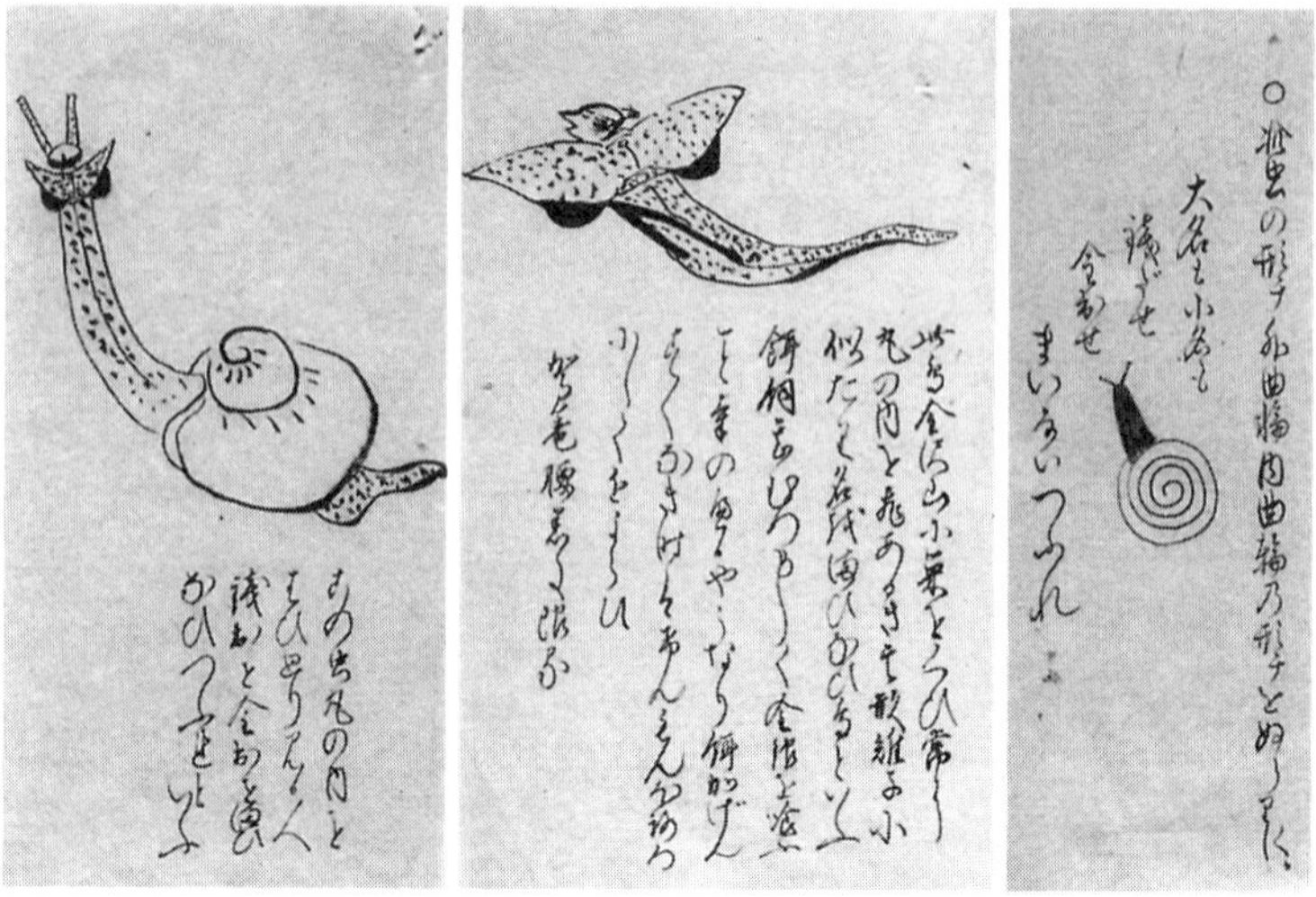

図12　田沼政治の賄賂風刺（左・中『縮地千里』、右『続淡海』）

構造から、願望を遂げようとする人びとの工作がそこに集中し、その結果、田沼意次が賄賂汚職の象徴と見なされたのである。

賄賂によって願望を実現しようとする風潮は、幕府役人と業者とのあいだにとどまらず、武家も含む社会全体を覆った。まさに賄賂汚職の時代であった。

幕府役人への贈物

儀礼的な年中恒例の贈答がおこなわれ、賄賂の土壌ともなった。

寛政の改革が始まった天明七年（一七八七）六月、大老、老中、若年寄ら諸役人への贈物を規制する触書（『御触書天保集成』一九三七号）が出た。恒例のお礼ごとと新年、中元、歳暮の祝儀、あるいは暑中、寒中などの時候《じこう》の挨拶の際に些少《さしょう》の品はかまわないが、高価な道具類や反物《たんもの》などを贈るのを止めること、さらに、幕府重職の家来への進物もそれに準じること、という内容だった。ここでも、一年に数回にも及ぶ恒例の進物は、当然のこととして許容されている。

それどころか、幕府役人への進物は大名らの義務でもあった。寛政《かんせい》四年（一七九二）一〇月、大名などから側衆《そばしゅう》や表向きの役人（江戸幕府の諸役所がある江戸城本丸の「表」と呼ばれた空間に勤務する役人たち。町奉行や勘定奉行ら）への進物に関する触書が出た（『御触書天保集成』五〇九五号）。まず、近年、年中恒例の進物の数を減らしたり、質を落としたり、なかには贈らない者もいる、と非難する。さらに、側衆や表向き役人への進物は、大名と役人の私的な贈答ではなく、将軍の政務を担う役人への公的な性格のものだからきちんと贈るように、と命じている。なお、贈られる側の幕府の役人たちは、このような進物を「付《つ》け届け」と呼んでいた（『内閣文庫影印叢刊　自家年譜　上』天明七年五月朔日条）。「付け届け」は、回数や品数、金額が慣例で決まっていて、役人たちにとっては別途収入になった。その回数や金額が減ってきたことへの不満が、さきの触書の背景だろう。

しかし、儀礼的な、あるいは義務的な範囲を超えた金品を権勢家に贈り、その力を借りて願望を実現しようとする賄賂が横行した。新井白石が起草し、第六代将軍家宣が宝永《ほうえい》七年（一七一〇）に発布した武家諸法度の第七条に、

貨賄《かわいい》を納れて権勢の力を仮《か》り、秘計を廻《めぐ》らして内縁の助けを求む、皆是邪路《これじゃろ》を開きて正道を害す、政事のよりて傷《そこなわ》る所也、一切に禁絶《きんぜつ》すべき事（『御触書寛保集成』七号）

という条文を盛り込んだ。将軍の代替わりごとに出された武家諸法度《ぶけしょはっと》で、賄賂禁止の条文が入ってい

るのはこれだけである。新井白石の個性が強く出ている条文だが、元禄時代にさまざまな願望を実現させるための賄賂がいかにはびこったのかを物語る。

役人と業者の癒着

大名や旗本と幕府役人とのあいだと同様に深刻だったのは、幕府の諸役所が発注する御用を務める職人や商人と、幕府役人との関係である。土木、建築などの工事や物品の調達と払下げは、元禄時代には多くが民間の請負方式になった。その請負をめぐり、幕府役人と業者とのあいだに不明朗な関係が生まれ、賄賂が横行することになった。

正徳《しょうとく》二年（一七一二）七月、業者と幕府役人とのあいだの増収賄を禁止する触書が出た。幕府は、業者に御用を請け負わせる役所の責任者（奉行など）から、御用を務める商人や職人からの贈物を一切受け取らない、という趣旨の誓約書を出させていた。さらに、役所の一般役人やその家族から家来まで、贈物の受納の禁止を命じさせ誓約書をとらせていた。しかし、効果がないため厳しい取調べと処罰を命じたのである。さらに、すでに御用を務めている職人や商人を押しのけて御用を請けたいと頼み込む者がいて、交代させることもあったらしい。そのような「頼みの者」に御用を務めさせてはならない、とも命じた（『御触書寛保集成』一〇二二号）。要するに、御用の請負を求める業者と幕府役人とのあいだの贈収賄が横行していたのである。

御用商人や職人に対しても、幕府役人に進物を贈ってはならないと知りながらやっているのは不届きであり、また、贈物をしなかったために御用をはずされる眼に会ったならば町奉行所へ訴え出ろ、それでも音物《いんぶつ》（進物）を贈る者は、品物の軽重にかかわらず過去のことであっても処罰する、とも命じた（『御触書寛保集成』一〇二二号）。

しかし効果があがらなかったらしく、正徳五年（一七一五）七月、御用を務める業者が、役所の役人とその家来に金品を贈ったり接待したりしたならば御用を辞めさせ、場合によっては処罰し、役人やその家来の依頼による借金や買い物の仲介を禁止する触書が出ている（『御触書寛保集成』一〇二八号）。業者たちは、役人とその家来に金品を贈り、酒食の接待をするだけではなく、借金の仲介や買い物の斡旋などもしていたらしい。業者たちは、幕府御用の請負を続けるために、許認可権を持つ役人の歓心を買おうと涙ぐましい努力をしていたらしい。

寛保《かんぽう》三年（一七四三）一一月、勘定所に対して贈物の受納を禁じる触書が出され（『御触書寛保集成』一〇四九号）、役人の人数が多く、さまざまな権限の多い役所であるため請願や進物が多いので、不正な品物を受け取り、酒食の接待を受けるような不心得の役人が一切ないようにせよ、と命じている。また、勘定奉行自身へも、身辺を堅くして疑わしい贈物を受け取るな、と戒めている。勘定所を名指しで触書を出していることから、その役人への賄賂攻勢の激しさが窺われる。幕府財政の運営と経済政策の企画立案や裁判など、勘定所の扱う範囲が広くかつ重くなり、大名や旗本のみならず、町人や百姓の営業や生産にとって重要な意味を持つ巨大な役所になっていたからである。

御用の請負だけではなく、訴訟を有利にするための賄賂もあった。裁判の公正さを揺るがし、それにより幕府は権威を失うことになるので、禁止措置がとられた。幕府は、裁判担当の奉行やその家来への音物を禁止し、違犯した場合は、たとえ勝ち目のある道理の通った訴訟でも、あるいは過去の訴訟であっても処罰する、と命じた。訴訟を有利にするため奉行らに贈物をすることは、御用商人や職人たちのそれよりももっと古くからあった。

御用の請負や新規参入をめぐり、関係役所の役人やその家来と商人、職人との間の賄賂、また、裁判を担当する奉行やその家来と訴訟人との間の賄賂が、一七世紀末の元禄時代から激しくなった。正徳から享保期にかけて、これらを規制して幕府の行政と裁判の公正さをいかに保つのかが、幕府にとって重要な課題となっていた。しかし、この後もその種の贈物や賄賂は横行し、この規制は守られることがなかったようである。

田沼時代といえば賄賂汚職が代名詞のようにつきまとうが、その背景には、一七世紀末から一八世紀初めにできあがってきた、このような幕府の政治・行政と民間経済・社会との関係が根底にあったのであり、まさに構造的な性格のものであった。

賄賂汚職の実態

田沼時代をかなり遡るが、新井白石は、一八世紀初めの賄賂汚職の実態を体験に基づきなまなましく書いている。側用人間部《まなべ》詮房《あきふさ》の弟で、将軍徳川家宣《いえのぶ》の小姓間部詮之《あきゆき》の名を騙《かた》った、正徳六年（六月に改元があり享保元年〈一七一六〉）初め頃の事件である。ある商人が、金座の御用の請負をねらって幕府役人に運動し、将軍家宣の小姓曲淵景衡《まがりぶちかげつぐ》、小納戸《こなんど》田代賀次《たしろよしつぐ》、右《ゆう》筆《ひっ》河野定右衛門らの家来が結託し、間部詮之の妻が金座を担当していた老中久世重之《くぜしげゆき》の縁者であることに目を付け、御用の請負を久世重之に依頼する間部詮之の手紙を偽造した、というものである。将軍の小姓らの家来が、当時の最高実力者である側用人間部の弟の名を騙り、その口利《くちき》きで御用の請負を実現させようとしたのである。将軍側近の中奥役人の家来が仕組んだ事件であった。

公平で合理的と思われる入札《いれふだ》による請負業者の選定にも、不正が横行したという。入札に応札しようとする業者は、担当する奉行に請負金額に応じて「たて物」と名付けた一〇〇両、あるいは一〇〇両の金を贈り、もし落札し工事が完成して代金が幕府から支払われたら、「礼物《れいもつ》」とよばれる金を贈ると申し出る。その「たて物」「礼物」が少ない業者は入札することすら許されず、ましてそれを出さない者は相手にされないという。担当役人と業者の間の贈収賄が、入札制度の背後にもあったらしい。担当役人は巨額の賄賂を懐にし、幕府は賄賂分が上乗せされた工事代金を支払うことになったので、元禄期に財政危機に陥ったのだと白石は説いている（『折たく柴の記』）。

幕府御用や各種事業の請負をめぐる幕府役人と業者との贈収賄が、一八世紀に入るとますますさかんになった。許認可の職務権限を持つ役人へ直接、あるいは口利きを求めて縁者や関係者への賄賂が横行したのである。新井白石が、初めて武家諸法度に賄賂禁止を盛り込み、さらに幕府役人と御用商人らに厳しく贈収賄の禁止を命じた理由はそこにあった。正徳六年三月に、幕府の利益を標榜《ひょうぼう》して民間からあれこれの事業を提案し、その御用の請負を願い出ることを禁止したのも、贈収賄を根絶するのが目的であった（『折たく柴の記』）。

中奥役人の口利き

訴訟や請願を有利に進めるため、有力老中など幕府の権勢家や実質的な許認可の権限を持つ役人へ取り成しを頼もうとする不正な行為が目立ってくる。有力者によるいわゆる口利き行為である。そこには当然、賄賂が絡んでいる。側用人、御用取次などの側衆ら中奥の役人がそれを依頼される対象者になっている。

中奥役人の口利き行為について、元文五年（一七四〇）五月、老中から警告が出されている（『御触書寛保集成』二五九五号）。中奥役人が、訴訟人や訴願人から請願をうけて奉行らへ口利き（「頼みがましきこと」）してはならないことを再確認したうえで、請願をうけた老中や若年寄などの家来から口利きを頼まれることがあったならば、老中らへ遠慮なくその事実を申し出るようにと命じている。しかし、たびたび命じているにもかかわらず心得違いがあるとして、明和二年（一七六五）五月（『御触書天明集成』一八八二号）、安永六年（一七七七）一一月（『御触書天明集成』三〇七九号）にも、同じ触書が出ている。

中奥役人が、訴訟人や請願人から直接に、あるいは老中や若年寄などの家来を通じて担当奉行らへの取り成しを依頼されることが多かったようである。【願人→側衆→奉行】と【願人→老中・若年寄の家来→側衆→奉行】という口利きの構造があり、それを規制しようとした警告である。

たとえば、民間業者らが何らかの請願を実現しようとしたとき、働きかける対象として効果的だとみなされていたのが中奥役人だったことを意味している。これは、将軍権力の強化にともなう側用人、御用取次、小姓などの中奥役人の権威、政治力の高まりという歴史的な背景をもっている。すでに説明した、一八世紀の江戸幕府の権力構造、政治構造が生みだしたものである。

中奥役人の一員であった御用取次の田沼意次が、甘蔗《かんしゃ》砂糖の件で池上幸豊《いけがみゆきとよ》の請願をうけて勘定所に働きかけたことは後で紹介する。それは、中奥役人の口利き行為の具体的な事例である。意次は、御用取次から側用人、そして奥勤め兼任の老中に昇進した。さきほどの口利きの構造からすれば、まさに要の位置にいる。田沼意次は、民間業者（武家ももちろん）が請願実現のための口利きを求めて働きかける、最も有力な対象者になっていたのである。それはすなわち、田沼意次がすさまじい賄賂攻勢の対象になる立場にいたことになる。

側用人間部詮房の弟詮之の名を騙った一件は、中奥役人の政治力が強まった時期を象徴する事件だった。また、大名や旗本からの口利きを求める働きかけもさかんであった。宝暦八年（一七五八）に、側用人の大岡忠光《ただみつ》の権勢とその収賄を、呉服屋に見立てた落書《らくしょ》がある。官位をめぐる諸大名の手入れ、つまりは贈収賄の噂である（『続淡海』）。

中奥役人意次の口利き

大岡忠光に仮託《かたく》した出雲屋助七の「口上」には、私は毎日、親方（将軍をさす）のところに詰めていて留守にしているので、手代《てだい》とよく相談していただきたい、とある。出雲屋は官位を売る店で、官位の高下による料金表が貼り出されている。この落首《らくしゅ》は、大名らが官位昇進を期待して中奥役人に口利きを依頼している事態を伝えていて、中奥役人の権勢の

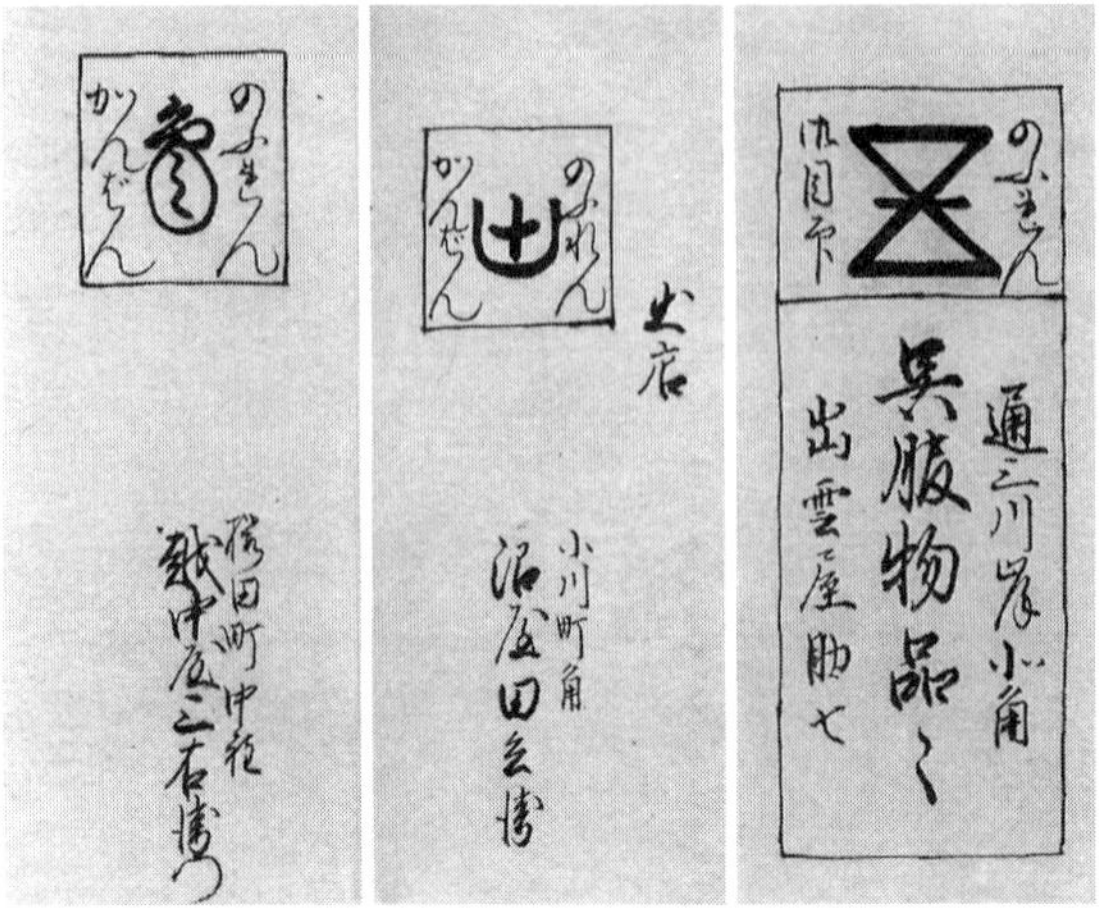

図13　出雲屋助七の賄賂を風刺した図（『続淡海』）

強さをよく示すものでもある。

田沼意次が官位昇進の請願をうけ口利きした実例として、仙台藩主伊達《だて》重村《しげむら》の中将昇任運動がある。明和二年（一七六五）、伊達重村は、老中松平武元《たけちか》とならんで御用取次田沼意次を工作（当時の用語では「手入れ」）の対象にした。側近の藩士を意次の用人《ようにん》（家老に次ぎ家政にあたった）に近づけて田沼家の屋敷に出入りさせ、用人を通してさまざまな請願をすることを意次本人にも承諾させている。田沼意次は伊達重村の願望をうけて口利きし、二年後に中将昇任を実現させた。その後、将軍からの拝領物などの件でも請願をうけ、実現のために動いている。

官位だけではなく、すでに説明したように、秋田藩は拝借金と阿仁《あに》銅山上知撤回のため、薩摩藩も拝借金の件で田沼意次に工作していた。中奥役人である御用取次の田沼意次は、老中を超える政治力を持っていたのである。

大名家来の老中宅出入り

伊達重村の例にみるように、大名の家来が幕府重職の屋敷に出入りして内密に請願することが、目に余ったらしい。幕府は、天明七年（一七八七）三月に、それを戒める触書を出した（『御触書天明集成』一九三五号）。

近年、さしたる用件もないのに大名の家来がしばしば老中の屋敷に出入りしている。大名の内意や内願を頻繁に老中へ伝えるため気軽に出入りするようになり、いつとはなく猥りなこと、つまり賄賂を贈るようになった。大名が、重大な用件があって家来を老中の屋敷に行かせ、内意を伝えることは以前からあったが、今は決まりきった事柄でも内意と称して伝えるようになったので、老中の屋敷へ出入りする大名の家来が多くなった。それはまことに無駄なので、今後は、さしたる用事でもなく、また決まりきった用件で家来を老中の屋敷に行かせることは止め、賄賂を贈ることのないようにせよ、

という内容が記されている。

この触書は、大名による老中らへの「手入れ」に対する警告である。大名の家来が直接に接触するのは老中本人ではなく、用人や家老たちであり、彼らを仲介者として老中に請願するのである。さらに、老中本人、あるいはその用人・家老と請願者の間を仲介する者もいる。仲介者として親類や遠縁などは有力であるし、日頃から老中らの屋敷に出入りするさまざまな人も仲介者となりうるので、わずかな縁をたよりにたくさんの人びとが近付いてくる。

天明七年六月に、幕府重職への祝儀や見舞いの贈物に軽少な品以外を禁止する触書（『御触書天明集成』一九三七号）が出たのをうけて、老中に就任したての松平定信は、

大名からの進物や請願に関わる家来から、不正を働きませんと誓う誓詞《せいし》血判《けつぱん》を取らなければならないし、定信の屋敷に出入りする僧侶や町医師らにも同様に申し付けなければならない、

と書いている（「愚意之覚」）。商人や職人が、屋敷に出入りする僧侶、医師らに頼みごとをし、それを用人たちに取り次いでもらう、【商人・職人→出入り僧侶・町医師→用人→松平定信】という道筋を警戒したのである。

権勢のある者には、願望を実現するため、かすかな関係でもそれをたどって有象無象《うぞうむぞう》が群がってくる。幕府重職の家来たちは、そのような手入れ、工作の嵐に晒《さら》されていた。主人である藩主や家老などの重臣が、用人ら家来をよほど厳しく統制、規制しないと「脇が甘い」ことになり、贈収賄が横行することになる。田沼意次は、大名家としての成立事情から脇が甘く、賄賂の横行を許してしまい、未曾有の賄賂汚職の時代を招いてしまった。

二　田沼時代の幕府政治──利益追求と山師の時代

1──幕府財政の動向と再建策

悪化する幕府財政

江戸幕府は、一七世紀末に財政が悪化し、財政問題が最も重要な政治課題となった。元禄時代の幕府は、慶長《けいちょう》金銀を質の悪い元禄金銀に鋳造し直して利益を得る貨幣改鋳策を採用した。享保期の幕府は、貨幣改鋳策をとらなかったが、参勤交代を緩和する見返りに、諸大名から米を献納させる上《あ》げ米《まい》を採用せざるをえないほど深刻な財政難に見舞われた。幕府は、享保元年（一七一六）から経費削減と倹約による財政緊縮策をとり続け、その基調は田沼時代にも続いた。

ここで、田沼時代にいたる幕府財政の歴史をかいつまんで概観しておこう。江戸時代の前期には、二百数十万石の直轄領からの年貢収入のほか、金銀鉱山からの収益と活発な外国貿易の利益により豊かな財政を誇り、徳川家康の時代から、江戸城奥の御金蔵《ごきんぞう》に膨大な金銀が蓄えられた。しかし、明暦《めいれき》三年（一六五七）の大火（明暦大火）からの復興に巨額の金銀を費やした。そのうえ、五代将軍綱吉の

図 14　商品計量図（川原慶賀画『唐蘭館絵巻』）

贅沢《ぜいたく》や大寺社の造営と修復、さらに貨幣経済の発展にともなう物価の上昇などにより、財政支出はうなぎ上りに増えていった。その一方で、幕府財政を支えていた鉱山は鉱脈が枯渇し、貿易は制限により縮小したため年貢外収入は減少した。その結果、幕府財政は、元禄時代に入り赤字に転落したのである。

幕府はその対策として、元禄八年（一六九五）に、およそ百年のあいだ通用してきた慶長金銀を、金銀の含有量を減らした元禄金銀に改鋳する政策を採用した。金銀の純度の高い慶長金銀とそれを低くした元禄金銀とを、一両は一両として引き換えさせて差額を収益とし、財政収入を補塡《ほてん》した。つぎの正徳期《しょうとく》に、新井白石の建議により元禄金銀の鋳造をやめ、慶長金銀と同質の正徳《しょうとく》金銀に改めた。また白石は、正徳五年（一七一五）に正徳新例《しんれい》を出し、金銀の海外流出を防ぐため輸出品を金銀から銅と俵物《たわらもの》（海鼠《なまこ》、干鮑《ほしあわび》、鱶鰭《ふかひれ》などの海産物）へ転換させ、さらに、輸入品の国産化による日本の富（金銀などをさす）の海外流出を防ぐ策も提起した。

鉱山収入と貿易利潤が減るのと反比例するように、幕府直轄領は一七世紀末に四〇〇万石にまで増えた。幕府財政がそのほとんどを直轄領からの年貢収入に依存するようになった結果、直轄領をいかに増やすのか、そして年貢率をいかに高めるのかに腐心せざるを得なくなった。そのために新たな農政、あるいは新たな発想の経済政策が求められた。享保期の幕府は、耕地面積を増やすための新田開発策と、年貢量を増やすための年貢増徴《ぞうちょう》策を推進した。農村支配に優れた「地方巧者《じかたこうしゃ》」が登庸され、「ゴマの油と百姓は、絞れば絞るほど出る」と言い放ったといわれる、勘定奉行の神尾《かんお》春央《はるひで》（一六八七―一七五三）が活躍したのは、まさにこの時代であった。こうした一連の政策により、延享《えんきょう》元年（一七四四）に、幕府領が四六三万石、年貢量が一八〇万石になり、幕府領の石高と年貢の量のピークになった。厳しい倹約策や上げ米の効果もあって、享保七年から一六年までの一〇年間の幕府財政は、年に米の収支で約三万五〇〇〇石、金の収支で約一二万七〇〇〇両の黒字となり、享保一五年（一七三〇）頃には、江戸城の奥御《おくご》金蔵《きんぞう》に新たに百万両もの金が蓄えられた（辻達也『徳川吉宗』）。

しかし、ゴマも搾《しぼ》りきれば油が出ないのと同じように、百姓からもそれ以上の年貢が出なくなる。農民の強い抵抗もあって年貢増徴策は限界に達し、田沼時代の始まる直前、年貢量はピークから一〇万石も減少し始めた。高率の年貢により収入を増やして財政を運営する享保期のやり方は、もはや無理になってきた。くわえて、享保期の「米価安の諸色高《しょしきだか》」、すなわち米以外の商品に比べて米価が相対的に安い状態はその後も続き、幕府、藩、武士全般の財政と暮らしを困難にさせた。そこで、できる限り高率の年貢収納を維持しつつも、年貢以外の新たな増収策を模索するしかなくなった。

田沼時代の幕府財政の動向

おおまかに田沼時代の幕府財政の推移をみると、宝暦《ほうれき》元年（一七五一）から同一一年までは、米の収支は赤字だが、金の収支では同四年を除いて一年に八〇万両から一二〇万両もの黒字である。この数字は前年の剰余金《じょうよきん》を繰越して計算しているので、単純に単年度の黒字額ではないが、財政の良好さをうかがわせる。しかし黒字額は、同一一年には一〇年の一一〇万両が七八万両に、一二年には四九万両、一三年には二一万両に急減した。明和《めいわ》元年（一七六四）には、米が五万石、金が五万両の赤字となり、それ以降、同六年まで金の収支は連年の赤字になった。同七年に二万両、八年に九〇〇〇両と辛うじて黒字だが、明和期に入ると赤字基調に転落している。

その後の動向は、安永《あんえい》元年（一七七二）以降、米の収支では赤字が続くものの、金の収支は、同七年まで年に二〇〜五〇万両弱の黒字を計上し、宝暦年間の黒字額の半分から四分の一程度だが、それでも明和年間の状態は改善されたらしい。ところが、安永八年には七万二〇〇〇両、九年には一万五〇〇〇両と、黒字額はわずかになり、天明《てんめい》元年（一七八一）には、とうとう米も金もともに赤字に転落してしまった。そして同五年まで、毎年一一〜三〇万両という巨額な赤字を出している（辻達也・

表1　田沼時代幕府財政表

（米は石，金は両，▼は赤字）

年　号	納　高	払　高	収　支
宝暦元	米　823,105	821,058	2,047
	金 1,763,670	1,073,083	690,587
2	米　767,136	738,957	28,179
	金 1,834,995	1,030,674	804,321
3	米　838,673	720,066	118,607
	金 1,788,672	996,125	792,548
4	米　677,640	715,567	▼ 37,927
	金 1,765,631	1,093,393	672,238
5	米　842,742	822,747	19,995
	金 1,809,358	993,063	816,295
6	米　821,546	815,576	5,970
	金 2,282,393	1,175,620	1,106,773
7	米　781,630	791,105	▼ 9,475
	金 2,225,829	1,099,129	1,126,700
8	米　693,070	724,495	▼ 31,425
	金 2,326,334	1,105,392	1,220,942
9	米　773,919	799,665	▼ 25,746
	金 2,459,883	1,310,505	1,149,378
10	米　783,993	716,321	67,672
	金 2,254,486	1,127,419	1,127,067
11	米　692,283	645,875	46,957
	金 1,996,775	1,209,490	787,285
12	米　658,161	736,667	▼ 78,506
	金 1,657,487	1,193,360	494,127
13	米　820,027	870,193	▼ 50,166
	金 1,443,105	1,231,471	211,634
明和元	米　820,888	870,912	▼ 50,024
	金 1,641,810	1,693,517	▼ 51,707
2	米　820,888	870,927	▼ 45,901
	金 1,644,877	1,722,552	▼ 77,675
3	米　661,079	705,666	▼ 44,587
	金 1,746,589	1,768,242	▼ 21,653
4	米　683,843	557,114	126,729
	金 1,798,856	1,847,088	▼ 48,232
5	米　718,474	756,877	▼ 38,403
	金 1,819,959	1,865,933	▼ 45,974
6	米　614,786	669,663	▼ 54,877
	金 1,958,145	1,986,958	▼ 28,813
7	米　697,259	747,176	▼ 49,917
	金 2,109,319	2,089,240	20,079
8	米　594,252	534,162	60,090
	金 1,044,092	1,034,634	9,458
安永元	米　598,823	612,253	▼ 13,430
	金 1,833,470	1,342,716	490,754
2	米　653,412	684,001	▼ 30,589
	金 1,689,046	1,295,164	393,882
3	米　552,304	577,925	▼ 25,621
	金 1,541,597	1,294,695	246,902
4	米　603,913	646,199	▼ 42,286
	金 1,694,557	1,375,829	318,728
5	米　621,516	703,503	▼ 81,987
	金 1,819,414	1,407,743	411,671
6	米　644,491	727,344	▼ 82,853
	金 1,804,161	1,426,733	377,428
7	米　732,536	726,011	6,525
	金 1,958,469	1,697,583	260,886
8	米　646,901	638,382	8,519
	金 2,042,374	1,969,619	72,755
9	米　628,384	611,740	16,644
	金 1,973,101	1,957,589	15,512
天明元	米　615,914	660,392	▼ 44,478
	金 1,849,839	1,947,503	▼ 97,664
2	米　627,745	684,999	▼ 57,254
	金 1,779,056	1,892,258	▼113,202
3	米　634,016	699,492	▼ 65,476
	金 2,124,848	2,424,897	▼300,049
4	米　614,117	653,230	▼ 39,113
	金 2,044,075	2,261,220	▼217,145
5	米　626,095	605,481	20,614
	金 1,714,217	1,870,586	▼156,369
6	米　634,912	627,310	7,602
	金 2,242,660	2,199,611	43,049
7	米　492,320	448,437	43,883
	金 2,452,935	2,401.89	51,044

出所：辻達也・松本四郎「御取箇辻書付および御年貢米・御年貢金其外諸向納度書付について」より作成

図 15　目黒行人坂大火事絵巻

松本四郎「御取箇辻書付および御年貢米・御年貢金其外諸向納渡書付について」)。

大雑把に田沼時代の幕府財政の推移をとらえると、宝暦期の好調期、明和期の不調期、安永期の安定期、天明期の大不調期といえる。宝暦末年以降に財政が悪化しはじめ、安永期に一時的に持ち直したものの、天明期には極度に悪化した、ということになる。

単年度収支からみた幕府財政の動向ではなく、幕府の財力という面からみると、明和年間は備蓄金が豊かな時期だった。江戸城の奥御金蔵や大坂城の金蔵には、明和七年（一七七〇）にあわせて三〇〇万両もの金銀が詰まっていたという（向山誠斎《むこうやませいさい》「癸《き》卯《ぼう》雑記《ざつき》」二）。松平定信《さだのぶ》は、自叙伝『宇下人言《うげのひとごと》』のなかで、元禄から寛政までの約一〇〇年間で、幕府の蓄え金がもっとも充実していたのは明和年間だと書いている。ちなみに、これが、天明八年（一七八八）までには八一万両に急減している。明和九年の江戸大火（目黒行人坂《ぎょうにんざか》大火）、浅間山の大噴火、江戸の大洪水、とくに天明の飢饉という非常事態に、それでも幕府財政が破《は》綻《たん》しなかったのは、この備蓄金のお蔭だった。安永から天明期とは、実は享保の改革から宝暦期にかけて備蓄した財産を食い潰した時代だったともいえる。このような幕府財政の動向をふまえて、田沼時代の財政政策や経済政策を考えることが大事なのである。

年貢増徴と百姓一揆対策

享保の改革以来の高率年貢は、当然のことながら百姓の強い抵抗をうけていた。財政困難に陥っていた諸藩もまた、幕府同様の年貢増徴をめざした。とくに、年貢の増徴や新規の課役は、百姓全体の利害にかかわることから、村の全員が立ち上がる惣《そう》百姓一揆、一村を超えた広域の百姓、あるいは藩領全域で蜂起する全藩一揆などの大規模な騒動になりがちであった。高率年貢や新規の課役への抵抗を押さえつけるため、幕府や藩は百姓一揆対策を進めた。

以下に、幕府の一揆対策法令をみておこう。幕府は、寛延《かんえん》三年（一七五〇）一月に、幕府領と大名領の百姓が、年貢や夫食《ぶじき》・種貸しなどの件で代官陣屋や大名の城下などへ押し寄せる強訴《ごうそ》と逃散《ちょうさん》を禁止する触書（『御触書宝暦集成』一〇二六号、一〇六九号）を出し、明和二年（一七六五）三月に、代官所へ訴えずに勘定所に直接訴え出る「駈込訴《かけこみうったえ》」は、近年その訴えを取り上げて調査してきたが、今後は一切受理しないことにした（『御触書天明集成』一八七九号）。

明和六年（一七六九）一～二月に、幕府領で一揆が起こったら近隣の大名が出兵し、大名領で一揆が起これば近隣の大名が出兵するという、百姓一揆鎮圧のための相互援兵を命じ、一揆勢の要求は理非を問わず受理しないこととし（同前三〇四一、三〇四三号）、同七年四月には、徒党《ととう》、強訴、逃散についての密告（「訴人《そにん》」）を奨励する高札《こうさつ》を出した（同前三〇一九号）。同八年五月には、藩領や旗本領の百姓大勢が申し合わせて江戸に出てきて、大名や旗本の屋敷の門前で強訴する（「門訴《もんそ》」）ことに対して、これまで重罰を科さなかったが、以後は理非を問わず、頭取《とうどり》は重罰、一般百姓にも処罰を科すことを命じ（同前三〇四九号）、安永六年（一七七七）九月、同二年四月に飛騨《ひだ》で起こった新検地反対一揆（大原《おおはら》騒動《そうどう》）と同六年一月の信濃高井《たかい》・水内《みのち》郡幕府領一揆（中野《なかの》騒動）の処罰を事例としてあげ、強訴・徒党に対して、頭取《とうどり》以下の参加者を磔《はりつけ》、獄門《ごくもん》、死罪、遠島などの厳罰に処すことを、高札場や名主宅前に張り出すよう命じ（同前三〇二〇号）、天明四年四月には、徒党《ととう》・打ちこわしの禁止を触れた（同前二九〇二号）。

一八世紀後半は、百姓一揆の件数の増大だけではなくその規模が拡大し、さらに激しい打ちこわしも伴うようになった。一揆の規模の拡大と激化という事態に、処罰の強化とともに大名間の相互援兵など軍事・警察力の動員により対応しようとした。田沼時代は、年貢から営業・流通への課税に転換したのではなく、新たな課税とともに出来る限りの高率年貢の維持にも腐心したことを見過ごしてはならない。

田沼意次は遺訓のなかで、相良藩の財政のあり方について、

もっとも領分取箇《とりか》など無体《むたい》に強く申し付け、これをもって不足を補うべきなど無筋の義、決して慎まるべく候、すべて百姓・町人無慈悲これあらば、家の害これに過ぐべからず候。

（『相良町史　資料編近世』）

と書き、藩の財政が不足したら年貢を増徴して補塡《ほてん》する、というやり方を否定している。これは意次が慈悲深いからではなく、年貢増徴によって財政を立て直そうとする政策が、領民とのせめぎ合いのなかでもはや現実的ではないことを理解していたからだろう。このような条件のもとで幕府財政をどうするのかが、田沼時代の政治でもっとも重要な課題だった。そのため新しい発想の経済政策が求められ、実際に取り組んだのが田沼時代だった。

2—財政緊縮と殖産興業

倹約令の頻発

植崎九八郎《うえさききくはちろう》は、「（勘定所の役人が）御入用金出で申さず候を第一の勤め」とし、「御益《おんえき》と号し、聚斂《しゅうれん》（過重の年貢などを取り立てること）をもって御為の御奉公と存じ、その場その場の省略に取立てをきびしく仕り」（「植崎九八郎上書」）と書いていた。幕府は、財政再建のため支出を減らす政策と収入を増やす政策に同時に取り組んだ。そのなかで、一八世紀半ば頃から、幕府の利益や都合を優先させる政策がとられはじめた。

支出の削減すなわち財政緊縮は伝統的な倹約政策だが、そこには田沼時代の特徴も見える。幕府は延享《えんきょう》三年（一七四六）、吉宗から家重《いえしげ》への将軍代替わりに経費がかかったことと、前代将軍の倹約路線を継承する意味をこめて、諸役所経費の三年間節減を命じ、宝暦五年（一七五五）には、冗費《じょうひ》削減を指示したうえ、各役所の年間予算を定める役所別定額予算制度を採用した。明和元年（一七六四）には、各役所に宝暦五年を基準にした経費削減の現状報告を求め、さらに作事方《さくじかた》以下の役所が使う筆墨、燈油などを、それまで現物支給していたのを各役所経費による購入へ変更し、同六年には、工費五〇両以上の修復工事は勘定吟味役《ぎんみやく》も点検するなど、さまざまな経費の削減に取り組んだ。そして同八年、不作を理由に七年間の倹約令を出し、経費削減と拝借金《はいしゃくきん》（無利子年賦返済の貸付金）の制限を命じた。この倹約令が効いて財政が持ち直したため、安永《あんえい》年間は倹約策を緩和したが、三〇万両もの赤字を出した天明三年（一七八三）一二月、再び七カ年倹約令を出して拝借金を停止した。

経費削減の一環として、明和三年（一七六六）に、天皇の使者である年頭勅使《ねんとうちょくし》など江戸へ来る摂《せっ》家《け》・門跡《もんぜき》・公家たちの接待を簡素化し、さらに朝廷経費そのものの削減にも取り組んだ。幕府は朝廷財政の経理にメスを入れ、安永三年（一七七四）に朝廷の不正役人四〇名を処罰するとともに、幕府勘定方役人を朝廷に送り込んで経理の監督を強化した。そのうえで、同六年（一七七七）に定高制《さだめだかせい》を導入し、禁裏《きんり》の年間財政を銀七四五貫目と奥御用金八〇〇両に定めた。これは、支出を抑制するために採用された幕府役所の役所別定額予算制度と似た仕組みであった。

負担の転嫁・縮小——国役普請

治水は、国家を治める者の重要な責務であり、江戸幕府も同じであった。関東・東海・畿内の大河川の治水工事は、享保五年（一七二〇）から国役普請《くにやくぶしん》によりおこなわれた。たとえば利根川の場合、工事費として流域の武蔵国など数カ国の住民へは、村の石高一〇〇石につき二両などの割合で負担させる国役金を課し、大名へはお手伝い普請を命じた。ときに実際に大名へ工事を請け負わせることもあり、宝暦三年（一七五三）に、木曾三川《さんせん》（木曾川・長良川・揖斐川）の治水工事を命じられた薩摩藩では、多数の犠牲者を出したうえ巨額の出費をしいられ、その責任を負って工事の総奉行を務めた家老が自殺した宝暦治水事件などの悲劇もおこっている。しかし多くの場合、大名に工事代金の一部を負担させるお手伝い普請方式だった。幕府は、工事の施工と管理をおこない、工事費の一〇分の一を負担した。

幕府の意図は、治水工事にかかわる財政負担の削減にあった。一国一円を支配する国持《くにもち》大名など二〇万石以上の大名領は、国役普請の対象からはずし、それ以下の大名領などで自力では工事ができない場合に国役普請を適用した。だが、必ずしも幕府の思惑通りにならず、享保一七年に中止した。しかし、御普請《ごふしん》（全額を幕府が負担する工事）と国役普請の損得計算をしたところ、国役普請のほうが幕府の負担が少ないとわかり、宝暦九年（一七五九）から再開された。

改正国役普請は、その仕組みは享保五年と同じだが、幕府の負担を軽くする改定がなされていた。例えば、仙台藩は明和四年（一七六七）、利根川筋の国役普請のお手伝いを命じられ二二万両という巨

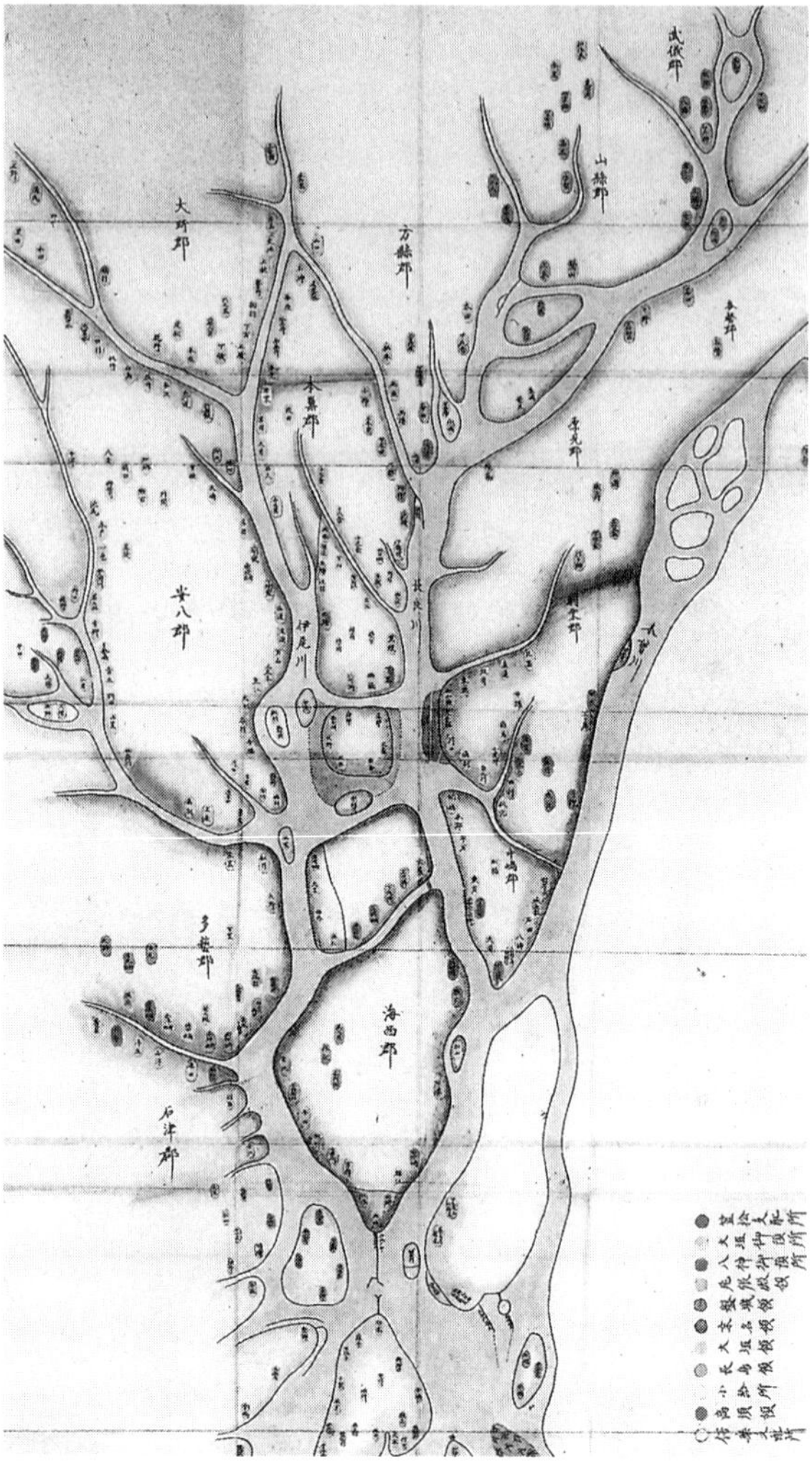

図16　木曽三川（「濃・勢・尾・川通村々領主地頭色分絵図」）

額の負担をさせられた。国持大名である仙台藩は、国役普請の恩恵を受けられないばかりか、以前にはなかった国役普請へのお手伝いを命じられるようになった。幕府は、改正国役普請により、二〇万石以上の大大名たちへも工事費の負担を転嫁できるようにしたのである。この負担は、仙台藩、長州藩、広島藩などに深刻な打撃を与えて藩の財政を悪化させたといわれ、幕府と藩との軋轢《あつれき》の種のひとつになった。

大名は、幕府から国役普請、日光東照宮や上野寛永寺などの修復のお手伝い、さらに江戸城諸門の警備や火消し役その他の公務をしばしば命じられた。軍役奉仕に代わる将軍へのご奉公であり、決して拒むことのできない負担であったが、藩財政に打撃を与えた。

拝借金制度の停止

幕府は、凶作や自然災害、あるいは居城《きょじょう》の火災などで経済的苦境に陥った大名を救済するため、拝借金制度を設けていた。無利子、年賦返済という破格の条件の融資は、大名たちを経済的な破滅から救う幕府の恩恵的金融システムだった。将軍・幕府が、大名、ひろくは武士身分の利害を代表する「公儀」であることを、金融の面で象徴的に示す制度であり、大名の将軍・幕府への忠誠や服従の基礎ともなった。

ところが幕府は、明和八年（一七七一）、五カ年間倹約令を出して拝借金を制限した。京都所司代《しょしだい》や大坂城代《じょうだい》、長崎奉行など幕府役人が遠国《おんごく》へ赴任するときの拝借金は認めるものの、それ以外の大名や旗本には五カ年のあいだ容易に認めず、公家や寺社にはいっさい認めない、と宣告した。しかし、幕府は明和九年の江戸大火により屋敷が焼けた老中に一万両、若年寄に五〇〇〇両、御用取次に二〇〇〇両、一〇〇〇石の旗本には五〇両、八〇〇石には四五両など、知行高や俸禄高に応じて拝借金を認めた。大名では、対馬藩宗《そう》家、秋田藩佐竹家、岡山藩池田家、広島藩浅野家、福岡藩黒田家、米沢藩上杉家などの有力大名から一万石の大名まで、かなりの数の江戸藩邸が焼けた。幕府は、使者を送って見舞い、参勤交代の参府の期日を遅らせるなどの措置をとったが、拝借金を認めることはなかった。天明三年(一七八三)の七カ年倹約令では、拝借金を全面的に停止してしまった。幕府は倹約を理由に、幕府と藩との関係、つまり幕藩関係にとって金融面での重要な仕組みを一時的とはいえ放棄してしまった。幕府と藩とのあいだに内在する矛盾の緩和剤でもある拝借金の停止は、幕藩関係に微妙な影をなげかけることになる。

民間への負担転嫁—両替商役金

負担転嫁は大名らへだけではなく、本来なら幕府の財政で賄うべきものを民間に負担させた。その事例として、両替商役金《りょうがえしょうやくきん》と質屋運上、および町医師寄付金などがある。

江戸時代、金、銀、銭の三種類の貨幣を交換する業務、すなわち両替をおこなったのが両替商で、金と銀の交換をする本両替《ほんりょうがえ》は大坂に多く、江戸は銭両替が圧倒的に多かった。両替商は、両替のさいの手数料(歩銀《ぶぎん》)を収入とし、享保の改革のときに株仲間を結成した。

天明《てんめい》元年(一七八一)に持ち上がった金座救済を名目とした両替商役金問題は、町奉行と老中田沼

図 17　金座の仕事（「金吹方之図」）

意次との相談や連携によって具体化された田沼色の濃い政策だった。

金座は大判や小判を鋳造し、後藤家が代々にわたりお金改め役をつとめて統括していた。彼らは、金貨鋳造の手数料（分一《ぶいち》金《きん》）を収入としていた。ところが、元文元年（一七三六）の元文《げんぶん》金《きん》（真文金《しんぶんきん》）鋳造以降、約四〇年間も金貨の鋳造がないため、金座の者たちの生活が苦しい、と訴え出た。それを認めた幕府は、金貨と縁の深い両替商に役金を課し、それを金座に与えて救済するという策をたてた。

その仕組みは、長く通用しているうちに瑕《きず》がついた瑕金《きずかね》や目方が軽くなった軽目《かるめ》金が増え、通用に支障が出るようになったので、両替商から瑕金と軽目金を金座へ出させ、金座が無料で修理するかわりに両替商に役金を出させる、というものである。簡単にいえば、瑕金などの修理代をタダにするから役金を出せ、ということである。しかし、両替商が猛反発したため紆余曲折を経て、天明四年、江戸の両替商三七九人に六四三株の株札《かぶふだ》

（鑑札《かんさつ》）を交付し、その見返りに一株につき一四両、合計で約九〇〇〇両の冥加金《みようがきん》の上納を求め、それを両替商役金に読み替えるという方式となった。両替商役金は、両替商株仲間の冥加金としてスタートしたのである。

負担と用途

役金は決して両替商の負担にならない、と説得する幕府の理屈が興味深い。町奉行は、「まったく世上《せじよう》え相《あい》かかり候義にて、両替屋ども身分より差し出し候筋にこれ無く」「世上一統へ相かかり候ことに候へば、畢竟《ひつきよう》その世話いたし増《ま》し歩《ぶ》差し出し候ことにて」と両替商を説得している。役金は、両替手数料の増額分（増歩《ましぶ》）から出すのだから、両替商の負担ではなく利用者の負担だ、という理屈である。

幕府の大まかな試算によると、江戸では下層住民でも一年に一人一両の両替をすると推定し、武家、寺社、町人、それに旅人たちの一年間の総両替額は、三〇〇〇万両をくだらない。役金を両替額一〇〇〇両につき一両とすると、総額で三万両、それを半減して一万五〇〇〇両とした。それでも両替商が困ると渋るので、両替手数料の引上げを認めたうえさらに七五〇〇両に半減してやった、というのが幕府の主張であった。三〇〇〇万両もの両替額があるうえに手数料の増額を認めたのだから、その役金を実際に負担するのは両替商ではなく利用者、という趣旨である。結果的には九〇〇〇両となった両替商役金は、幕府の収入に計上されるわけではないが、正貨である金貨を鋳造する金座を維持するために使われるのであるから、間接的には幕府の収入とみなしても誤りではない。両替商という営業者を通じて、利用者に広く薄く税を負担させる方式である。

この両替商役金制度は、寛政の改革の開始とともに、天明七年八月に廃止された。金座の後藤家は困窮している様子ではあるが、瑕金や軽目金の修理で利益があるのだから特別の手当は必要ないし、いささかの瑕や軽目でも引替えの際に手数料を取るので物価上昇の一因になっている、というのが廃止の理由であった。

質屋運上・町医師寄付金

質屋運上金は、明和七年（一七七〇）、江戸の質屋一軒につき一カ月銀二匁五分、総額で一カ年九五〇両の上納が命じられ、三伝馬《てんま》町（大伝馬町・南伝馬町・小伝馬町）伝馬役助成金として伝馬役を担う馬込勘解由《まごめかげゆ》らに支給された。三伝馬町の請負普請などが終わった安永七年（一七七八）以降も、質屋運上金から四〇〇両が助成金として与えられた。質屋運上金もまた、幕府の収入としては計上されないが、交通機能を維持するために振り向けられたのである。なお質屋運上金は、寛政元年（一七八九）に廃止になっている。

類似したものに医学館《いがっかん》寄付銀がある。幕府は、安永二年五月、類焼した幕府奥医師多紀《たき》氏の医学館（明和二年〈一七六五〉創立の躋寿館《せいじゅかん》のこと。寛政三年〈一七九一〉に幕府直轄の医学館となる）を再建するため、江戸中の医師に寄付を求めた。医学館がおこなう医学教育の恩恵を受けているという理由で、幕府医師は志次第《こころざししだい》、その弟子や諸藩お抱え医師と町医師などへは、一カ年に銀二匁の寄付を命じた（『御触書天明集成』三一八三号）。名目は寄付であり、額もそれほど多くはないが、町医師や按摩《あんま》にとっては運上か役金にも等しい負担となった。総額どれほどになるのかよくわからないが、本来は幕府が援助すべき資金を、利用者（この場合は恩恵を受ける者）に広く薄く負担させる性格のものである。

正貨を発行する金座の維持・助成、交通機能維持のための伝馬役負担町の助成、幕府機関に準ずる医学館再建の助成など、本来は幕府財政で賄うべき費用を、利用者などに広く薄く負担させる手法である。一方からみると、本来負担すべきものを支出しないのだから財政支出の削減策であり、他方からみると、別の手法による財政の増収策であった。これらは、幕府の財政収支に直接に現れてこないものであった。

「幕益」優先の上知

江戸幕府は、行政あるいは政策上の必要から、また懲罰として大名の領地を移動させる所替《ところがえ》、転封《てんぽう》を繰り返した。また、大名領などを取り上げて幕府領にする上知《じょうち》（代わりの領地が与えられる）もあった。それらの多くは、幕府の都合や利益を優先させながらも、大名らが納得し了解できる措置だった。ところが、一八世紀半ばになると、かなり露骨に幕府の利益だけを優先させる上知が登場した。その例をあげると次の通りである。

（1）秋田藩領阿仁《あに》銅山上知令。

幕府が宝暦一四年（一七六四）五月に出した上知令は、幕府にとっては輸出用の銅を確保できるので利益だが、秋田藩は重要な鉱山を失うことになる。「幕益」の追求が「藩益」と衝突し、六月に撤回せざるを得なかった。

（2）尼崎《あまがさき》藩領兵庫・西宮上知令。

幕府は、明和六年（一七六九）二月、尼崎藩領の兵庫・西宮を含む二四カ村、あわせて一万四〇〇〇石の上知（代わりに播磨《はりま》国内で幕府領一万九〇〇〇石を与えた）を命じた。この地域は燈油の原料である菜種の特産地で、水力による絞油《こうゆ》産業が発達していた。この上知は、燈油価格を引き下げるための新たな流通統制策から出されたものといわれる。幕府は流通政策を優先させ、尼崎藩の重要な都市である兵庫・西宮、および菜種・絞油産業地帯を取り上げた。これも「藩益」を犠牲にした政策だった。この上知令は実行された。

（3）蝦夷地《えぞち》直轄策。

詳細は後述するが、幕府は天明五年（一七八五）、普請役《ふしんやく》らを蝦夷地へ派遣し、その調査結果に基づいて、五八三万石余におよぶ大規模な新田開発をおもな柱とする蝦夷地開発を計画した。幕府は、松前《まつまえ》藩から蝦夷地の支配権を取り上げ、大規模な開発をもくろんだのである。ここにも、「藩益」を犠牲にした「幕益」追求の姿をみることができる。

この蝦夷地直轄策を寛政の改革期の政策と対比すると分かりやすい。松平定信《さだのぶ》は、田沼意次の蝦夷地政策を否定し、蝦夷地支配を松前藩に任せ、開発もしないという政策に転換した。しかし、二、三〇年さきの将来に起こりうることとして、盛岡・弘前・仙台・三春《みはる》・白河藩などの東北諸大名に蝦夷地を分割して預け、新田開発や鉱山開発を積極的におこなわせるという開発構想を提示した。この構

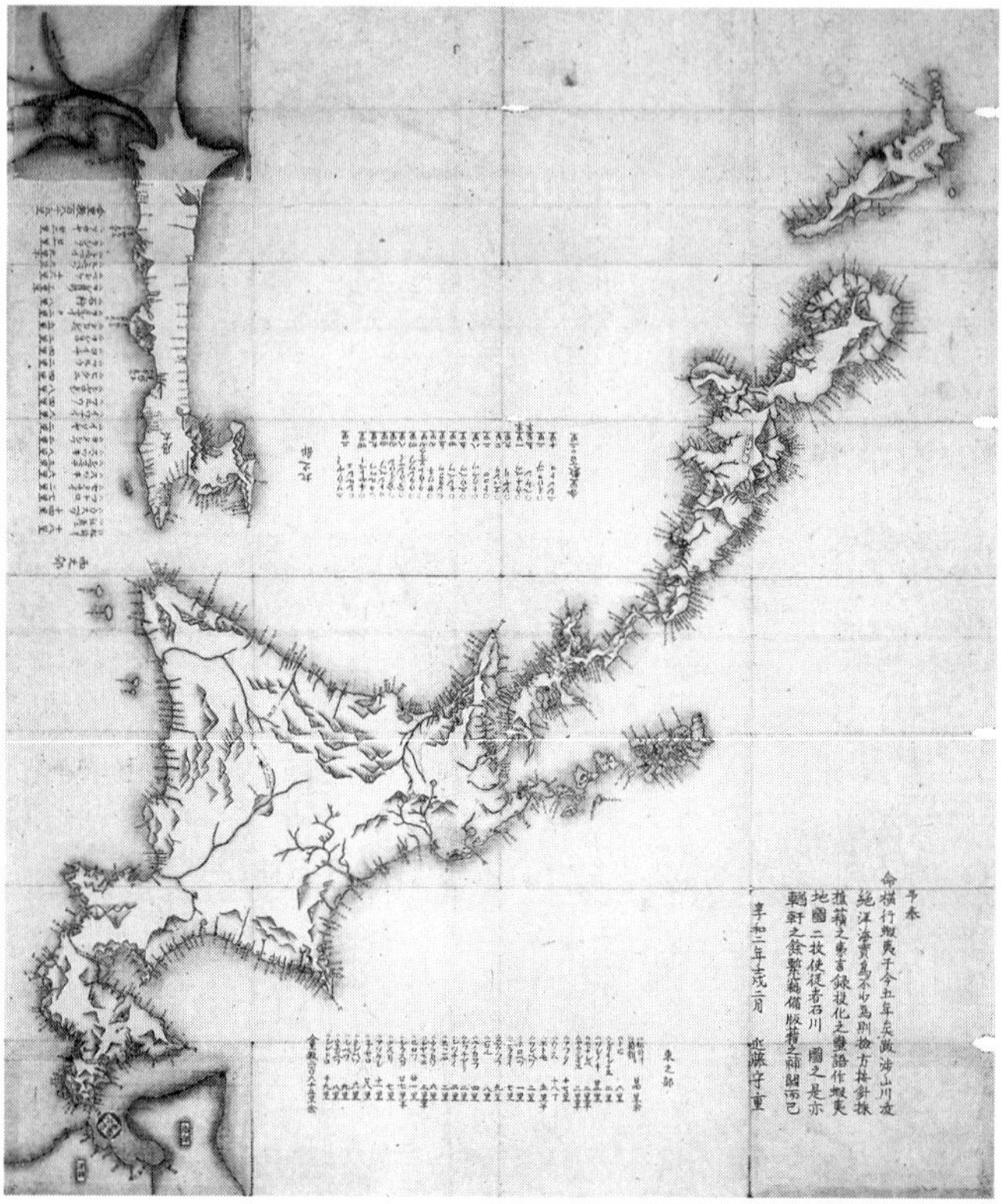

図18　近藤重蔵『蝦夷地図式』

想は、田沼意次のように強引に蝦夷地の支配権を取り上げるのではなく、蝦夷地支配が重荷になった松前藩から、蝦夷地の代わりにどこかで領知を与えて欲しい、と幕府に願い出ることが前提になっている。つまり、松前藩が自発的に放棄するのを待つのである。それに比べて、田沼時代の蝦夷地政策の強引さと「幕益」追求は際立つ。

鉱山開発の推進

田沼時代の幕府にとってとくに差し迫っていた課題のひとつが、オランダ・中国との貿易を維持するために必要な輸出銅の確保だった。中国向けは高級中華料理の食材となる干鮑《ほしあわび》などの海産物である俵物《たわらもの》と銅、オランダ向けは銅が主な輸出品だったからである。また、銀貨鋳造の素材である銀の不足にも悩み、これを入手することに腐心していた。そこで、銅山や銀山の再開発、あるいは銅から銀を絞る技術の導入に力を入れるとともに、銀貨鋳造のために中国とオランダから銀を輸入した。

宝暦《ほうれき》一三年（一七六三）は、中国から年に三〇〇〇貫の銀の輸入を開始し、明和《めいわ》二年（一七六五）からは、オランダとヨーロッパの銀貨を輸入する契約を結んだ。幕府は、同二年に五匁銀《ごもんめぎん》、同九年に南《なん》鐐二朱銀《りょうにしゅぎん》など、新規の銀貨鋳造を開始し、中国やオランダから輸入した銀の多くが、南鐐二朱銀の鋳造に使われたという。かつて大量に海外へ流出した日本産の銀を、逆輸入するようなものだが、その見返りの輸出品となる銅と俵物の増産は、田沼時代の幕府にとってまさに至上命令であった。

また幕府は、それまでの銅にかえて鉄や真鍮《しんちゅう》で銭を鋳造することを始め、明和二年に江戸亀戸《かめいど》、同四年に伏見鋳銭定座《じょうざ》で鉄銭、同五年に真鍮による真鍮四文銭の鋳造を開始し、同じ年に水戸藩と仙台藩に三年間の鉄銭鋳造を許可した。この鉄銭の鋳造は、銅の消費を抑えるとともに、大量の鉄需要を生みだした。

幕府は、宝暦一三年三月、銅山の新規開発と再開発を命じ、銅と銅に含まれる銀を取り出そうとした。さらに翌一四年五月に、輸出銅の半分以上を産出していた秋田藩領阿仁《あに》銅山を上知《じょうち》しようとし、銅山振興策を打ち出した。さらに明和四年五月、金・銀・銅・鉄・鉛鉱山の新規開発、あるいは再開発の出願手続きを定め、全国に鉱山開発をうながした。

銅の産出量を増やすとともに、その流通の独占もはかった。明和三年に大坂銅座《どうざ》を設立し、諸国で採掘された銅を一手に集荷させ、独占的に販売させた。すなわち、一種の銅専売制である。

平賀源内と鉱山開発

幕府による鉱山開発の奨励は一部に鉱山熱を引き起こし、そのための新たな技術や知識を求めた。平賀《ひらが》源内《げんない》（一七二八―七九）が活躍する舞台が生まれた

図19　明和五匁銀

図20　南鐐二朱銀

のである。

田沼意次は、平賀源内のパトロン的存在といわれる。源内は、宝暦一一年（一七六一）、下剤・利尿《りにょう》剤《ざい》として用いる芒硝《ぼうしょう》（硫酸ナトリウムの俗称）が発見された件で、勘定奉行の一色政沆《いっしきまさひろ》から伊豆への調査を命じられた。これは、当時御用取次の田沼意次が老中に申し入れて実現したことだという。また源内は、明和七年（一七七〇）に二度目の長崎遊学を果たすが、それも意次の斡旋によるという。安永五年（一七七六）に作ったエレキテルは評判をよび、この珍品をみようと源内の別宅（江戸深川清住町）には大名以下さまざまな人びとが見物におしかけ、意次の実子意知《おきとも》や意正《おきまさ》、さらには側室「神田橋お部屋様《へやさま》」なども訪れている。そこにも、意次と源内との深いつながりを見ることができる。

芒硝は、有用な鉱物の発見の一例だが、源内にとってもっとも重要だったのは鉱山開発の技術だった。源内は、武蔵秩父郡中津川金山の採掘を試み、ついで明和七年からの二度目の長崎遊学では、鉱山採掘や精錬についての新知識を得ようとした。江戸への帰途、摂津《せっつ》多田銀・銅山、大和吉野の金峰《きんぷ》山《せん》で調査や試掘をするなど、源内自身が「大山師」と自負するほど鉱山開発にのめり込んだ。そして、千賀道隆《せんがどうりゅう》が投資した秩父中津川の鉄山開発は安永二年（一七七三）頃から始まり、同じ年に源内は秋田藩に招かれ、院内《いんない》銀山から阿仁《あに》銅山を視察して指導と助言をおこなった。

意次が老中になったのが安永元年なので、源内の動きはそれと無縁ではなかろう。銀貨鋳造用の銀と輸出銅確保のための銅の増産、銭貨（鉄銭）鋳造用の鉄の増産、という政策的要請は、新たな技術

図22　エレキテル

図21　平賀源内

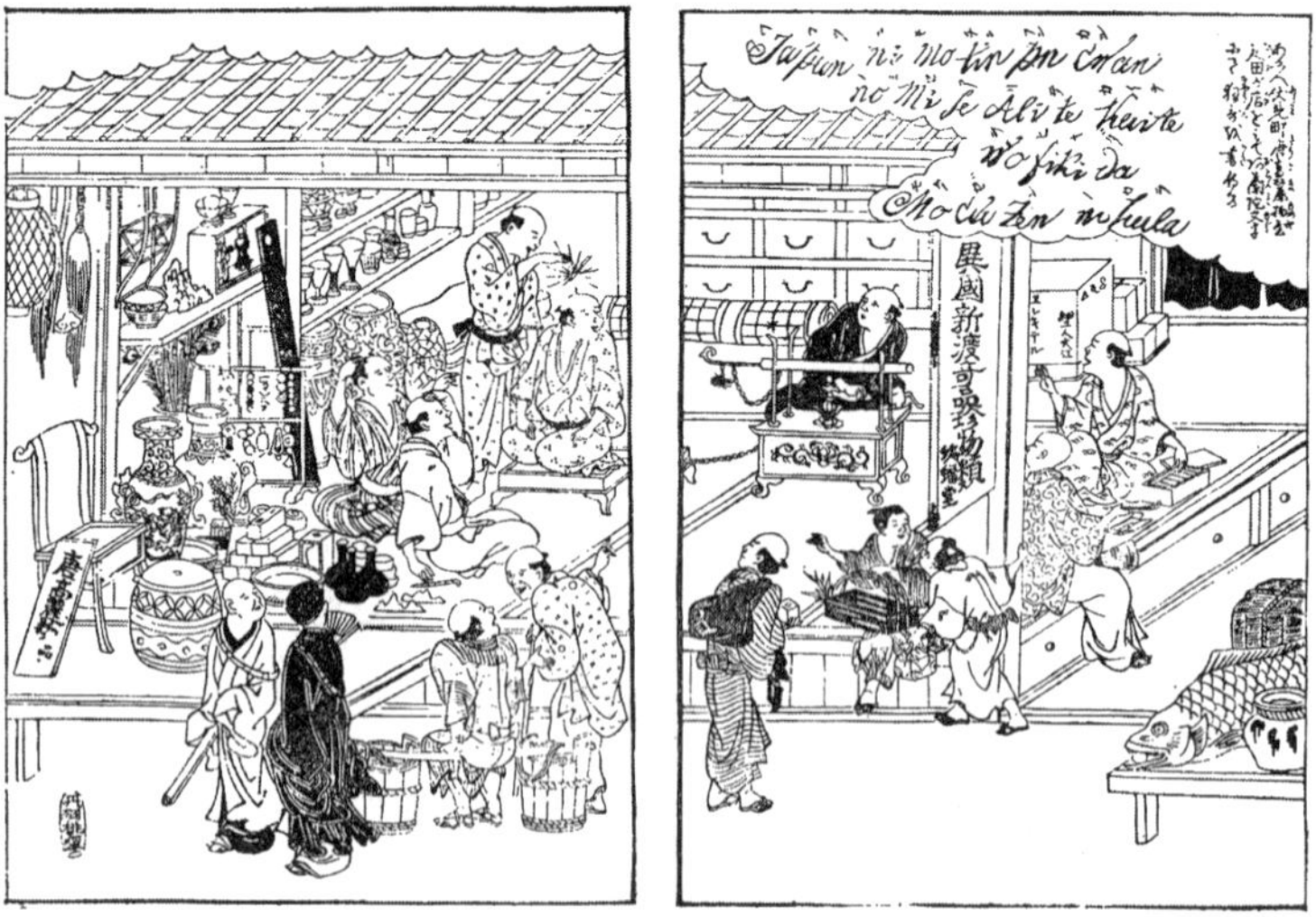

図23　エレキテル販売図（『摂津名所図会』）

と知識の持ち主を求めたに違いない。これが、源内が「大山師」になった背景だろう。

朝鮮人参の国産化

朝鮮人参は万病に効くとされ需要は多かったが、朝鮮からの輸入が減り高価だった。八代将軍吉宗は、朝鮮から朝鮮人参の種を輸入して幕府薬園《やくえん》で栽培をはじめさせ、その種を民間に下げ渡して普及を図った。その結果、下野や陸奥などで朝鮮種《たね》人参の栽培が広まり、享保期には一〇根ほどだったものが、宝暦期には一〇〇万根にも増加したという。それは、新井白石以来の輸入品の国産化という構想の具体化であり、将軍綱吉が生類憐れみの令に示した、あらゆる生類を保護する将軍像を引き継ぎつつ、その歪みを修正したものといえる。

朝鮮人参国産化事業は将軍主導なので、実際の事務は将軍側近の中奥《なかおく》役人が担当した。御用取次だった田沼意次は、その中心になって積極的に推進した。田沼は、そのため当時「人参博士」と称され朝鮮人参の権威である本草学者の田村藍水《らんすい》（元雄《げんゆう》。一七一八—七六）を、宝暦一三年（一七六三）に幕臣に登用した。田村藍水には、『人参耕作記《にんじんこうさくき》』（享保四年〈一七一九〉）や『参製秘録《さんせいひろく》』（宝暦元年）など、朝鮮人参の栽培と薬種《やくしゅ》製法に関する著作があり、『人参耕作記』は将軍吉宗の上覧に供されている。田沼は、朝鮮種人参の栽培の普及とその集荷、および製薬に藍水の知識と技術を活用するため、江戸元飯田町に人参製法所を新設し、藍水をその責任者にすえた。そこでは、二二人の製法手伝い人の他に、藍水の門人の医師四名が製法見習いとして採用され、製薬技術を伝授するとともに効能を確認するための臨床実験を行わせた。

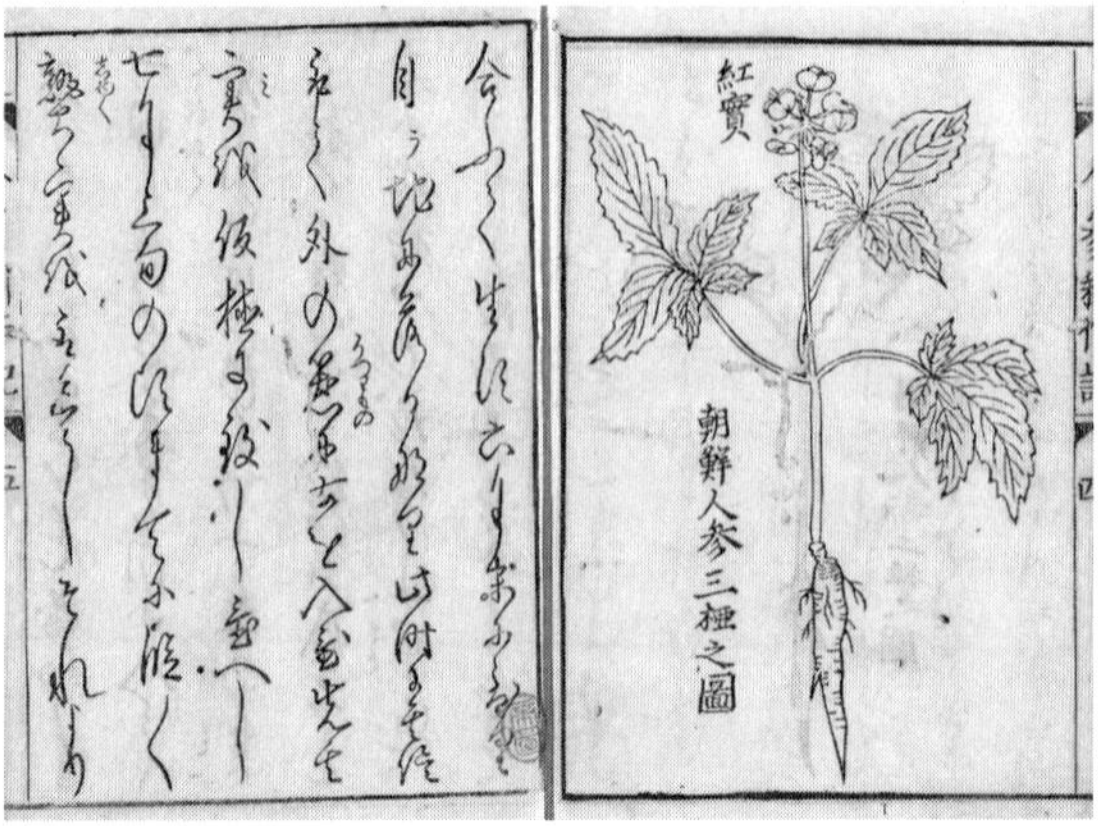

図 24　田村藍水『人参耕作記』

田村藍水自身が毎年、下野《しもつけ》、信濃《しなの》や陸奥《むつ》に出張し、栽培指導とともに朝鮮種人参の生根を集荷し、それを人参製法所で製薬するという朝鮮種人参の製造体制を組み立てた。さらに、同じ年に神田紺屋《こうや》町に人参座《にんじんざ》（朝鮮種人参座）を新設して人参製法所製の人参を独占させ、下売人《したうり》として関東、東海、大坂に三四軒の薬種商を指定して朝鮮種人参の流通の仕組みも整えた。すなわち、朝鮮種人参の専売制である（天明七年〈一七八七〉一一月廃止）。

田沼意次は、朝鮮種人参の意義を次のように幕府奥医師たちに説明している（『田村藍水・西湖公用日記』宝暦一四年五月）。

朝鮮人参は優れた効能ながら、品薄で高価なため下々の者は服用できず、病気が治らない者も少なくない、国産化すれば値段が安くなって人びとが服用できる、人びとを救済することこそ朝鮮人参の国産化を図った将軍吉宗の願いであり、現在の将軍家重《いえしげ》もその遺志をついだ、国産人参は人びとを救済するための薬であり、効能は朝鮮産人参に遜色《そんしょく》ない。

ここには、人びとを保護し救済する将軍像がよく表現されている。五代将軍徳川綱吉は、生類憐れみの令を出して、すべての生き物の保護を命じ、あらゆる生類の保護者としての将軍像を演出した。その核心は、生類憐れみの令を否定した後の将軍に引き継がれたといえる。

幕府の官営事業、専売事業である人参製法所は、利益をあげたのだろうか。田村元長《げんちょう》（藍水の子）は、天明三年（一七八三）一一月に、近年、人参の販売と生根の買上げ量が増加し、人参製法に出精した、同四年には、とくに販売が良好で「御益」、すなわち利益もあった、翌同五年にも、販売良好という理由でおのおの銀三枚を拝領している。天明期に入ると原料の生根の買上げと人参の製法、販売の量が増加したらしい。天明年間の財政悪化のなかで、朝鮮種人参事業も利益をあげることを求められたのだろう。そこから逆に推測すると、将軍の慈悲、救済を示す人参事業という性格から、天明期以前は必ずしも「御益」を求められなかったのではないか。しかし、そのような事業すら「御益」を求められたところに、田沼時代末期の利益追求政策の深まりを読み取ることができる。

西洋産品国産化の試み

なお、田村藍水は、幕府の許可をうけて西洋産品の国産化にも取り組んだ。オランダから取り寄せた木綿実と草綿実を栽培し、明和三年（一七六八）に更紗《さらさ》（印花布《いんかふ》、斑布《はんぷ》）に織り、それに異国風の染め方をして将軍家治《いえはる》の上覧をうけた。葉は食用になり、実からは油がとれるという闍婆菜《じゃがたらな》を、「民益」「民用の助け」になるとして栽培し、同四年にその種を献上した。また、同八年に、オランダの薬草や野菜を栽培すれば「御国益」「食用の助け」になる、としてそれらの種を輸入した。

図25　砂糖の製造（『日本山海名物図会』）

さらに藍水は、安永《あんえい》二年（一七七三）、綿羊《めんよう》が増えれば日本で羅紗《らしゃ》や羅背板《らせいた》（ともに毛織物）を織ることができ「重宝」になる、との理由で綿羊の飼育を始めた。ちなみに平賀源内は、それより早く綿羊の飼育と毛織物の試《ためし》織《お》り、いわゆる国倫《くにとも》織に取り組んでいた（以上は、『田村藍水・西湖公用日記』による）。

田村藍水と朝鮮種人参事業、その他の国産化の試みの背後に、御用取次ついで側用人となる田沼意次の庇護《ひご》があったことは疑いない。この試みにあたって「国益」「民益」（これは「幕益」を超えた国家、国民の利益という意味）を標榜しており、新たな産業を起こそうとする殖産興業の取り組みといえる。

白砂糖の国産化と普及

田村藍水は、オランダからの輸入に頼っていた白砂糖を国産化するため、長年にわたり甘蔗《かんしゃ》（サトウキビ）砂糖の製造に取り組んでいた。そして、それを武蔵大師《だいし》河原《かわら》村（現神奈川県川崎市）の名主・池上幸豊《ゆきとよ》（太郎左衛門、一七一八―九八）に託したという。池上は、明和三年（一七六六）一一月、御用取次の田沼意次の屋敷（呉服橋）で砂糖製造の実演を行っている。この実演は、池上→藍水→意次という関係で実現したのだろう。

池上幸豊は、「御国益」「御益」策として和製砂糖の製造を献策した。池上は田沼に、関八州そのほかへ甘蔗砂糖の製法を伝授するための巡回、甘蔗の植付け場所の下げ渡しなどを願い出て、田沼は関係する奉行や役所へ口利《くちき》きをしたらしい。天明六年（一七八六）四月には、池上は甘蔗砂糖の製法伝授のため、京・大坂と畿内の農村を廻ることを許可されている。甘蔗砂糖の製造はかなり普及したらしく、天明八年五月に、「和製砂糖の義、御国益にもあいなる」という理由で、甘蔗植付け場所の調査が行なわれた。各地で栽培がさかんになり、大坂での白砂糖の生産量も増え、甘蔗を本田畑に栽培するまでになったらしく、それを禁止する触書《ふれがき》が文政《ぶんせい》元年（一八一八）に出たほどだった（『御触書天保集成』六一九三号）。

田沼意次は、鉱山開発、朝鮮人参の国産化、白砂糖の国産化など、殖産興業政策に積極的に関係した。そのための技術、知識の所有者、たとえば平賀源内や田村藍水らを活用し、民間に蓄積された新たな知識や技術を幕府が独占し、政策に利用しようとしたのである。幕府の殖産興業政策、「御益」追求政策は、新たな実践的で実用的な学問や知識、技術の発展を刺激する大きな要因になっただろう。

3——利益を追求する幕府

利益追求と山師の時代

『蘭学事始』『解体新書』などの著作で有名な蘭学者の杉田玄白《げんぱく》は、「世にあうは　道楽ものにおごりもの　ころび芸者に山師《やまし》・運上《うんじょう》」という、田沼時代の世相を巧みに風刺した狂歌を書き留め、「山師・運上」が流行したことを伝えている（『後見草《のちみぐさ》』）。

情報収集を職務とする幕府御庭番梶野平九郎《おにわばんかじのへいくろう》は、天明七年（一七八七）五月に起こった江戸の打ちこわし直後に蒐集《しゅうしゅう》した情報をまとめた風聞書《ふうぶんしょ》（『東京市史稿』産業篇三十）のなかで、「山師体《やましてい》の者ばかり利運《りうん》にまかり成り」「いよいよ世上一同山師の様にまかり成り」「世中一同に取はからい細かく、山師の体《てい》多く」など、山師が氾濫《はんらん》、跋扈《ばっこ》していた状況を伝えている。

また、『赤蝦夷風説考《あかえぞふうせつこう》』の著者工藤平助《くどうへいすけ》の娘である只野真葛《ただのまくず》が、随筆のなかで、田沼意次が老中を辞職するや世の中が一変し、田沼の時代に出世した人びとは、「皆悪人・山し（師）」のように世間の人から疑われた、と書いている（「むかしばなし」）。田沼時代に出世した人びとは、山師とみられたらしい。

倹約を工夫して幕府財政の支出を減らし、「御益」策を工夫して収入を増やそうとしたのが山師であり、「御益」とは運上（あるいは冥加金）であり、ともに田沼時代にもてはやされたという。山師の跋扈を非難しその弊害を説くのは、田沼時代を批判する人びとによる評価であり、これを革新的な政策とみることも可能である。

「山師・運上」は、田沼時代の経済政策をよく言い当てている。年貢外の収入を増やそうとする田沼時代の経済・財政政策は、「国益」「御益」を標榜《ひょうぼう》した利益の追求に特徴がある。これまで輸入に頼っていた薬品や織物などの国産化、新たな鉱山開発や産業の創出、さらに流通や金融の仕組みの新たな試みなど、斬新な発想の経済、産業政策により「国益」「御益」を生み出そうとする試みが横溢《おういつ》した時代だった。それを追求した人びとこそ、「山師」と呼ばれたのである。その存在は、幕府に限られるわけではない。いくつかの藩では、中期藩政改革とよばれる藩政改革を田沼時代に実施し、藩財政の危機を打開するため「国益（藩益）」が叫ばれ、そのために領内産業の育成と藩専売制とよばれる新たな生産と流通の政策が試みられた。

一八世紀後半の田沼時代とは、日本全国で「御益」「国（藩）益」が追求された時代だった。その意味で、「御益」すなわち利益追求の時代であり、それを担った山師の時代でもあった。「御益」「国益」の内容は、主張する者によって異なり、国益と民益、国富と民富、幕益（幕府の利益）と藩益（藩の利益）などの対立が複雑に存在し、そこには調和の難しい利害がぶつかり合う複雑な構図が生まれている。

「御益」「国益」を生み出すには、さまざまな技術、知識、さらに思いつきやひらめきが必要で、それを引っさげた怪しげな者まで含めてたくさんの人びとが活躍した。

田沼時代には、投機的な、あるいは成算のはっきりしない政策や企画がたてられ、それでも実行に移されることがあった。しかし、利益の積極的な追求は、商業を蔑視する武士の伝統的な意識や倫理になじまないところがある。それが、田沼意次の政策を批判し、きびしく糾弾した松平定信ら寛政の改革の指導者たちがもつ、田沼意次とその時代に対する嫌悪感の根底にある。

利益追求をめぐる思想対立

武家の有職故実《ゆうそくこじつ》を研究した伊勢貞丈《いせさだたけ》（一七一七—八四）は、田沼時代を生きた幕臣でもある。伊勢貞丈は、田沼時代の世相を批判し、日本の風俗は五〇年たったらオランダと同じになると書いている。オランダの風俗とは、仁義を貴ばず、ただただ工夫をこらして利益を追求し豊かになる者を貴ぶものと理解する。今の日本人は半ば風俗が変わり、仁義を忘れてひたすら利益追求に奔走していると言う。儒教の最高の徳目である仁義の道と致富《ちふ》追求の道とを対立させ、利益を追い求める田沼時代の政治と社会を非難する。これは、町人（商人）を見下した武士の本音でもあり、有力な考え方である（『安斎随筆』）。

しかし、武士の間でも利益追求を否定する意見ばかりではなかった。海保青陵《かいほせいりょう》（一七五五—一八一七）は、丹後《たんご》宮津《みやづ》藩青山家の家老の子として生まれ、のちに儒者として仕えた武士であった。諸国をめぐって見聞を広め、幕府や藩は商品経済発展の波にのって積極的に殖産興業策を推進すべきである、と主張する独自の経世《けいせい》論を説いた。主著『稽古談《けいこだん》』のなかで、「山師」批判に手厳しく反論している。

日本では、貴人や武人は利を棄てることが大事で、利を棄てない者を悪人と言っているのは愚かなことだ。中国も同じで、利益の追求に巧みな人をさして山師などと悪者のように非難する。民から運上をとるのが山師ならば、中国周《しゅう》の時代の官制を書いた周礼《しゅらい》は山師の書物ということになる。

(『稽古談』文化十年〈一八一三〉)

運上策を工夫し利益をあげることを追求した者へ、山師という悪名のレッテルが貼られる状況を批判する。

図26　伊勢貞丈

儒者は、仁義を最高の徳目として致富を蔑《さげす》む。しかし儒者青陵は、現実を直視して学問を組み立てた学者として新井白石と荻生《おぎゅう》徂徠《そらい》を尊敬し、彼らは、

儒者ハ利ヲキラフコト也、サレドモ白石モ徂徠モ、先御《まずお》勝手《かつて》ヲナヲシテ、利ヲ得ル仕方第一也《なり》、

(同前)

と、幕府財政再建のため利益追求を重視した、と主張する。優れた儒者は利益追求を当然視したのだ、と言いたいのである。

青陵は、年貢率を下げようとするならば年貢以外の収入を増やす策を考えるほかなく、それが利益追求策なので、それを工夫する「山師」は非難される存在ではないと反論する。この主張は、高率の年貢をなるたけ維持しつつも、年貢外の収入を増やすためにさまざまな利益を生み出す策、すなわち「御益」「国益」策を追求した田沼時代の経済政策と符合する。青陵は、松平定信らから「山師」と非難され、厳しく糾弾された田沼意次とその時代の経済政策を擁護するかのようである。『稽古談』そのものは、文化一〇年（一八一三）の作だが、青陵の念頭にはまだ青年の頃の田沼時代があったのではないか。

なお海保青陵は、利益追求策にも上手と下手があり、上手は民間を豊かにさせてから国が利を吸い上げる手法、下手は民間の首を絞めて無理矢理に搾り取る手法と言う。田沼時代の利益追求策は、上手だったのか、あるいは下手だったのか、青陵は何も語っていない。

同じ武士身分の学者にも、積極的な利益追求を非難する伊勢貞丈と、それを肯定する海保青陵とがいたのである。田沼時代の幕府は、利益追求に軸足を移し、寛政の改革は、伝統的なあり方に軸足を戻したことになる。

株仲間の積極的公認

財政収入を増やすためさまざまな策が試みられ、とくに活発化した商品生産や流通とそれを支える金融、さらに各種事業の請負などからの運上・冥加金、および長崎貿易からの増収策が特徴的である。運上とは、各種の営業に課した税、冥加金《みょうがきん》とは、営業上の特権を与える見返りの献納金のことである。もともとはそのような差異があるのだが、しばしば混用されて使われた。

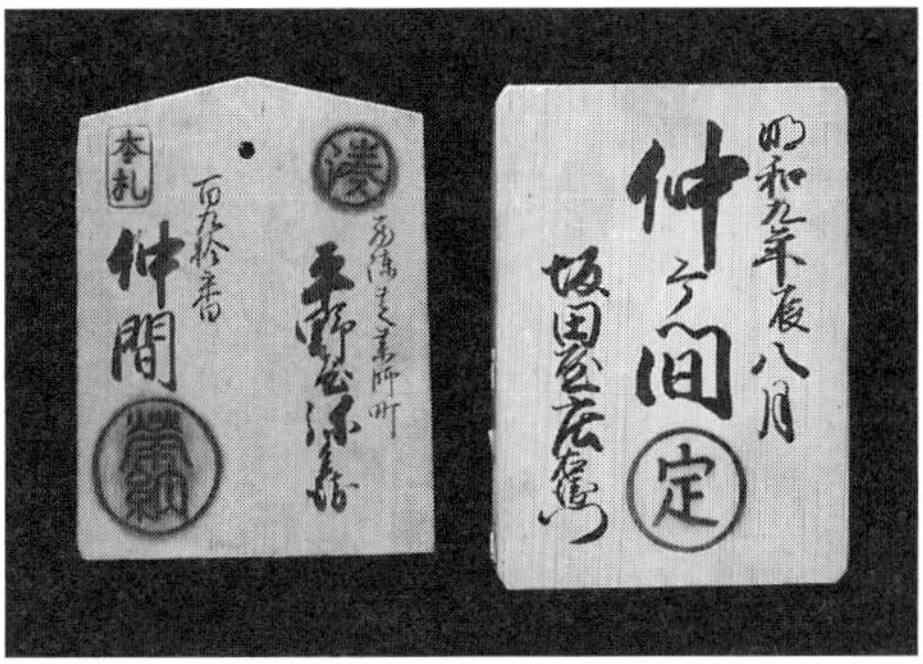

図27　仲間鑑札

株とは、営業上の特権、権利のことである。享保の改革の際に、江戸十組《とくみ》問屋、大坂二十四組問屋の株仲間《かぶなかま》を公認して営業上の特別な権利を認め、その見返りに一組につき一年に冥加金一〇〇両を上納させた。田沼時代には、都市のみならず在方《ざいかた》にまで株仲間（在方株）を広げ、さらに幅広い業種に株を認めるなど、同業者の仲間組織を株仲間として積極的に公認し、冥加金を上納させる策がとられた。大坂では、明和元年（一七六四）以降安永期にかけて、仲間組織からの出願を受けて株を公認し、冥加金を上納させた株仲間が一二七もある。業者たちが仲間を作り、営業上の権利を守るため株（権利）の公認を求め、幕府は冥加金と引きかえにそれを認めていったのである。一つの団体が公認されて株仲間になると、それとの対抗上から我も我もと各種の商人や職人の仲間が株の公認を求めた。幕府には冥加金、商人には営業上の権利かつ資産としての株の所有、とお互いの利益になった。

株仲間を公認した享保期の幕府の主要な意図は、同業者仲間に結集する問屋商人たちの流通を支配する力、すなわち商品の価格を左右する力を物価の安定や操作に利用するところにあった。田沼時代の幕府の意図をめぐっては、冥加金を上納させることによる財政収入増加策なのか、あるいは株仲間による流通統制、物価安定策なのか、と評価が分かれる。中井信彦氏は、冥加金の額が少なく財政上の意義は不明であるとして、財政収入増加説に否定的であった。

運上・冥加金

田沼時代の株仲間の公認は、享保期以来の幕府の流通政策を継承している面があることに疑いないが、冥加金による財政収入増加策としての面もまた否定できない。株仲間の公認と冥加金の納入は、原則的に不可分の関係にあり、冥加金の額は株仲間の業種や仲間人数により異なる。菜種問屋、綿実《わたのみ》問屋、綿実絞《わたのみしぼ》り油屋は、明和七年（一七七〇）に株仲間として公認されたが、冥加金の納入はなかった。綿実関係は燈油価格を安定させるための流通政策であり、これは、株仲間の公認と冥加金による増収とは関係なかったことを示す事例である。

また、冥加金を納入する株仲間でも、京飛脚《ひきゃく》仲間は、公認された初年の明和九年は三〇両、以降は一〇両、江戸三度《さんど》飛脚屋仲間は初年が銀一七枚（一二両余）、以降は銀五枚（三・五両）、菱垣廻船《ひがきかいせん》問屋は初年が銀二〇枚（一四・三両）、以降は銀一五枚（一〇・七両）などである。規模の大きな株仲間としては冥加金の額が少ないように思える。また、天満《てんま》青物《あおもの》市場問屋株でも銀二〇枚であり、同仲買仲間が銀四〇枚（二八・六両）程度である。上記の株仲間は冥加金の額が少なく、財政収入の増加という点でどれほどの効果があったのか、疑問を差し挟む余地はあるように思われる。だが、雑喉場《ざこば》生魚問屋の冥加金のように、勘定奉行からの増額要求もあり、銀九貫目（一五〇両）にものぼるものがある。

同じ油関係の問屋でも、明和七年に株仲間として公認された出《で》油屋仲間と江戸口京口油問屋は、一年に銀三〇枚（二一・五両）、銀五〇枚（三五・八両）の冥加金をそれぞれ納入し、両種物《りょうたねもの》（菜種と綿実）問屋は、それまで冥加金を納めていなかったが、同九年から銀一〇枚（七両余）を上納することになった。また、安永一〇年（一七八〇）に公認された毛綿問屋仲間は、冥加銀五枚（三・五両）の納入を願い出たところ大坂町奉行所から増額を要求され、初年度銀一〇枚（七両余）、以降は五枚となり、北組毛綿屋仲間は、銀二枚（一・四両）の上納を願い出たところ同じく増額要求をうけて銀三枚（二・一両）に、上町毛綿仲買組仲間は、銀二枚の上納で願い出たところ増額要求をうけ、三枚で再出願したがなお増額が少なすぎると再検討を求められ、それでも零細業者ということでやっと三枚で認められ、三郷家《さんごういえ》請人《うけにん》は銀五〇枚（三五・八両）の上納を願い出て、六〇枚（四三両）に増額させられている。たしかに、個々の冥加金をみると幕府財政を潤すほどの額とは言えないかもしれない。しかし、少額とはいえ少しずつでも増額させようとしており、そこには明らかに財政収入を増加させようとする意図がみえる。

河岸問屋株と冥加金

在方にまで株が設定されたことは、灘目《なだめ》（灘。現兵庫県南東部）絞油株などですでに指摘されてきた。ここでは、関東の諸河川の河岸《かし》（河川の岸で船から人や荷物をあげおろしする場所。元禄二年〈一六八九〉に、関東諸水系に八八カ所）に設定された河岸問屋株の事例を見ておきたい。

幕府勘定所は、明和八年（一七七一）から安永三年（一七七四）にかけて、河岸問屋株設定のために関東諸河川の河岸の調査を行い、一五八の河岸に河岸問屋株を設定した。河岸問屋とは、河岸で船への荷物の積みおろしや倉庫業を業務とした有力農民である。河岸問屋株を許されると、河岸問屋だけが河岸の荷の積みおろしの権利を独占するため、河川水運を担う船持ち（船の持主）たちは、河岸問屋に手数料である口銭《こうせん》を払わなければ積みおろし出来ないことになる。河岸問屋は、その収益のなかから冥加金を幕府に上納するのである。

下総佐原《さわら》河岸（現千葉県香取市）では、河岸問屋と同じ機能を果たす船問屋の設立を出願する者が、宝暦六年（一七五六）から明和七年（一七七〇）にかけて数回にわたり現れた。船問屋ができれば、荷物の積みおろしなどが円滑になり、荷主と船持ちたちに便利なので人びとの為になると説き、その見返りに冥加金あるいは運上を幕府に上納すると願い出ている。提示された冥加金や運上の額は、年貢米輸送の運賃分の金額、または年に一〇両、あるいは一〇年で五〇両と佐原村の橋の修理・維持などがあり、出願者によってさまざまである。しかし、いずれも船持ちや荷主らの反対にあって実現しなかった。

勘定所は、おそらくこのような民間からの献策や出願をふまえて河岸問屋株の設定に向かったのであろう。下総佐原河岸では、明和八年に勘定所の河岸調査をうけ、必ずしも河岸問屋としての実態のない伊能《いのう》茂左衛門、伊能三郎右衛門の二名が河岸問屋株を引き受け、運上は永一貫五〇〇文（一・五両）を上納することにした。しかし、明和七年に同村の伊能権三郎が、冥加金一〇両で河岸問屋株を出願し、佐原村が提示した運上よりかなり多かったこともあり、この件について勘定奉行石谷清昌の吟味をうけた。しかし、安永三年に結局は佐原村の二名が河岸問屋株を引き受けることで決着した。たしかに、佐原河岸の河岸問屋が負担する運上金は一両二分であり、多額とはいえない。それでも、関東諸河川の河岸一五八カ所に河岸問屋株が設定されたので、広く薄くとはいえ幕府にはそれなりの収益となっただろう。一件あたりの運上・冥加金の額は少ないが、かなり広くから収入を見込むことができる。

事業の請負と運上・冥加金

民間から出願された各種の事業を独占的に請け負う会所の設立を認め、その見返りに多額の冥加金を上納させる事例が見うけられる。これは、疑いもなく幕府財政の増収につながっている。元禄時代から、幕府の利益（「御益」）を標榜《ひょうぼう》して各種事業の請負を願い出る者が増え、幕府は享保四年（一七一九）にそのような出願（「諸願事《しょねがいごと》」）を公認し、勘定所がそのような献策に飛びついて実施することもあったとすでに説明した。大坂でも享保四年以降、町人からさまざま出願があり、幕府は、いくつかの会所を冥加金の上納と引き替えに許可した。

実綿から綿実をとった繰綿《くりわた》の先物売買を仲介する機関である繰綿延売買《のべばいばい》会所は、宝暦九年（一七五九）に堺、同一〇年に大坂、さらに、安永三年（一七七四）に摂津平野郷町（現大阪市平野区）に町人らの出願により開設され、活発に取引が行われた。出願人が請負人として運営する会所は、売買人から手数料を取り、その収益のなかから冥加金を幕府に納入した。しかし、不利益を被った生産者農民の強い反対運動もあり、寛政の改革の開始とともに廃止された。

大坂三郷（北組・南組・天満組の総称）と近在の庶民を対象にした、銀一〇〇匁から一貫目以下の少額の金融を扱う銀小貸会所《ぎんこがしかいしょ》は、明和七年（一七七〇）に大坂町人から出願があって設置された。請負人たちは、利子と貸借証文に保証のための裏印を押す手数料である印料《いんりょう》を収益とし、そのうちから冥加金を上納した。これも寛政の改革とともに廃止された。

同様な庶民向けの金融機関として銭小貸会所《ぜにこがしかいしょ》が、宝暦一〇年（一七六〇）に大坂町人の出願により設置されている。実現はしなかったが、江戸では延享《えんきょう》三年（一七四六）に、質草《しちぐさ》なしで質屋並みの利率により少額融資を行う会所の設置が出願されている（『江戸町触集成』五巻、六八五三号）。なお、この時に出願人が申し出た冥加金は、年に三〇〇両であった。

投機的な帳合金《ちょうあいきん》の取引を行う機関である金銭延売買会所《きんせんのべばいばいかいしょ》は、明和元年（一七六四）に江戸の町人からの出願により大坂に設置され、冥加金は年に一五〇〇両（天明四年からは一〇〇〇両）にものぼった。

江戸佐久間町の孫九郎と同檜物《ひもの》町清兵衛の両名は、明和四年に、家屋敷を担保（家屋敷・土蔵・納屋・諸株・髪結床などを抵当にして行う融資）とした金銀貸借証文のすべてに、内容に誤りのないことを保証する奥印をおす家質奥印差配所《かじちおくいんさはい》を大坂に設置することを幕府に願い出た。出願人は、奥印をおす手数料（世話料）として貸借銀高一〇〇匁につき、借り主から銀四分、貸し主から銀六分、あわせて銀一匁を受け取ることになる。幕府は、明和四年一二月、一年に冥加金四〇〇〇両の上納と引き替えに、大坂に三か所の奥印差配所の設置を認めた。老中が、大坂市中への触書案を添えて大坂城代《じょうだい》に通達し、奥印差配所の詳細は勘定奉行から大坂町奉行へ伝達することになっていることから、勘定所が重要な役割を果たす政策であることがわかる。幕府は、この会所の設立認可により、四〇〇〇両もの冥加金を手に入れることができる。

この出願人は、表向き江戸の町人になっているが、実質は大坂の町人であった。家質の独占的仲介機関となる奥印差配所の設立に対して大坂町人は、高い世話料に加えて、家質による借金の実態を知られることを恐れ、明和五年正月、奥印差配所設立の中心人物であった大坂の住吉屋と紙屋利兵衛らの屋敷を打ちこわした。幕府は、このような騒動が起こったにもかかわらず、反対を押し切って明和五年一二月に奥印差配所を設立させた。同八年には九九五〇両もの冥加金を上納させたが、大坂町人の反発は強く、それを宥《なだ》めるため、大坂町人が負担していた大坂諸河川の川浚《かわさら》い費用に、奥印差配所の冥加金のなかから九〇〇両を回す措置も講じた。それでも、運営は順調に進まず、設立八年目の安永四年（一七七五）に廃止となった。

なお、実現しなかったものの、江戸でも寛延《かんえん》元年（一七四八）に、家質の仲介をする会所の設置とその請負が出願されている（『江戸町触集成』五巻、六八六九号）。その場合の冥加金は、川浚い費用の負担と記すだけで金額は不詳である。活発な金融を反映して、金融関係の会所から上納される冥加金は巨額だった。しかし、この種の会所の多くは寛政の改革の開始とともに廃止になっていることから、民間の金融活動のなかから幕府の利益を引き出そうとする政策は、田沼時代に特有のものだった。

独占的な事業の請負を認める見返りに運上を取り立てる増収策も、あれこれ図られた。安永三年（一七七四）に、隅田川（大川）に架かる両国橋の架替《かけか》え工事があった。本橋は工事で通行できなくなるので、工事のあいだ代わりに使用する仮橋の架設とその運営が請負で行われた。請負人は、仮橋を架設し、利用する通行人から料金を徴収し、その収益のうちから運上を上納するのである。

請負と運上

両国橋水防役・役船小頭・橋番《はしばん》請負人らは、運上一〇〇両で仮橋の請負を願い出たが、町奉行は、一六年前の時は一一六両余だったことを理由に増額を求め、請負契約は成立しなかった。また、両国橋の架替え工事を請け負った永島町の白子屋勘七らは、一〇七両余で仮橋の請負も申し出たが、町奉行はその額にも納得しなかった。そこで最初に出願した両国橋水防役らは、五〇両増額して一五〇両で請負を願い出たが、町奉行はそれでもなお増額を要求して不調に終わった。その後、何人かが出願したものの、零細業者であることなどを理由に却下され、結局、本所横網町の惣助らが運上二六〇両で出願し、ようやく認められた。運上の金額は、当初の一〇〇両から二六〇両につり上げられたのである。一六〇両の増額にすぎないともいえるが、このような運上・冥加金の増額がさまざまに行われたことに留意しなければならない（『日本財政経済史料』巻四）。

新たに賦課された運上やそれに類似した役金《やくきん》があるので、江戸の事例をいくつかあげておこう。宝暦一二年（一七六二）に、八王子石灰《せっかい》、安永四年（一七七五）に、野州石灰、下総銚子・本所深川蛎殻《かきから》灰に運上が命じられた。また、明和六年（一七六九）には、江戸城の堀の浚渫《しゅんせつ》を請け負う業者に対して、土船（土を運ぶ船）一〇〇艘につき一年に金八両一分と銀五匁の上納を命じた。また、天明二年（一七八二）には、利根川・鬼怒川・江戸川の川浚いを請け負う見返りに、武蔵・下総・常陸・上野・下野五カ国から江戸に出荷する槙《まき》荷物に百歩一運上が課された（天明七年九月に廃止）。泉州堺煙草庖丁《たばこほうちょう》鍛冶《かじ》三〇人は、享保一七年（一七三二）から一年に三〇両の運上の上納を命じられ、その後、しだいに増額されて八三両になった。上水の利用にあたり、それまで新規に井戸を作っても負担はなかったものが、上水の管轄が普請奉行所へ変更になって以来、新たに水銀が必要になった。天明五年に、小《こ》艜《ひらた》船（底が平たく細長い船）の船年貢と役銀が、大船と同様の金額に増額された。

農村への運上・冥加金

運上・冥加金の新規取立、あるいは増額は、都市部だけではなく農村部に対しても厳しく行われている。幕府は、安永元年（一七七二）一月、代官に対して冥加金の取立を命じた（『日本財政経済史料』第一巻）。そこでは、酒造、醬油醸造、酢醸造、絞油、水車稼ぎ、薪《たきぎ》（真木）の名を具体的にあげて、それらの稼ぎのある村からは、たとえわずかなものであっても生活の助けになっている実態があるならば、冥加金を上納させるようにせよ、と命じている。さらに、それ以外の品目でも同様な稼ぎがあれば、冥加金を取り立てるようにと促している（同前）。これは、零細なものでも農村部における商品生産や農村工業を捕捉し、それに冥加金を賦課して行こうとする政策である。

たとえばこの指示をうけた信濃の千村役所は、明和九年（一七七二）六月に、信濃国伊那郡清内路《せいないじ》村《むら》（現長野県下伊那郡阿智村）で生産されている櫛《くし》に目をつけた。代官は、櫛は自家用ではなく他国にも販売しているのだから、運上を納めるようにと命じた。村側は、困窮した村であり、櫛もわずかな金額で販売し、やっとのことで塩や茶を買うお金にしている程度の零細なものであると訴え、運上の免除を求めた。代官はこの返答に納得せず、少額の運上を出したからといって生活に困るとは思えないので、運上を出すようにと再び命じた。代官側の厳しい姿勢を感じとった村側はやむなく納得し、一年に永八五文の上納を提示した。ところが代官は、その金額に納得せず増額を要求したため、村側は難儀だといいながらも永一〇〇文に増額し、やっと代官の了承を得た（『長野県史』近世史料編第四巻（二））。永一〇〇文とは、〇・一両に過ぎない。代官は、それでも村側と交渉して提示額に永一五文を増額させたのである。

運上や冥加金を賦課する政策は、まさに広く薄い課税である。幕府は天明三年（一七八三）、代官に対して年貢量の維持などを命じたなかで、冥加金・運上・小物成は増額し、川除《かわよけ》（堤防工事）や道橋普請工事費は減額するように指示している。個々には少額とはいえ、さらなる運上や冥加金の増額による増収が、全国的にもくろまれた（『日本財政経済史料』巻四）。田沼時代の幕府は、農業以外の諸稼ぎ、たとえそれが零細なものであっても、商品生産や農村工業に運上・冥加金を賦課することにより財政収入の増加を図っていたのである。

増収策の特徴

田沼時代、とくに明和年間以降、各種の業者や業者仲間（組合）に新たに株を認めて営業上の権利を付与し、その見返りに冥加金を納めさせ、さらにその額の増額を迫った。また、新たな流通を規制する仕組みや金融制度などを発案し、それを担う会所の請負や業務委託を出願した者に、冥加金の上納を条件に認可した。さまざまな事業の請負を望む者にそれを認め、運上や冥加金を課することも広くおこなわれた。当時の都市や地域社会が直面していた諸問題の解決策を提案するような献策もあれば、新たな経済活動や利潤追求の場を求める献策もあった。もちろん、幕府もむやみやたらと認可していたわけではなく、当該地域の住民や関連業者との利害の調整などもおこなった。しかし、いくつかの金融制度などに見るように、かなり強引に実現させた政策もあり、騒動を引き起こす原因となることすらあった。

幕府は、年貢以外に、流通、金融、商品生産、農村工業へ運上や冥加金の新規の賦課や増額により財政収入の増加を図った。これは、田沼時代に特徴的な政策であるといえる。運上・冥加金収入を増加させる策をたて、実施していった「山師」が活躍したのである。

長崎会所改革と運上

長崎会所と長崎貿易の改革が行われた。田沼時代の長崎貿易は、中国とオランダからの銀の輸入などから貿易の拡大が図られ、それは田沼時代の積極的な経済政策をよく示すものといわれてきた。

幕府は、長崎貿易を実質的に担っていた長崎会所に対して、元禄一二年（一六九九）に運上を課し、享保八年（一七二三）にはその額を五万両に定めた。ところが、享保の飢饉や貿易不振などがあって長崎会所の財政は苦しくなり、享保一八年に運上を三万五〇〇〇両に減額し、寛保《かんぽう》二年（一七四二）にはとうとう廃止してしまった。それどころか、幕府からの借金である拝借金によって貿易を維持する状態が続き、その総額は、延享《えんきょう》三年（一七四六）には二一万両余にまで膨れあがってしまった。長崎会所は、幕府財政を潤すどころか重荷にすらなっていた。そこで勘定所は、長崎会所に改革のメスを入れた。

勘定所は、長崎会所に対する管理・統制を強め、勘定奉行松浦《まつら》信正《のぶまさ》が寛延《かんえん》元年（一七四八）から宝暦二年（一七五二）まで、同石谷清昌《いしがやきよまさ》が宝暦一二年から明和七年（一七七〇）まで長崎奉行を兼任する体制をとり、長崎会所と長崎貿易に直接に介入した。すでに説明したように石谷は、宝暦九年から安永八年（一七七九）まで勘定奉行を務め、田沼意次と姻戚関係をもち田沼時代前半の経済政策を担った人物である。

まず、二一万両余の拝借金を一四年間で完済させる計画をたて、毎年一万五〇〇〇両ずつ返済させ、宝暦一一年に終らせた。宝暦一二年からは例格《れいかく》上納金という名目で、長崎会所から一万五〇〇〇両を年々上納させた。かつての五万両には及ばないものの、多額の運上を復活させたのである。

長崎貿易の動向

長崎貿易は、一七世紀の後半以降その縮小が図られ、正徳新例により決定的となった。その中心は、定めた貿易総額の順守と主要な輸出品を銀から銅と俵物《たわらもの》

（煎海鼠《いりこ》・干鮑《ほしあわび》・鱶鰭《ふかひれ》）へ転換させることであった。銀の産出量の激減とともに銀の輸出それ自体が、オランダ向けは寛文《かんぶん》八（一六六八）年、朝鮮へは宝暦四年（一七五四）、中国へは同一三年に禁止され、それに代わり銅が主要な輸出品となった。銅は、正徳新例により年間輸出量が四五〇万斤（中国三〇〇万斤、オランダ一五〇万斤）と定められたが、幕府はこの輸出銅の確保に苦心した。元禄一四年（一七〇一）に大坂に銅座《どうざ》を設け、全国各地で産出する粗銅を大坂の問屋を使って買い上げ、大坂の銅吹屋仲間に輸出用の棹銅《さおどう》に精錬させて長崎に送った。いくどかの改廃を経て、明和三年（一七六六）からは、国内で採掘される銅をすべて買い上げる銅座を大坂に再設置し、しかも勘定所と長崎会所の役人が出向して管理することにより輸出銅を確保しようとする、勘定所主導の仕組みを作った。

さらに、さまざまな対策を講じて銅産出量の増加を図ったが、思うようには増えず、不足する銅に代わる輸出品として俵物の増産がめざされた。輸出用俵物を集荷するため、延享元年（一七四四）に長崎俵物一手請方《うけかた》問屋を指定し、同二年に長崎に俵物会所、同四年に大坂・下関に長崎御用俵物会所を設置した。このように独占的な俵物集荷機構を整備するとともに、明和二年には全国に俵物の生産を奨励し、輸出用俵物の確保を図った。銀の輸出を禁止し、それに代わる銅と俵物の輸出を推進し、そのための銅と俵物の独占的集荷体制を組み立てていったのである。

田沼時代の貿易で注目すべきは、銀の輸入である。かつては主要な輸出品であった銀を、中国とオランダから逆に輸入したからである。宝暦一三年に中国商人から元糸銀三〇〇貫目、明和二年から花

図28　日本に輸入された外国銀貨

辺銀五〇貫目、オランダからも紅毛銀が輸入された。宝暦一三年から天明元年までの間に輸入された銀の総額は七〇一六貫目、金の輸入総額は六三貫目にのぼった。幕府は、銀貨価値の下落対策として銀貨鋳造に着手したといわれる。明和二年から五匁《もんめ》銀、安永元年から良質な南鐐二朱銀《なんりょうにしゅぎん》（南鐐は美しい銀、良質の銀の意）の鋳造を開始し、いずれも秤量《しょうりょう》する必要のない便利な計数貨幣であり、しかも後者は銀で金貨の価値を表示している（二朱は一両の八分の一）。輸入銀は、この貨幣鋳造の原料として用いられた。この貨幣鋳造用の銀を輸入するためにも、輸出用の銅と俵物の確保が図られたのである。

このような長崎貿易の新たな展開は、貿易拡大を意味しなかったらしい。鈴木康子『長崎奉行の研究』によると、銀を輸入する見返りに銅の輸出量を増加させたのではなく、定められた貿易額から銅の輸出量を減額させ、その減額分の銅を銀輸入に当てたに過ぎず、しかも、なるたけ銅ではなく俵物を輸出していたという。つまり、いままで言われてきたように貿易を拡大したわけではなく、貿易の総額に変化はなかったのである。田沼時代の積極的な貿易政策、というこれまでの評価は再考を求められている。

中国とオランダから銀を輸入して長崎から幕府へ上納させ、それを原料として南鐐《なんりょう》二朱銀などの銀貨を鋳造した。このように幕府は、長崎会所から例格運上金という名目の運上を取り立てる一方、輸入した銀も上納させて多額の利益を上げた。長崎貿易を通した財政収入の増加策であった。幕府は、この長崎貿易を維持するため、主要な輸出品であった銅と俵物の独占的な集荷体制を作り上げたのである。

4―物価と流通規制・専売制

「米価安の諸色高《しょしきだか》」の解決は、享保の改革以来の課題だった。この事態が続く限り、いくら年貢率を高めても新田開発をおこなっても、幕府財政の大幅な収入増には結びつかず、大名の財政も旗本の家計も改善しない。享保の改革では、米価を引き上げ、それ以外の諸物価を引き下げる策が工夫され、前者では大坂堂島《どうじま》の米市場の公認、後者では株仲間《かぶなかま》の公認があった。

米切手の統制

田沼時代にとられた米価引上げ策は、

(1) 囲籾《かこいもみ》(置籾《おきもみ》)

(2) 米切手の統制

(3) 買米《かいまい》

である。(1)は、宝暦一〇年(一七六〇)に、大名に領知高一万石につき籾《もみ》千俵の囲籾を命じた。同三年、同一一年、安永三年(一七七四)にも出されている。年貢米を大名領内に留め置くことにより、

図 29　堂島米市場（『摂津名所図会』）

市場に流通する米の量を減らして米価を引き上げる策である。（3）は、幕府が市中から相場より高い価格で米を買い上げ、米価が上昇することをねらったものである。

（2）は、米切手、とくに空米《からまい》の切手の規制である。米切手とは、大坂米市場へ年貢米を送って換金していた藩が大坂に設けた蔵屋《くらや》敷《しき》に保管している蔵《くら》米《まい》を売り出し、落札した米仲買人に藩が発行した証書のことである。年貢収入では財政を賄えなくなると、財政運営のため大坂の豪商から借金して凌いだ。いわゆる大名貸《が》しである。それが嵩むと元利の償還に苦しみ、藩財政の窮乏となる。

財政をやり繰りするため、蔵屋敷に米の現物がないにもかかわらず、あるかのようにみせかけて蔵米を売り出し、米切手を発行することを始めた。現物（現米）のある正米《しょうまい》取引に対して空米《からまい》取引とよばれ、空米にもかかわらず正米を装って発行した米切手が空米の米切手（調達切手、先納《せんのう》切手、過米《かまい》切手とも）と呼ばれた。来年分、あるいは再来年分の年貢米をあてにする空米取引は、藩財政の悪化とともに享保期からさかんにおこなわれた。問題は、現物の米がないのにあるかのように取り引きするため、見かけの米の在庫量や流通量が多くなり、結果として米の値段が下落したからである。

空米の米切手規制

幕府は、米価対策のため空米の米切手の統制にやっきになった。宝暦一一年（一七六一）一二月、買米の資金を調達するため、大坂の豪商に御用金《ごようきん》を命じるとともに、空米の米切手の発行を禁止した。米の買上げと空米の米切手の禁止という二つの措置を同時にとったが、米切手の操作によって財政をやり繰りしていた諸藩にとっては、大きな打撃になる。

明和期に入ると、正米切手のはずなのに、蔵屋敷から米仲買に現物の米がなかなか引き渡されない事態が頻発したため、正米切手すら信用が低下してしまった。正米切手の流通不安は、藩の財政運営にとって大問題だった。そこで幕府は、安永二年（一七七三）、蔵屋敷から米仲買に米が引き渡されるまでのあいだ幕府が立て替える、官銀立替《かんぎんたてかえ》制を実施して正米切手の流通を保証せざるを得なかった。それでもなお、米切手をめぐる紛争があとを絶たず金融市場は混乱した。

幕府は、米切手の円滑な流通を確保することを目的に、天明三年（一七八三）一〇月、米切手改印《かいいん》制を導入した。諸藩が安永二年（一七七三）以降に発行した米切手は、すべて幕府呉服師（呉服類の御用達）後藤縫殿助《ごとうぬいのすけ》の改印を必要とするようにした。これは、すでに説明した家屋敷を担保とするすべて

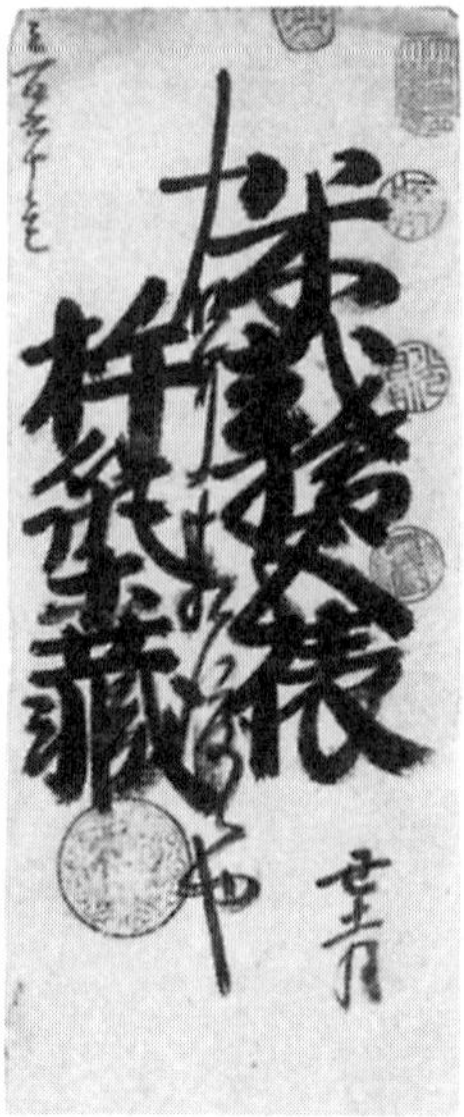

図30　米切手

の金銭貸借証文に家質奥印差配所の奥印を義務づけた仕組みに類似している。しかし諸藩は、あれこれ操作した米切手を発行することにより資金を調達して財政をやり繰りしていたので、この改印制により大坂豪商からの金融の道を狭められ、藩の財政運営が難しくなった。諸藩はまさに悲鳴をあげ、早くも翌天明四年一一月に改印制は廃止になった。幕府による米価対策としての空米の切手の規制策は、諸藩の財政運営のあり方と対立したのである。

買米御用金

幕府が市中の米を買い上げる買米は、宝暦三年（一七五三）八月に江戸でおこなわれ、かなり高い価格で買い上げられた。宝暦一一年一二月には、江戸から目付の三枝帯刀《さえぐさたてわき》や勘定吟味役の小野左太夫《さだゆう》らが大坂に乗り込み、豪商を呼びつけ二〇五人に合計一七〇万両余の御用金を命じた。その目的は、米相場を引き上げるための買米資金の調達だった。市中から米を買い上げて流通量を減らし、米値段を上昇させようとしたのである。具体的には、御用金を買米資金として大坂の各町に配分し、町が買米をするやり方だった。町は、奉行所から渡された御用金の三分の二で米切手を購入し、三分の一は町人や大名に貸し付ける仕組みになっていた。この大名への貸付は、空米の米切手を禁止した代償措置であり、融通に苦しむ大名を救済することを目的とした。

一七〇万両もの御用金を命じたが、現実に集まったのは五六万両弱だった。だが、一時に五六万両もの大金が大坂市中から吸い上げられたため、諸藩は豪商からの新規の融資をうけにくくなり、さらに大坂から江戸への為替の送金にも支障をきたす事態を招いてしまった。このため御用金令は、発令からわずか二カ月後の宝暦一二年二月二八日に撤回された。短時間で取止めになったため、米価引上げの効果はなく、大坂の金融状況を混乱させ、大名の財政のやり繰りを難しくさせただけで終わった。このように、米切手の統制も買米御用金も、藩財政の運営に打撃を与える政策であり、幕府と藩の利害が対立してしまった。

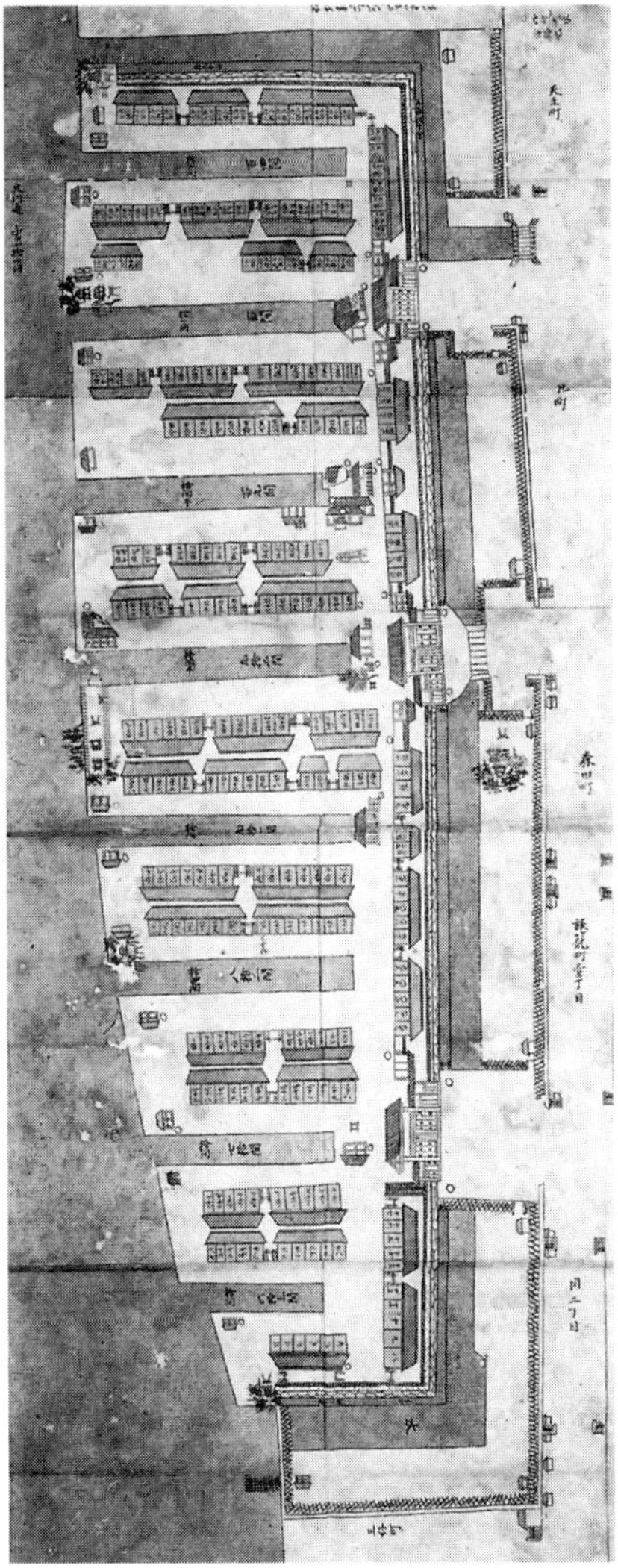

図31 「浅草御米蔵図」

なお、江戸の町人が宝暦三年に、幕府がおこなう買米を請け負いたいと町奉行に願い出ている（『江戸町触集成』五巻、七〇三二号）。買米の資金は、三井のような御為替組《おかわせぐみ》（幕府の公金為替を扱った江戸の本両替）のうちから一人か、豪商の一人から出させる構想である。この政策提言は実現しなかったものの、幕府が大坂で打ち出した買米とその資金のために御用金を課すという政策とのあいだに、なんらかの関連があるかもしれない。

流通の規制策

幕府は、米価の引上げと同時に諸物価の引下げ、ないし安定を図るため、流通の仕組みに手を加えた。すでに説明した広く株仲間を公認した措置は、享保の改革の政策を継承し拡大したものである。とくに、都市の拡大と夜も活動するような人びとの暮らしの変化により需要が増えた燈油と国民的衣料となった木綿など、主要な商品の価格を安定させるため、とくにその流通の統制が図られた。

燈油については、宝暦一〇年（一七六〇）、大坂の菜種問屋と綿実《わたのみ》問屋の株を定め、ついで明和七年（一七七〇）、大坂の油問屋の株を定め、さらに、摂津・河内・和泉の在方に油稼株《あぶらかせぎかぶ》を設け、自家栽培以外の菜種を油に絞ることを禁止し、それ以外の菜種を大坂の油問屋だけに出荷するように命じた。なお関東でも、宝暦四年、関八州綿実買受《かいうけ》問屋を設置している。木綿については、安永元年（一七七二）、大坂の綿屋仲間を公認し、ついで綿買次積《わたかいつぎつみ》問屋の株を定め、すでに説明した三カ所の繰綿延売《くりわたのべばい》買《ばい》会所の設置を認めるなどの措置をとっている。いずれも大坂市場に菜種と木綿を集中させ、それを扱う問屋の株仲間結成を認めて流通を規制しようとしたのである。このほか、安永元年に樽廻船《たるかいせん》問屋、同二年に菱垣《ひがき》廻船問屋の仲間株を許可し、大坂・江戸間の輸送の統制も図った。

宝暦八年（一七五八）に、明礬《みようばん》会所をそれまでの江戸・大坂の他に京・堺にも設置し、同一三年に、江戸に朝鮮種人参座、明和三年（一七六六）に大坂銅座、同五年に長崎に竜脳座《りゆうのうざ》、安永九年（一七八〇）に大坂に鉄座、江戸・京・大坂に真鍮座《しんちゆうざ》を設け、天明五年（一七八五）に、俵物《たわらもの》を長崎会所の独占集荷にした。このように、輸出品や貨幣地金《じがね》、さらに朝鮮種人参など、かなり特殊な商品の流通を独占する座や会所をつくった。これらの商品を幕府が独占して集荷、販売したので、幕府専売制ともよばれる。幕府の政策目的にそった商品の流通規制を強化して、安定的な集荷と品質の保持、さらには価格の安定をもくろんだのである。

一七世紀末の元禄時代から悪化してきた幕府の財政をどうするのかが、田沼時代の最大の課題だった。享保の改革のような年貢増徴策が不可能な状況のもとで、年貢以外の収入を増やすために幕府の利益を追求する新たな政策が求められた。一七世紀末以降の民間経済の充実を前提にして、その資金と知恵、さらには新たな学問と民間で蓄積された知識や技術を政策に活用しようとした。これは、民間からの献策を取り上げて政策化する、という享保期の幕府政治のあり方を継承するものでもあった。しかし、あまりにさまざま、あるいは細々と利益を追い求めたため、その策を工夫した「山師」が跋《ばつ》扈《こ》したと批判されることになった。

松平定信は、天明八年五月ころの文書の中で、

おいおい新進の徒、聚斂争利《しゅうれんそうり》の輩《ともがら》出で候て、一時の功一旦の才を顕《あらわ》し候ように成り行き、今日の御益明日の御損にあい成り、上を増し候の益たる、下を増し候の損たる様に行きちがい候あいだ、

（「松平定教文書」）

と書いて、目先の幕府の利益を増すために、民間から富を吸い上げるさまざまな策を工夫し狂奔した田沼時代の幕府役人のあり様と、その経済政策を批判した。

また、寛政元年（一七八九）には、

利をもって導き候へば利をもって従い候あいだ、自然と下に利にのみ走り、

（『物価論』）

とも書いている。幕府役人が利益をエサに民間を誘導するので、民間ももっぱらもうけの追求に走るという事態を指摘したのである。株仲間の広範な認可や請負の許可をエサにして、運上や冥加金を上納させて利益をあげようとした政策への批判だった。伝統的な観念からの田沼時代批判であるが、その時代のあり方を的確に捉えている。

三　田沼意次の積極政策

天明初年（一七八一）までに、老中、若年寄、御用取次、勘定奉行らの幕府重職を姻戚関係者や田沼派で固め、幕府権力を完全に握った田沼意次は、きわめて大胆かつ積極的な政策をつぎつぎと打ち出していった。田沼時代の積極的、革新的と評されることの多い政策は、実は天明に入ってからのものが多く、田沼意次の時代とよぶにふさわしい時期である。具体的には、大開発構想である印旛沼《いんばぬま》干拓工事、ロシアとの貿易を視野にいれた蝦夷地《えぞち》開発策、および全国御用金令による貸金会所構想などがあげられる。

1―下総国印旛沼干拓工事

印旛沼干拓と新田開発計画

印旛沼は、下総（現千葉県）北部、利根川下流域に位置する、周囲四七㌔、面積二〇平方㌔におよぶ大沼であった。利根川の遊水池の役割を果たし、増水すると利根川の水が印旛沼に流れ込み、利根川の洪水を防いだ。しかし、印旛沼周辺の村むら

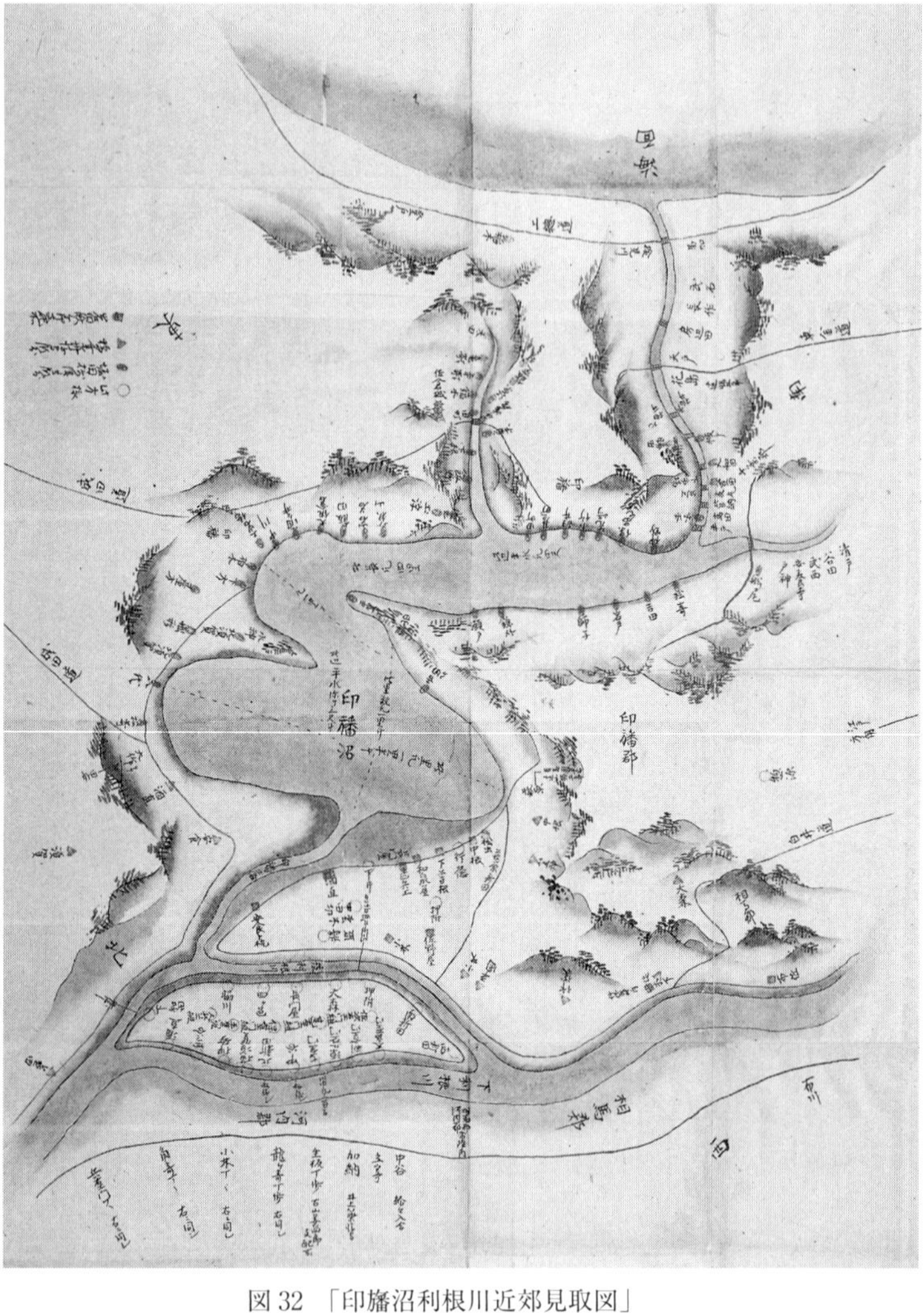

図 32 「印旛沼利根川近郊見取図」

は、しばしば沼の増水による浸水に悩まされ続けた。
田沼時代に干拓工事が完成すると、三九〇〇町歩（約三九〇〇ヘクタール）もの大新田が造成される予定の大開発計画だった。たとえば、享保の改革の新田開発政策で実現した大規模新田である越後蒲原《かんばら》郡の紫《し》雲寺潟《うんじかた》（現新潟県新発田市）干拓では、一七〇〇町歩の新田が造成された。それと比較すれば、印旛沼干拓の規模の大きさをよく理解できる。つぎに取り上げる蝦夷地開発にははるかに及ばないものの、三九〇〇町歩（平均的には約四万石以上の米の収穫が見込まれる）もの新田開発は、江戸時代では巨大開発事業であった。

幕府が印旛沼を干拓して新田開発しようと試みたのは、新田開発政策を推進していた享保の改革が最初だった。しかも、町人請負新田を奨励し、民間資金の導入と活用により開発を進めようとした。下総印旛郡平戸《ひらと》村（現千葉県八千代市）の染谷源右衛門《げんえもん》という人物が、享保九年（一七二四）に願い出たことから始まった。幕府は、源右衛門に工事資金の一部として六〇〇〇両を貸与して工事に着手させたが、この大工事は資金不足のため中断してしまった。田沼時代の印旛沼干拓工事は、享保の改革を引き継ぐ性格のものであった。

大谷貞夫『近世日本治水史の研究』によると、ふたたび印旛沼干拓工事の構想が持ちあがったのは、安永九年（一七八〇）のことである。あらたに開発計画をたてたのは、印旛沼のある下総印旛郡などを管轄していた幕府代官、宮村孫左衛門高豊《みやむらまごさえもんたかとよ》である。宮村孫左衛門は、蔵米二〇〇俵の小普請、宮村彦五郎の養子になったこと以外、どのような身分や階層の出身なのかなどその出自はよくわからない。すでに説明したような、勘定所の役人によくある事例のひとりである。享保一五年（一七三〇）に養父の跡を継ぎ、小十人組士《こじゅうにんぐみし》（将軍外出のさいの警備役）になった。元文《げんぶん》五年（一七四〇）に出羽村山地方（山形県）の代官になり、甲斐《かい》、駿河《するが》などの代官所を転々としたうえ、明和《めいわ》八年（一七七一）に下総葛飾《かつしか》、印旛、埴生《はにゅう》郡（現千葉県）を支配する代官になり、印旛沼と関わることになった。

代官の宮村が、印旛沼干拓を発意した経緯はよくわからないが、下総印旛郡惣深《そうぶか》新田（現千葉県印西市）の名主《なぬし》平左衛門と同国千葉郡島田村（同前）の名主治郎兵衛の二人に、干拓工事の具体案の提出を命じたのが安永九年だった。この二名の名主から、宮村へ干拓の献策があったのが発端かもしれない。工事計画案とともに重要な工事資金は、宮村孫左衛門が天明元年（一七八一）、大坂の天王寺屋藤八郎と江戸浅草の長谷川新五郎に面談しているので、民間資金の導入により確保しようとしたらしい。工事計画と資金計画の目鼻がついた宮村は、工事計画書（当時の表現では「目論見書《もくろみしょ》」）を勘定所に提出した。宮村の計画案は田沼意次らの目にとまったとみえ、工事計画の採否を決めるため、同二年二月に勘定所の役人が現地視察を行ない、同年七月に、工事実施が決定された。

干拓工事の開始と失敗

天明四年三月、勘定所役人が工事箇所のくい打ちと測量をおこない、現地の工事事務所も作られて、同五年末頃に着工した。干拓工事の工法には、利根川から印旛沼に水が流れ込むのを遮断して沼の水位を下げる「〆切《しめき》り普請」が採用され、印旛沼が利根川につながる安食《あじき》村（現千葉県栄町）で、同六年三月から四月にかけて締め切り工事がおこなわれた。工事とともに、干上がる予定地を新田に開発する事業も始められた。個人あるいは村が、五〇町歩（五〇〇㌶）や三〇町歩という規模の面積の新田開発を請け負う方式がとられ、同五年八月から、請負希望者の出願が始まっている。

干拓工事は順調に進んでいたらしいが、天明六年七月一二日から激しい風雨が続き、利根川をはじめとする河川は氾濫し、江戸では開府以来の、その周辺地域でも前代未聞の大洪水に見舞われ事態は急転した。大増水した利根川の水は、安食村の締切り堤を破壊し、大量に印旛沼に流れ込んでしまった。結局、それまでの努力は水泡に帰した。同三年七月に浅間山が大噴火し、その大量の降灰は利根川などの諸河川の川底を浅くしていた。そこに大雨が降ったために、大洪水を引き起こしたのである。

干拓工事は、八月二四日に中止が発表された。後で取り上げる全国御用金令による貸金会所構想、および大和吉野の金峰山《きんぷせん》の鉱山開発と同時に中止になった。そして、その翌日の二五日に将軍家治《いえはる》が死去し、二七日には田沼意次が辞職するという一連の政治過程が続くが、そのなかで印旛沼干拓工事も中止になったのである。

なお、田沼意次が、印旛沼干拓工事という巨大開発事業に具体的にどのように関わったのか、実はよくわからない。しかし、三九〇〇町歩もの新田開発計画は、田沼意次にとって魅力的だったろう。大洪水という不慮の災害に大きな原因があったとはいえ、印旛沼干拓工事の失敗は田沼の政治生命を縮め、田沼時代を終焉に導く一因になった。

干拓工事を発案した代官宮村孫左衛門は、天明八年（一七八八）一〇月に、代官所の手代《てだい》が年貢を横領して逃走し、公金を預けた商人が持ち逃げするなどの不運も重なり、代官在職中の不正を咎められて遠島《えんとう》処分となった。父の職務を助けていた息子の高郷《たかさと》も連座して追放処分となり、旗本宮村家は断絶の憂き目にあった。宮村孫左衛門もまた「山師」の一人だったのだろう。

2――ロシア貿易と蝦夷地開発

田沼時代の蝦夷地

蝦夷地の存在意義は、田沼時代にとくに経済的な面で高まっていった。一つは、関西地方の商業的農業を支える肥料、金肥《きんぴ》の供給地として、いま一つは対中国貿易の輸出品である俵物《たわらもの》の産地として、である。そして、ロシアの勢力が南下するとともに、政治的にも重要な存在として浮かび上がってくる。

松前《まつまえ》藩は、蝦夷地の支配権、具体的にはアイヌとの独占的交易権を江戸幕府から認められることにより、江戸時代の大名家として成り立っていた。松前藩は、指定した場所でアイヌと交易する権利を藩士に知行として分与した。近世史研究者は、これを商場知行制《あきないばちぎょうせい》とよぶ。藩士は自ら、あるいは家来が知行地である商場へ出向いてアイヌと交易し、その利益を収入とした。一八世紀に入ると、商場におけるアイヌとの交易を商人に請け負わせる場《ば》所請負《しょうけおい》制が一般化し、請負商人は、知行主に交易の利益から一定額の運上を納めた。

請負商人は、利益を求めて新たな漁場の開拓を進め蝦夷地の奥へ奥へと進出し、宝暦年中にクナシリ、安永初年（一七七二）にはカラフトにも漁場が開かれていった。さらに、たんにアイヌと交易するだけではなく、アイヌを労働者として雇って漁業を展開するようになった。こうした背景には、関西地方の綿作などの商業的農業を支える肥料需要の増大がある。金肥肥料は、それまで干鰯《ほしか》が中心であったが、鰯の漁獲量の減少により蝦夷地産の鰊《にしん》、鱒《ます》の脂を搾った〆粕《しめかす》の需要が増大した。蝦夷地は、

図33　場所労働の絵（平沢屛山「蝦夷人昆布採取図」）

国民的衣料となった木綿の原料となる綿栽培を、肥料の面から支える存在となったのである。

さらに、銅に代わる中国への輸出品である俵物の産地として注目されてきた。幕府が長崎に俵物会所を設立し俵物を独占的に集荷する体制をとるようになると、日本海側や三陸など各地に俵物を集荷する指定問屋が設定され、その増産が図られた。幕府は、集荷体制をさらに強化するため、天明五年（一七八五）、長崎の俵物会所を俵物役所と改めた。各地に俵物役所に付属する俵物会所を設け、それまでは指定した問屋に任せていた集荷を、会所が直接に行う俵物直仕入《じきしい》れ制をとるようになった。箱《はこ》館《だて》にもその俵物会所が設置され、江戸から勘定所の役人が毎年やってきてその集荷事務にあたり、箱館は蝦夷地の俵物集荷の重要拠点となった。このように、蝦夷地は一八世紀後半に、日本の産業と対中国貿易にとって不可欠の存在となっていった。

蝦夷地をめぐる風聞と開拓策

ヨーロッパ人の間では、オホーツクから蝦夷地のどこかに金銀島があるという「伝説」があり、たとえば寛永二〇年（一六四三）に南部山田浦（現岩手県下閉伊郡山田町）に漂着したオランダ船ブレスケンス号の目的が金銀島調査だったように、江戸時代のはじめにも探検がおこなわれたほどであった。たしかに蝦夷地は砂金の豊富なところであり、松前藩も各地で砂金採取をおこなっていたが、おおむね一七世紀末には事業をやめている。しかし、蝦夷地には金銀が豊富、という伝承と風聞は生き続けた。

蝦夷地への関心としては、水戸藩主徳川光圀《みつくに》（一六二八―一七〇〇）が、元禄元年（一六八八）に快風《かいふう》丸《まる》を蝦夷地へ派遣したのが有名である。また、新井白石は享保五年（一七二〇）に、蝦夷地に関する最初の地誌といわれる『蝦夷志《えぞし》』を著し、のちの日本人の蝦夷地認識に大きな影響を与えた。一八世紀の初め頃から、蝦夷地開拓論が登場してくる。儒学者の並河天民《なみかわてんみん》（一六七九—一七一八）は、蝦夷地の開拓により日本の国土と人民を増すことを提起した。金座の座人である坂倉源次郎《いたくらげんじろう》は、元文四年（一七三九）に『北海随筆』を著し、蝦夷地にある金銀鉱山開発と農業開発を行うべきであると説き、蝦夷地の金銀と開拓が取り上げられた。なお、坂倉は松前より箱館の方が良港であり、箱館に政治と経済の中心を置くべきだと主張した。

幕府も、明和三年（一七六六）五月から一〇月にかけ小人目付《こびとめつけ》らを松前へ派遣し、金山の調査をおこなわせている。戯作者・狂歌作者であり、江戸四谷新宿で煙草屋を営むなど多彩な顔をもつ平秩東作《へずつとうさく》（一七二六—八九）は、天明三年（一七八三）に江差《えさし》（現北海道江差町）に行き調査したうえで、蝦夷地の農業開拓を勘定組頭の土山宗次郎《つちやまそうじろう》（?—一七八七）らに献策している。このように、蝦夷地は金銀鉱山が豊富であり、その開発とそれを通じた農業開発、あるいは蝦夷地は農業に適している土地という認識から、農業開拓を説く主張が存在していた。

しかし、このような国内事情の枠内の議論をこえて蝦夷地がクローズアップされることになったのは、世界史的な変動によってである。すなわち、ロシアの蝦夷地接近という事態であった。わが国がロシアへの対応を迫られたのは、田沼時代の末期が最初だった。田沼時代の政策は、必然的にロシアの蝦夷地接近から生れた対外的危機への対応策としてとられることになった。

ロシアの蝦夷地接近

ロシアは、一六世紀末にシベリア進出を始め、一七世紀末にはカムチャッカに到達した。黒竜江《こくりゅうこう》方面へも進出して清朝と対立し、元禄二年（一六八九）にネルチンスク条約を結んだ。ピョートル一世のもとで、ロシアは北太平洋から千島列島への進出を積極的に続けた。アラスカにまで到達したベーリング探検隊の一支隊であるスパンベルグの一隊は、元文四年（一七三九）に、千島列島を南下して五月下旬には房総半島沖にまで達し、「元文《げんぶん》の黒船」とよばれている。ロシアの勢力は、宝暦～安永年間にウルップ島からエトロフ島にまで達し、とくにウルップ島には、植民のための根拠地が築かれた。ロシアは、日本との関係を築くため、漂流民を保護して日本語教師とし、日本語通訳を養成しようとした。宝永二年（一七〇五）一〇月に、サンクト・ペテルスブルクに日本語学校を開設し、宝暦三年（一七五三）にそれをイルクーツクへ移し、多くの学生を教育していた。

松前藩は、アイヌから赤い衣服を着た外国人、すなわち「赤蝦夷《あかえぞ》」「赤人《あかひと》」についての情報を得ていたが、それがロシア人であるとの認識はなかった。日本人が、ロシアの千島列島への進出を知るきっかけとなったのは、明和八年（一七七一）のハンガリー人ベニョフスキー（日本では、ハン・ベンゴローなどと記されている）の警告であった。ベニョフスキーは、シベリアから脱出の途中、六月に阿波《あわ》や奄《あま》美《み》大島に寄港し、ルス、あるいはムスコウビヤ（日本人には、これがロシアをさすとの認識はない）による

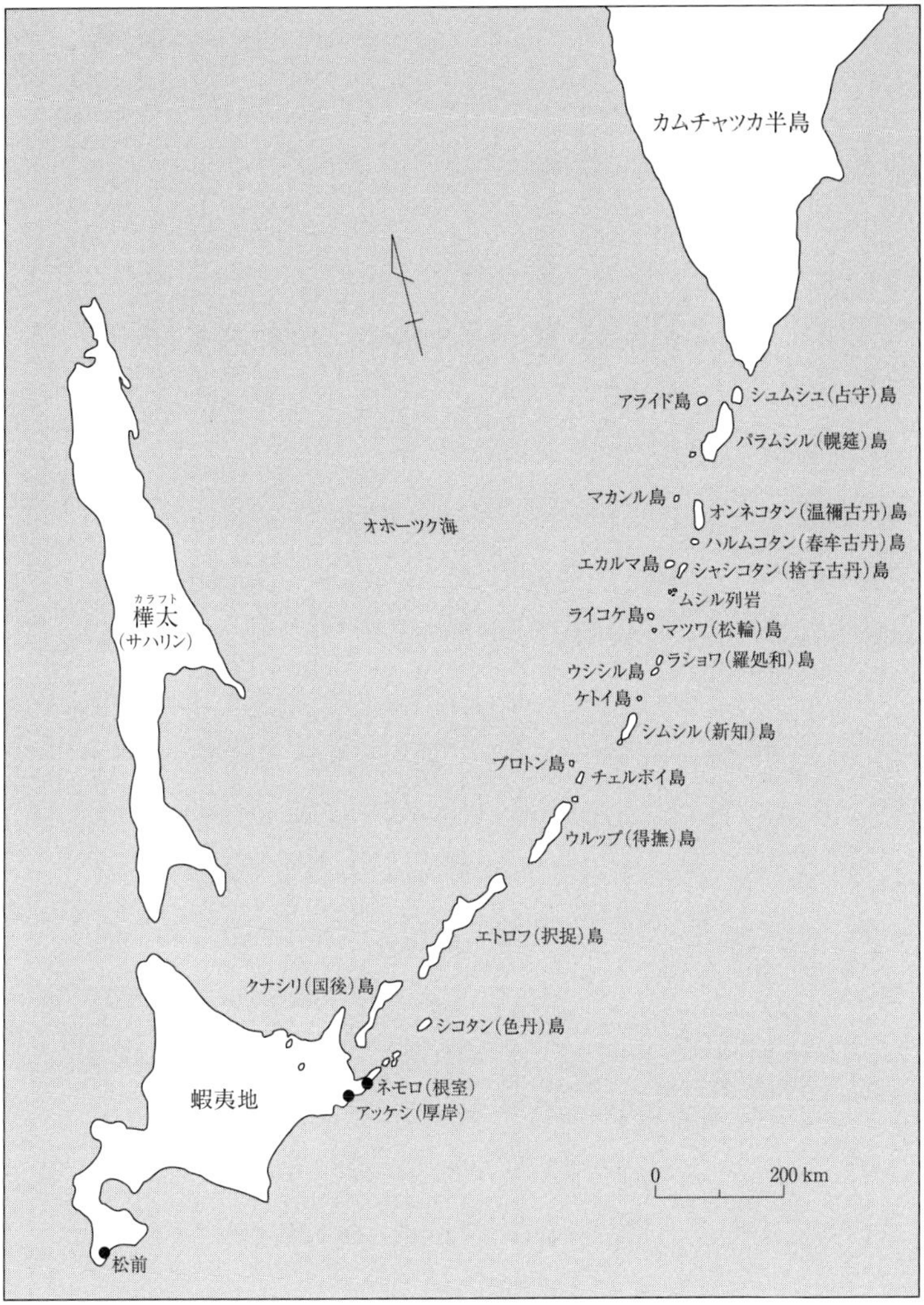

図 34　千島列島周辺地図

蝦夷地侵略を警告する手紙をオランダ商館長に託した。この内容が、オランダ通詞たちにより幕府の外部へ漏れ、江戸中期の思想家、三浦梅園《みうらばいえん》（一七二三―八九）ら知識人は、ロシアの蝦夷地接近を知ることになった。

ロシアによる蝦夷地進出は、たんなる噂にとどまらなかった。安永七年（一七七八）六月に、ロシア船がノッカマプ（根室市の東方ノサップ岬）に渡来し、松前藩へ交易を要求する事件が起こり現実のものとなった。翌年八月、ロシア船は厚岸《あっけし》（現北海道厚岸町）付近に渡来したが、松前藩は交易を拒否した。しかし、この事件を幕府に報告しなかったことと、ロシア側へ千島アイヌを介した日本製品入手の可能性を示唆したことから、のちに松前藩による密貿易の噂が広まる根拠となった。

赤蝦夷風説考と蝦夷地調査団の派遣

田沼時代の幕府の蝦夷地政策にもっとも強い影響を与えたのは、仙台藩の医師で蘭学者の工藤平助《くどうへいすけ》（一七三四―一八〇〇）の『赤蝦夷風説考《あかえぞふうせつこう》』である。『赤蝦夷風説考』（正式な書名は「加模西葛杜加国風説考《かむしとかこく》」）は、上下二巻からなる。下巻はロシアの歴史と地理について、ロシア史『ベシケレイヒング・ハン・ルユスランド』と地理書『ゼオガラヒー』からの研究で、天明元年（一七八一）四月二一日の脱稿という。ロシア貿易と蝦夷地開発を論じた意見書が上巻で、同三年正月の成立である。この著作で重要な点は、「赤蝦夷」「赤人」とはロシア人のことで、ロシアとはヨーロッパからアジアにまたがる大国であり、そのロシアが蝦夷地で日本と境を接する隣国になっている事態を初めて指摘した点と、このまま放置すれば蝦夷地はロシアに奪われてしまうので、蝦夷地を開発しその金銀でロシアと交易し、日本の富国を図るべきであると提言した点にある。

『赤蝦夷風説考』を入手した田沼意次は、勘定奉行松本秀持《ひでもち》に検討を命じ、北方からの危機への対応策として、ロシア貿易と蝦夷地開発という気宇壮大な政策の模索が始まった。松本秀持は、天明四年五月、意次へ蝦夷地政策案を提出した。政策案は、ロシアは数十年来日本との交易を望み、日本人漂流民を保護し通訳を養成しているほどの国であり、蝦夷地での抜荷《ぬけに》（密貿易）はますます盛んになるので、公式に交易を認めるほかない、そこで、蝦夷地の金銀銅山を開発し、それをもってロシアと交易すれば日本の利益になり、ひいては長崎交易も活発になる、交易場所は、蝦夷地に限らず警備するのに都合のよい港でおこなうべきである、ロシアは食糧が欲しいので、俵物《たわらもの》だけでも交易するだろう、という内容である。松本秀持の蝦夷地政策案の骨子は、蝦夷地の金銀銅でロシアと貿易して利益を獲得する、というものであった。

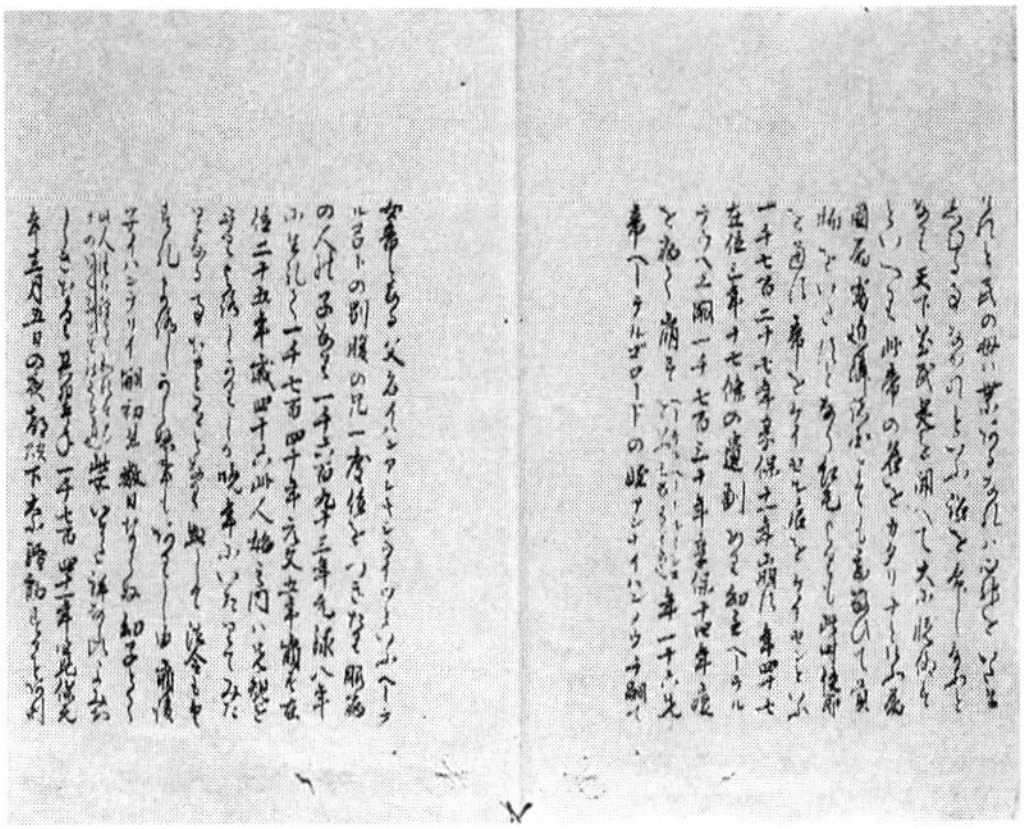

図35　工藤平助『赤蝦夷風説考』

幕府は蝦夷地調査団を派遣することになり、佐藤玄六郎《げんろくろう》ら普請役と同見習五名、および下役五名が、天明五年二月に江

図 36　最上徳内

戸を出発した。なお最上徳内《もがみとくない》（一七五五―一八三六）は、この調査に普請役見習青島俊蔵の従者として参加した。調査団は、四月二九日に松前を出発、東蝦夷地からクナシリ島（可能ならばエトロフ・ウルップ島まで）に行く団員と、西蝦夷地からカラフトへ行く団員の二手に分かれて調査を始めた。異国への通路の状況、地理、産物や交易、そして金銀山の有無などを調査した。こうして、幕府による歴史的な蝦夷地調査が始まった。

天明六年二月初め、第一回の調査報告書が、普請役佐藤玄六郎から松本秀持に送られてきた。これを検討した松本は、二月六日に、第二回の調査方針と具体的な蝦夷地政策を提案した。新たな政策案の柱になったのは、新田開発だった。

蝦夷地の新田開発構想

蝦夷地本島、カラフト、クナシリ、エトロフ島は広大な土地で、耕作に適していること、松前藩が禁止しているためおこなわれていないが、アイヌは農業をやりたがっていること、などを理由に蝦夷地の新田開発策を提起した。蝦夷地本島の十分の一、一一六万六四〇〇町歩が新田開発できる面積と推計し、その石高は、内地の石盛《こくもり》（単位面積あたりの収穫量）の半分と仮定し五八三万二〇〇〇石にのぼる。開発に必要な労働力は、一〇万人と推定された。もとよりアイヌだけでは不足するので、えた頭《がし》弾左衛門《だんざえもん》配下のえた、非人《ひにん》身分の者七万人を移住させるプランを立てている。気宇壮大な構想だが、必要となる巨額の資金や具体的な開発方法などは、佐藤玄六郎が江戸に戻ってから相談するということなので、あまり具体的なものではなかった。

佐藤玄六郎は、報告書のなかでこうも言う。

新田開発が進んで農民が増加すれば、商人たちも集まって人口がふえる。そのうえで、異国との通路を締め切り、日本の威光により、西はサンタン（山丹）、マンジウ（満州）、東は赤人の本国（ロシア）までが日本に服属するように処置すれば、わが国の永久の安全保障になる。また、蝦夷地が開発されれば、奥羽両国も中国地方と同じ程度のよい国柄になる。新田開発もあまり時間をかけず、人口の増加も八、九年のうちに実現させる。

松本秀持は、佐藤玄九郎が提案した構想の見通しについて再調査させたい、と意次に伺い出た。この新田開発計画が実現すると、当時の日本の石高を三〇〇〇万石と仮定すると、一挙に二〇％も増加し、単位面積あたりの収穫量が内地並みになれば、四〇％も増えることになる。この開発計画の大規模さが理解できるだろう。しかも、山丹、満州、さらにはロシアまで、日本に服属するようにするともいう。まことに気宇壮大、というより荒唐無稽な構想である。佐藤玄六郎は、そしてその意見を採用し計画を立案した松本秀持も「山師」である。その開発策にゴーサインを出した意次も「山師」である。蝦夷地開発策は、「山師」の時代を象徴する大規模開発構想だった。

鉱山開発・ロシア貿易の放棄

調査団のおもな目的は、金銀鉱山とロシア交易の調査だったはずである。松本秀持の構想は、金銀鉱山を開発し、その金銀でロシアと交易し利益を獲得しようとするものだった。ところが、具体的な政策案に金銀鉱山の件はまったく登場せず、ロシアとの交易についてもつぎのように言っている。

噂になっていた密貿易の現状は、アイヌが日本人とロシア人の間を仲介している程度のもので、交易といえるほどのものではない。ただ、ロシア人は日本との貿易を希望しているので、直接に貿易を始めれば、かなりの規模になるだろう。しかし、外国産品は長崎貿易で十分に入手できているので、ロシアと貿易を開始すると長崎貿易に支障をきたし、そのうえいくら禁止しても金銀銅が流出することになる。

そして結論は、「異国通商の儀は、先ず頓着仕《とんちやくつかまつ》らざるつもり」つまり当面はという限定がついているものの、ロシアとの貿易には否定的である。田沼意次は、この松本の伺書を「伺いの通り」と認めた。田沼も、金銀鉱山の開発とロシア貿易を放棄し、新田開発策、農業開発策に転換してしまった。

松本秀持は、転換した理由を説明していないし、普請役佐藤玄六郎も報告書のなかで金銀鉱山にまったく触れない。予想に反して蝦夷地の金銀山はたいしたことがなく、ロシアとの密貿易もまた噂と違ってかなり小規模で、貿易とよぶほどのものではなかった。そのうえ、ロシア人がもたらすであろう商品は長崎貿易の輸入品とほぼ同じものだった。聞くと見るとは大違いで、バラ色の構想を大きく転換せざるを得なかったのだろう。

金銀鉱山の開発とロシア交易という、内地ではおよそ思いつかない、北の大地が舞台ならではの大胆で斬新な発想が、新田開発という伝統的なものに変ってしまった。しかも、資金、技術、労働力の面で具体性を欠いていた。いまだ「山師」段階の構想だった。なお、蝦夷地調査は天明六年一〇月に中止が決定された。

しかし、北方からの外圧に対する初めての国家的な対応策であり、この蝦夷地調査団の派遣とそれにもとづく蝦夷地開発構想は、日本の富源、幕府の富源としての蝦夷地、という考え方を政策化した最初のものである。これがもった意義は大きい。この政策論は、勘定所を中心に老中を含む幕府のかなりの部分にまで支持されて浸透し、寛政の改革では否定されてしまうものの、その考え方は底流で生き続けた。そして、寛政一一年（一七九九）に、東蝦夷地の幕府直轄、開発の断行、文化四年（一八〇七）の松前を含む全蝦夷地の直轄となって実現し、紆余曲折はあるものの、文政《ぶんせい》四年（一八二一）に中止されるまで継続された。そして、幕末開港期に再び復活することになる。

3―大坂豪商への御用金と幕藩財政

田沼時代後半の幕府は、経済・財政政策に商業資本、金融資本を、たんにその市場支配力を利用し協力させるだけではなく、その資金そのものを積極的かつ大規模に活用しようとした。それは、下落を続ける米価の引き上げと苦境に立つ藩財政のため、さらには幕府の財政収入を増加させるために、とくに大坂の商業・金融資本の巨額な資金を活用しようとする御用金政策が実行にうつされた。

天明三年の御用金令と融通貸付

御用金としては、米価引上げを目的とした宝暦一一年（一七六一）の買米御用金が最初だが、天明年間には、三年と五年に大名への融資をおもな目的とした御用金令が出された。大坂豪商の巨額の資金を、米切手統制の見返り、また年貢米の大坂廻米がほとんどないため大坂豪商からの借金が難しい大名への融資、さらに幕府の利益のために活用しようと試みたのである。

大坂町奉行所は、天明三年（一七八三）一〇月、大坂の有力な両替商鴻池《こうのいけ》など一一軒を融通方《ゆうずうかた》に指名し、資金繰《ぐ》りに苦しむ大名への融資にあたらせた。幕府が命じた御用金の総額は、一四万五〇〇〇両にのぼる。両替商らは、宝暦一一年の御用金と違い、指定された額の現金を幕府に上納することなく手元におき、大名から融資の申込みがあれば貸し付ける、という仕組みだった。融資は、藩役人名義の借用証文を入れさせ、返済が滞った場合は大坂町奉行所や大坂谷町《たにまち》代官所が返済を保証する、という添え証文を入れる方式だった。つまり、幕府の公的保証をつけて大名に融資させるもので、債権に幕府の保護を与えることなしには、もはや大名への金融が難しくなっていた。

図37　鴻池両替店

両替商らは、年利八％の範囲内で貸し付け、受取利息のうち年利五％分を幕府へ上納し、幕府はそのなかから年利二・五％分を両替商らに戻す。つまり、両替商らは年利五・五％、幕府は年利二・五％分の利息を手に入れる構想だった。御用金の全額が貸し付けられたとすると、幕府は一年に銀二一七貫五〇〇匁（三六二五両にあたる）の利子収入を手にできる。両替商らから資金繰りに苦しむ大名に融資させ、幕府は債務保証をする見返りに三六二五両を手にする。巨額とはいえないものの、田沼時代の幕府のしたたかさがよく出ている。

この融通貸付策を担当した大坂西町奉行佐野政親《まさちか》は、妻が河野通喬《みちたか》の娘で、田沼意次と深い仲の幕府奥医師として権勢がある河野通頼《みちより》（仙寿院《せんじゅいん》）の妻も河野通喬の娘なので、佐野政親と河野仙寿院は妻を介した義兄弟の関係になり、さらに佐野の息子政敷《まさのぶ》の妻は、河野通頼の娘というように、河野仙寿院と濃い関係を結んでいた人物である。つまり、大坂西町奉行は田沼意次の息のかかった役人であった。

この融通貸付制度は、

第一に、両替商に出金を命じるものの上納させず、その金は手元において公金として大名に貸し付けさせる点

第二に、幕府が大名の返済を保証して債権を保護する点

第三に、幕府は利子収入を得る点

この三点に特色があり、つぎの天明五年の御用金政策に引きつがれていった。

天明五年の大坂御用金令

幕府は、天明五年一二月、大坂の豪商らに御用金を命じた。実施にあたったのは、二年前の融通貸付金制度に引き続き大坂西町奉行の佐野政親だった。

佐野政親は、大坂の豪商の手代《てだい》六〇人ほどを奉行所に呼びつけ、諸大名の悪化した資金繰りを打開するため、と御用金の趣旨を説明した。諸大名が金繰りに苦しむ大きな理由は、借りた金をきちんと返済しないため貸し渋りがおこるからだ、と御用金令は指摘する。そこで、返済を確実に保証する抵当、担保を設定することにした。それは、借金の金額にみあった大名領の田畑からあがる年貢だった。返済が滞れば幕府代官が抵当となっている田畑を管理し、そこからの年貢で元利を確実に返済させる、という仕組みである。幕府は豪商たちに、貸した金は元利ともに確実に回収できるから安心して大名に融資するように、と説得したのである。

天明五年の御用金のおもな目的は、資金繰りに苦しむ諸大名の支援にあり、御用金をそのまま豪商

の手元に留めておき、それを公金として大名に貸し付ける仕組みだった。それは、豪商たちの御用金令への抵抗感を薄める措置だったろう。貸付の利息は年利七％、そのうち一％を幕府に上納することになっていた。御用金を命じられたのは、大坂の町人が三〇〇軒ほど、さらに兵庫、灘目《なだめ》、伊丹《いたみ》、池田、木津《きづ》村、難波《なんば》村、天王寺《てんのうじ》村、今宮《いまみや》村など、大坂代官支配地の豪農や裕福な寺社が対象になり、合計すると六～七〇〇軒、御用金総額は六〇〇万両という巨額にのぼると噂された。

六〇〇万両になるかどうか定かではないが、計画通りに進めば巨額な金額になることは疑いない。幕府に現金を差し出すわけではないが、巨額な金が公金として幕府の管理下に入り、幕府の金融政策に使われることになる。この公金の貸付けによって、幕府は大名の財政の首根っこを押さえることも可能なうえに、利子一％分、最大で六万両を手に入れることができる計算だった。

御用金政策の破綻

しかし、この御用金政策はすぐに破綻した。その最大の理由は、豪商たちの抵抗である。手元に現金があるとはいえ公金という「しばり」があり、自分のものであって自分のものではない金になる。そのうえ、一％の利子を幕府に納めなければならない。豪商たちは、大名への貸付は幕府からの強制ではなく大名との相対である点に目をつけ、貸し渋りをおこなったため、大名はなかなか融資を利用できなかった。客観的にみると、幕府はその資金は公金(幕府の金)なのだが、豪商に大名への貸付を強制できなかったのである。その点が、この政策の大きな弱点になり、結局、発令から一年もたたない天明六年閏一〇月に中止になった。

天明五年の御用金令が大名領の田畑を担保としたことから、幕府が大名の領主権、領知に対する権利を侵害したものと理解し、田沼意次に強い反発、反感を抱いていた御三家を筆頭とする門閥大名たちが、これを機に田沼とその政権の打倒に乗り出し、田沼政権の崩壊につながった、という説があった。

しかし、融資の実態をみると、たとえば、和泉屋（住友家）は、御用金の請負額四万一〇〇〇両のうち、岸和田《きしわだ》藩岡部家に四〇〇〇両、尾張藩徳川家に二万一〇〇〇両を貸し付けることになり、さらに残り一万六〇〇〇両のうち七〇〇〇両を尾張藩に貸す約束ができ、残る九〇〇〇両を小倉《こくら》藩小笠原家が交渉している。尾張藩は、天明六年の二月から五月まで四回にわたって、実際に一万四〇〇〇両を借り入れている。大名側は、背に腹は代えられない事情があったとも考えられるが、領知を担保に借金することにそれほど抵抗感はなかったともいえる。年貢米を大坂で売却する大名は米切手を使った融資をうけ、それのない大名は領知の年貢を抵当にして御用金による融資をうける、という仕組みだったのである。

幕府が個別大名の領主権に重大な侵害をおこない、これをきっかけに御三家ら門閥大名が田沼意次打倒に立ち上がった、という興味深い説には無理が多い。

4―貸金会所の設立構想

全国御用金令と貸金会所

天明五年の御用金令は、うまくいかなかった。ついで幕府は、全国御用金令とそれを財源とした貸金会所設立という新たな金融政策をたてた。

天明六年（一七八六）六月二九日、幕府は、金融状況が悪化し金づまりに苦しむ諸大名らに融資する、という理由で全国御用金令を出した。全国の寺社・山伏《やまぶし》は、その規模が上の部分は金一五両、それ以下はそれ相応、全国の百姓身分は、持高一〇〇石につき銀二五匁、全国の町人身分（地主）は、所持する町屋敷の間口《まぐち》一間（約一・八メートル）につき銀三匁を、天明六年から五年間、毎年出金するよう命じた。大坂の豪商らに御用金を命じるのを止め、全国の百姓、町人、寺社に広く薄く御用金をかけて資金を集める計画である。

この御用金に幕府のお金を加えて大坂に貸金会所を設け、融資を希望する大名には貸金会所から年七朱（七％）の金利で貸し付けると言う。担保には、大名が大坂で発行した米切手か、借金額に見あった大名領の田畑の年貢をあて、返済が滞れば抵当の米切手を換金するか、田畑を幕府代官が管理し年貢を返済にあてる、という方式である。年利七％は、市中金利と比べてかなり低利だが、抵当がしっかりしているので確実に元利を回収できる仕組みになっている。貸金会所は、幕府の大名向け金融

図38　鍬形蕙斎「駿河町三井越後屋・両替店の図」

機関であり政府系銀行、政策銀行といってもよい。

御用金は、寺社はおのおの本寺や本山が取り集め、百姓・町人の分は、幕府領は代官や奉行、私領は各領主が集め、江戸は駿河町の三井組か上田組、大坂は高麗橋《こうらいはし》の三井組か上中島の上田組に納入することになる。

百姓・町人の負担

この御用金による百姓、町人の負担額を推定すると、たとえば、一〇〇石を所持する百姓は、五年間で銀一二五匁（金二両と少し）、一〇石の百姓は五年で一二・五匁（金一分弱）の負担にあたる。もちろん、負担といえば負担だが、とても負担できないという金額ではないだろう。しかも、上金《あげきん》（献納金）と違い、五年経過して御用ずみになれば、七％の貸付利息から事務手数料などを差し引いて返されることになる。一時的には負担だが、いつになるかわからないものの—それが問題だが—いずれ利子をつけて償還する、いわば国債のようなもので、広く薄く負担させるものの最終的には百姓・町人らの負担にはならない、という理屈の仕組みである。大名にとっては、市中金利より格安で融資を受けることができて助かる。まことにうまく出来たつくりに見える。

幕府が、幕領、私領の別なく全国から石高に応じて一律に金を集める措置は、これ以前にもある。宝永《ほうえい》四年（一七〇七）一一月に富士山が大噴火をおこし、その降灰により甚大な被害をうけた武蔵、相模、駿河国の村々の復興のため、宝永五年閏正月、全国の幕領と私領の別なく高一〇〇石につき金二両の国役金《くにやくきん》を命じた。この場合、一〇〇石につき二両で一年限りの負担であり、天明六年は、一〇〇石につき銀二五匁を五年間、合計で二両と少しになるので総額にはあまり差がない。しかし、天明六年は御用金なので、幕府の約束が守られれば、わずかとはいえ利息がついて戻ってくる、という大きな違いがある。

また、大河川の治水工事には、周辺の国々に幕領と私領の区別なく石高に応じて国役金を負担させる、国役普請《くにやくふしん》が採用されていた。この場合は、大河川の治水工事という国家による公共事業に、関係する地域の住民が一定額を負担する仕組みだった。国家的な事業について国民が応分の負担をする国役は、中世以来の伝統的方式でもあった。国役普請は、広範囲な流域住民の利益として還元され、拠出したお金が戻ることはない。なお、国役を拒否することなく応じる観念は、江戸時代の人びとにも生き続けている。

全国御用金令がうまくいけば、百姓身分でみると、全国の石高を三〇〇〇万石と見積もり、一〇〇石につき金二両ほどを出金すると、総額で約六〇万両になる。これに、屋敷地の間口に応じて金を出す町人と寺社の分が加わる。推計は難しく精度の高い数字を示せないが、総額七〇万両を超える金額にはなるだろう。

御用金の納入先に指定された三井組では、全国御用金令の触書が出る前日の六月二八日に、上田組とともに勘定所に呼び出され、御用金の収納業務を命じられた。三井組では、勘定奉行の要請を聞いて、思いもかけなかったことで当惑したという。世間では、「広大の金」の収納業務を命じられたことを、勘定奉行の強い要請によりやむなく引き受けたとは理解せず、何か「徳用」があるから頼み込んだのだろう、と勘ぐられるのを怖れたのである。御用金の総額は、三井組からみても「広大の金」らしい。

貸金会所の献策者

この全国御用金令は、発令わずか二カ月足らずの八月二四日に中止となった。一見するとうまくできた仕組みに思えたのだが、御用金を原資として設立される予定の貸金会所は、御用金令が中止になったので日の目をみることがなく、具体的な内容はよくわからない。

まことに大胆な構想の発案者は、元浪人で当時は伊勢桑名藩松平家の家臣原惣兵衛《はらそうべえ》であるとされる。原は、藩主の用向きで大坂に滞在しているうちに豪商と知己になり、資金を出させて大坂の東照宮を立派に修復したという。その後江戸に行き、田沼意次の用人三浦庄司《しょうじ》に取り入って「融通金貸金会《ゆうずうきんかしきんかい》所《しょ》」構想を献策し、それが採用になり実施されたという。
　三井組と上田組を勘定所に呼びつけ、御用金の収納役を直接に求めたのは勘定奉行の松本秀持だった。原物兵衛の大胆な構想を政策化したのが、田沼意次と松本秀持のコンビだったことは疑いない。全国の百姓、町人らから集めた資金を大名に融資し、幕府も収益をあげ、百姓らにも利子をつけて金を返す計画、いかにも「山師」の時代らしい政策であった。
　全国御用金令は、天明六年八月二四日、関東地方の洪水により人びとが苦しんでいるという理由をつけて中止になった。御用金令が京都市中にも触れられると、権大納言《ごんだいなごん》今出川実種《いまでがわさねたね》は、七月二七日の日記（「実種公記《こうき》」）に、
　近年御益《おんえき》と号して国民の金銀をかすめ、今度また融通と号して戸別《こべつ》に課役をとる、是《これ》ゆえ万民辛《しん》政《せい》（きびしくひどい政治）に苦しむ
と書いた。各種の運上・冥加金の賦課と増額にさらに全国御用金令が加わり、幕府に対する民衆の強い反発を窺わせる記述である。それこそ、全国御用金令、貸金会所政策を中止に追い込んだ真の原因である。
　幕府は、大名が資金繰りに苦しんでいること、そのため豪商からいろいろな方法で融資をうけていることを承知していた。そこで、空米の規制により米切手流通の円滑化を図るとともに、年貢米の大坂廻米がないため大坂の豪商からなかなか融資を受けられない大名のために、その融資を円滑にしよ

うとしたのが豪商への御用金であった。幕府は豪商の資金を大名への金融に利用し、幕府の収入にもしようとした。それに対して全国御用金令による貸金会所は、全国の百姓、町人、寺社から吸い上げた資金を、幕府が直接に大名への金融に利用しようとする構想であった。幕府にとってどれくらいの収益になるのか、構想がなお具体性を欠いていたのでよくわからない。

浅間山の噴火、関東地方の大洪水などの自然災害と、天明の凶作、飢饉が続くなかで、ロシア貿易、蝦夷地の開発や印旛沼の干拓などの大開発構想、国民から資金を集め大名に融資する貸金会所構想など、きわめて大胆かつ積極的な政策が田沼意次の主導でつぎつぎと打ち出された。しかし、「山師」が跋扈《ばっこ》する幕府政治はいったいどこへ向かってゆくのか、幕府内外の一部に深刻な不安を与え、また、広く薄くとはいえ新たな負担をかけられる国民は激しく反発した。大胆な政策は行き詰まり、とうとう立ち往生してしまった。この政策の行き詰まりこそ、田沼意次を辞職させ、失脚させ、そして田沼時代を終焉させたのである。

四　藩政改革と朝廷の新動向

1――藩政改革の動きと熊本藩

大名の交流

大名家は、数多くの大名家および旗本家と交際をしている。お祝い事や不祝儀、年中恒例の贈答、音信のやり取りなどを怠りなく行う。これは、家としての付き合いである。それとは異なる大名個人同士、あるいは大名と旗本との交際、交流がある。その一例として、松平定信の自叙伝「宇下人言《うげのひとごと》」(『宇下人言・修行録』)から、老中に就任する以前、陸奥白河藩主時代の他大名との交流を紹介しよう。

年次は不詳だが、定信は陸奥泉《いずみ》藩主(現福島県いわき市。一万五〇〇〇石)本多忠籌《ただかず》が「勇偉《ゆうい》高邁《こうまい》にして真に英雄」であることを知って交際を申し込み、「信友《しんゆう》」として率直に語り合う約束を取り結んでいる。定信の方から交際を求めた事例である。語り合った内容は多様であろうが、天明の飢饉に見舞われた天明三年(一七八三)冬からの白河藩政に大過《たいか》がなかったのは本多忠籌のお蔭だと書いているところから、藩政に関わる示唆を得たようである。「刎頸《ふんけい》の友」として、定信は老中に就任すると本

図39　松平定信

多を側用人、ついで老中格に登用し寛政の改革に参画させている。

天明二年ころから交際する「信友」の大名が増え、播磨山崎藩（現兵庫県宍粟市。一万石）主本多忠可《ただよし》、美濃大垣藩（現岐阜県大垣市。一〇万石）主戸田氏教《うじのり》、豊前中津藩（現大分県中津市。一〇万石）主奥平昌男《まさお》、近江宮川藩（現滋賀県長浜市。一万三〇〇〇石）主堀田正穀《まさざね》、出羽上山藩（現山形県上山市。三万石）主松平信亨《のぶつら》らの名前が見える。そのなかで松平信亨には裏切られて絶交することになったが、「家事の黜陟《ちゅつちょく》・賞罰・経済・出入の事」など、藩政全般にわたる相談をうけていた。

天明三年には、熊本藩（現熊本市。五四万一〇〇〇石）主細川重賢《しげかた》、美作津山藩（現岡山県津山市。五万石）主松平康致と「いとねもごろ（懇ろ）に交わりて経済の事などかたりあふ、たびたび予が亭へも来り給ふ」と交流している。相互に江戸屋敷を訪問して語り合っていたらしい。あとで説明するように、細川重賢が主導した熊本藩の宝暦藩政改革は、この時期の藩政改革の模範とされたので、この交流は定信にとっても大きな意義をもっただろう。

天明の飢饉を乗り切った松平定信の白河藩政が評判になると、交際の範囲が拡大し、丹波亀山藩

（現京都府亀岡市。六万石）主松平信道《のぶみち》、三河吉田藩（現愛知県豊橋市。七万石）主松平信明《のぶあきら》、伊勢八田藩（現三重県四日市市。一万三〇〇〇石）主加納久周《ひさちか》、越後長岡藩（現新潟県長岡市。七万四〇〇〇石）主牧野忠精《ただきよ》、丹後田辺藩（現京都府舞鶴市。三万五〇〇〇石）主牧野宣成《ふさしげ》、美作津山藩主松平康致、伊予今治藩（現愛媛県今治市。三万五〇〇〇石）主松平定奉《さだとも》、越前丸岡藩（現福井県坂井市。五万石）主有馬誉純《しげすみ》、摂津尼崎藩（現兵庫県尼崎市。四万石）主松平忠告《ただつぐ》らが、「その事きかまほし」「いかにしてかよからん」「政はいかがぞ」「終日膝を交へて人道・政事の事を物語なす」と、藩政全般についての相談をうけ、じっくりと懇談をしている。

ここからは、藩政に優れた業績や知識を持つ大名の周囲に、自藩の藩政に危機感を抱く大名が集まり、政治技術、統治技術を学び交流しているあり様を見ることができる。大名家と大名家との儀礼的な家の交際とは異なり、大名個人の交際を通じて藩政改革の学びあいや統治技術の交流が行われ、それが全国各地へ伝播し実践されていくのである。

改革の伝播

田沼時代には、全国でかなりの数の大名が藩政の改革を行っている。これを中期藩政改革とよんでいるが、肥後熊本藩主細川重賢（一七二〇—八五）、出羽米沢藩主上杉鷹《よう》山《ざん》（治憲《はるのり》。一七五一—一八二二）などの「名君《めいくん》」が、各地に登場することで知られている。この中期藩政改革では、熊本藩と米沢藩の改革が他藩から模範とみられ、いくつもの藩がその改革政策を学び、藩政を改革するうえで参考とした。

図40　細川重賢

とくに熊本藩は、藩校時習館《じしゅうかん》の存在が大きかったようである。時習館それ自体についてはあとで説明するが、熊本藩が藩政改革に着手してすぐの宝暦五年（一七五五）に開校された。時習館は、百姓・町人の身分でも能力抜群の者は入学を許され、また学問・武芸・医学の修行を望む他藩の者も受け入れるという開放性をもっていた。そこにおける教育は藩外の学者から注目され、各地から時習館を訪問する者が出てきた。この時習館の教育の画期性とともにこの開放性が、時習館そのものとともに熊本藩の藩政改革を各地に伝播させる要因となった。大名個人間の交際・交流のみならず、藩政改革それ自体を視察することによる改革政策や統治技術の学習と伝播である。

安永五年（一七七六）に備前藩士湯浅子祐が『肥後侯賢行録《ひごこうけんこうろく》』、南海舟師が『肥後遊草《ひごゆうそう》』を書いて、時習館に注目し紹介したが、とくに、著名な儒者であり福岡藩に仕えた亀井南冥《なんめい》（一七四三―一八一四）が、天明元年（一七八一）に『肥後物語』（『日本経済大典』二二）を書いて松平定信に献上したことから、熊本藩の藩政改革は全国的に知られることになったようである。このように藩政改革を紹介する書物を通しても、改革政治の伝播がおこなわれた。

中期藩政改革の模範とされた熊本藩の藩政改革の内容をみてみよう。

熊本藩の宝暦改革

熊本藩では、延享《えんきょう》三年（一七四六）に、大坂蔵屋敷の蔵元《くらもと》（蔵物の売却・出納を担当）を務め、藩財政運営のための資金調達を担っていた鴻池《こうのいけ》が、融資を拒否して蔵元を辞め、同じ年に領内で百姓一揆が起こっている。さらに、同四年八月、藩主の細川宗孝《むねたか》が、江戸城中で人違いにより寄合の板倉勝該《かつかね》に刺殺されるという不幸にも見舞われた。急遽《きゅうきょ》、宗孝の弟の重賢が遺領をつぎ、熊本藩主となった。

細川重賢は、熊本藩の危機を乗り切るため、宝暦二年（一七五二）、家禄五〇〇石の堀平太左衛門を大奉行に抜擢して藩政改革を開始、同五年に藩の機構改革を断行し、人材を登用して改革を推進した。機構改革では、大奉行の指揮下に六人の奉行を配置して一二の職務を分掌させる体制をとった。大奉行以下の奉行らは、多くが中下級の藩士であり、それまで藩権力を握っていた世襲家老ら門閥上層藩士を押しのけ、藩の実権を握って改革を遂行した。藩主細川重賢—大奉行堀平太左衛門—六奉行、という改革政治の態勢をつくり、藩主重賢の厚い信任をうけた藩主側近の大奉行堀と、堀のもとで奉行に登用された有能な中下級藩士によって改革政策が推進された。これに対して門閥上層藩士たちは、この改革を激しく批判し、不満を強めていった。しかしこのような状況は、将軍家重・家治—側用人＝老中田沼意次—勘定奉行等、という田沼時代の幕府政治のあり方と相似している。

藩財政の改革

熊本藩の藩政改革は、財政改革、藩校時習館の創立、刑法典の制定に見るべきものがあった。財政改革では、倹約と藩士の知行や俸禄の削減により財政支出の減少をはかるとともに、

① 商品生産の奨励と藩専売制の強化
② 耕地と耕作者農民の再把握による年貢増収
③ 城下町商人の統制と運上・冥加金の賦課

が重要であった。

藩財政の危機を打開するため、藩の一年間の収入である三五万石以内に支出を削減する財政改革を断行し、倹約の厳格な励行と家臣団維持費の減額をはかったのである。藩が、家臣の知行高一〇〇石につき四〇石の収入を保証していたのを、明和五年（一七六八）に一二石まで保証額を引き下げ、さらに、慶安《けいあん》三年（一六五〇）以降に給付した新知《しんち》（新しい知行）や家禄を減少させる措置をとった。藩士へ財政危機のしわ寄せをして、藩家臣団を維持するための財政負担の軽減をはかったのである。

財政増収策の柱になったのは、年貢の増徴だった。それは、年貢徴収方法の変更と耕地および耕作者農民の再把握により行われた。まず年貢徴収法は、春に年貢率を決め、少々の不作では減免しない「受合免《うけあいめん》」に変更した。ついで、寛永検地以降、検地をおこなわなかったために生れていた現実の耕地と名請け人（耕作者であり年貢納入者）のズレを正す「地引合《じびきあい》」がおこなわれた。田畑に通し番号をつ

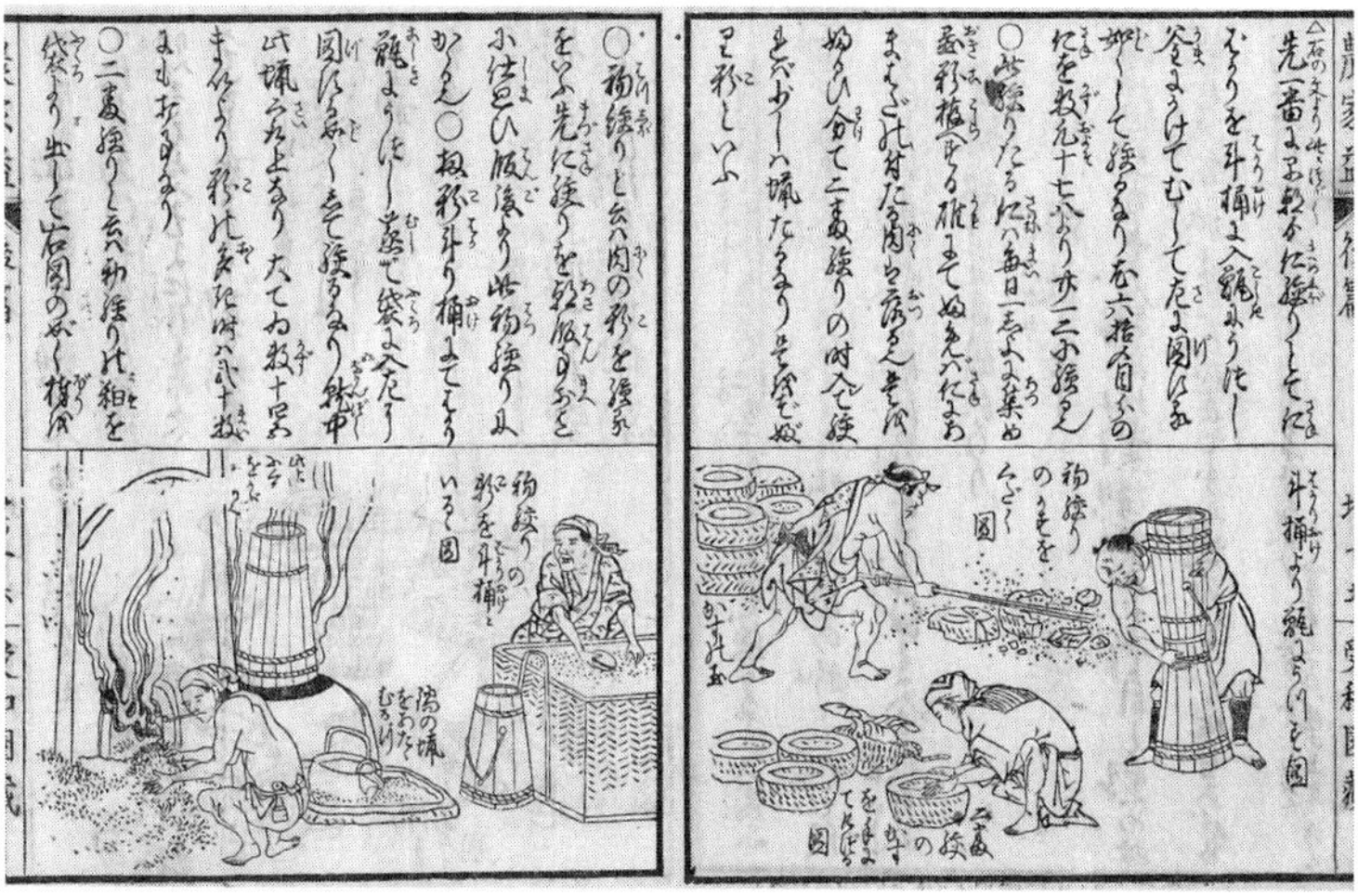

図 41　蠟の製造（大蔵永常『農家益』）

けて全耕地を再把握する調査によって、隠田《おんでん》（かくし田）七〇〇町歩（七〇〇ヘクタール）を摘発し、その耕作者を確定した。この改革の結果、改革開始以前よりはるかに高い年貢率四〇%を上回り、藩に安定的な財政収入をもたらした。このような耕地と耕作者の再把握と年貢徴収方法の変更が、改革の主要な内容である。熊本藩は、藩財政の危機を藩士と領民に負担増を押しつけることにより打開しようとしたのである。

特産物生産の奨励と専売制

藩財政収入の増加策として、特産物生産の奨励と専売制がある。熊本藩は、宝暦一〇年（一七六〇）、桑・楮《こうぞ》・櫨《はぜ》の木の栽培を奨励し、櫨蠟《はぜろう》、紙、養蚕・製糸の奨励とその流通の統制策を打ち出した。このうち櫨の栽培は、熊本城下の町人が享保八年（一七二三）に行った献策からはじまり、藩では、延享三年（一七四六）に櫨方《はぜかた》役所を設け、それまであった紙楮《こうぞ》方をあわせて管轄させた。寛延《かんえん》二年（一七四九）、村方へ櫨の木の栽培を勧め、宝暦五年（一七五五）に「櫨根《はぜね》帳」という帳簿を作成して栽培状況を把握した頃には、「櫨の仕立て生け垣のごとし」と評されたほどさかんに栽培された。藩が櫨実《はぜのみ》を収納し、宝暦一三年に、櫨実から蠟を製造する作業所である高橋製蠟所を直営にし、安永三年（一七七四）には、櫨実の領外移出を禁止してすべてを櫨方役所で買い上げることにした。【櫨実→櫨方役所→製蠟所】という仕組みの櫨蠟専売制である。この専売制には、熊本城下の有力商人が深く関わっていた。

養蚕については、養蚕・製糸の知識を持つものの、すでに隠居していた藩士を登用し、さらに宝暦一一年（一七六一）に京都へ上らせて養蚕・製糸の技術を習得させ、織物師を連れかえらせた。そのようにして、養蚕、製糸、そして織物の技術を領内に普及させようとしたのである。養蚕や織物業はいまだ育成途上のためか、櫨蠟のような専売制は採用されていない。櫨蠟、楮、養蚕・製糸は、いずれも熊本藩が特産物生産振興策として権力的に上から推進した性格のものであり、藩主導で領内に普及していった。この特産物生産の奨励策はそれ以外の各種の商品生産を刺激し、小物成《こものなり》（山野海河の利用に課した年貢）の収納も好調となり、小物成や櫨を扱う役所の蔵は、収納した銭の重さで建物の根太《ねだ》が落ちるほどだったという。熊本藩の政策は、藩が権力的に上から特産物生産を推進し、櫨実と蠟のように流通を独占する専売制を実施していったのが特徴である。

領内自給自足の強化

明和五年（一七六八）一〇月から翌年九月までの一年間、熊本藩の年間収入は、その九七％が年貢米だったという。ということは、特産物生産と専売制による財政収入は、まだそれほど大きなものにはなっていなかったことになる。特産物生産の奨励は、藩の財政収入を増やすという目的があるものの、さらに重要なのは、それまで領外から移入していた諸品の国産化を推進する、すなわち領内の自給自足の強化策という点にあった。

熊本藩は、領内が、また城下町が衰退する理由は、領外から多量の商品が入り込むため、領内の貨幣と富が領外に流出することにあると判断し、その対策として領外産に依存していた諸品の領内自給が目指されたのである。熊本藩では、宝暦五年に細工物の国産化を打ち出し、商人へは領外からの移入の制限を命じ、職人に対しては、藩が元手銀を手当てして細工仕事に取りかかるように命じた。そのうえで、元結《もとゆ》い（髪を束ねるのに用いる紐）、薬類、塗箸《ぬりばし》、たばこ入れ、もぐさ、提灯など一五品の領外からの移入を禁止した。秤など数品については領外から職人を雇うことを禁止する一方、紋染《もんぞ》め・扇子・油締・ロクロ・紅花・絹織物など、高度な技術を必要とする品目については、職人を領外から招いて技術移転をはかっている。このような、流通政策と生産統制を実現するため、とくに城下町商人と職人の統制を強めた。

特産品の生産奨励と専売制により藩の財政収入の増加を目指すとともに、諸品の国産化を推進して領内自給を強化しようとする政策であった。このように、藩領内の自給体制を強化しようとするのが中期藩政改革の特徴となる。藩領域を一つのまとまった経済単位として「自立化」させようとするもので、藩を「国家」と観る藩国家意識の経済的基礎をなすものであった。

藩校時習館の創設

中期藩政改革には、藩校の創設、あるいはその拡充整備を伴っている点が特徴的である。藩士教育、人材の育成が、新たな藩政の展開に必須なものと考えられたからである。

熊本藩は、宝暦五年（一七五五）に藩校時習館《じしゅうかん》を創設した。一八世紀末から一九世紀初頭に多くの藩が藩校を新設するか拡充整備しているので、時習館は本格的な藩校としては初期に属している。熊本藩の学政を担った時習館の初代教授秋山玉山《ぎょくざん》（一七〇二—六三）は、江戸で林家《りんけ》の朱子学を学び、細川重賢が藩主になる以前から進講し、重賢の名を選定するなど、重賢の信任の厚い学者だった。玉山は、大奉行の堀平太左衛門と同じ重賢の側近、とくに学問上、あるいは学政上の側近といってよいだろう。時習館は、文と武芸の両方、すなわち文武両道の教育機関であり、学問の内容は、秋山玉山の関係から朱子学が選択されている。

時習館の特徴は、

① 士分以上の子弟はだれでも入学できただけではなく、百姓・町人身分でも優れた能力の持ち主は推薦により入学でき、さらに他国・他領の者も遊学できたこと

② 年齢や成績による、【初等生（句読斎）—中級生（講堂生）—居寮生】という進級制度が作られ、

さらに、毎月行われる月並《つきな》み試験、年に一度の定期試験、という試験制度が採用されたことである。学生の数は、創立当時、初等生が四〇〇人、中級生が三七〇〜三八〇人、居寮生が一七人であり、この数は次第に増加していった。

本格的な藩校としては初期に属したことと、試験制度の採用など特徴のあるしくみによりその存在は全国的に知られ、大きな関心を集めて見学者も多く、諸藩の藩校に多大な影響を与えた。藩政改革と藩校などによる藩士教育が密接に結びつけられ、多くの藩で藩政改革の一環として藩校の設立や整備拡充がおこなわれたのは、時習館の存在が大きかった。諸藩のみならず、江戸幕府が寛政《かんせい》九年（一七九七）に林家の塾を昌平坂《しょうへいざか》学問所として拡充整備し、幕府直轄の学校としたことにもつながる。

しだいに時習館出身者が熊本藩の藩政の主導権を握るようになり、たんに武士の基礎的教養として文武の両方を身につけさせただけではなく、熊本藩政を担う人材を養成する学校の役割を果たすようになった。熊本藩では、幕末になると藩内で学校党・勤王党・実学党の政治的対立が激化するが、その学校党とは時習館出身者の派閥のことである。

医学教育と徒刑採用

熊本藩は、文武の学校である藩校のみならず、宝暦七年（一七五七）には医師の教育機関である医学寮の再春館も創設した。藩医や町医師の再教育をおこなうとともに、各地から遊学生を受け入れ、付属の薬園も設けられた。これも、幕府奥医師である多紀《たき》氏が明和二年（一七六五）に創立した躋寿館《せいじゅかん》を、幕府が寛政三年（一七九一）に直轄し、医学館として拡充整備した措置につながる。

教育ではないが、熊本藩では、藩政改革のなかできわめて特色のある刑法典が制定された。それまで、刑罰としては死刑と追放刑の二つだったものを、追放刑を廃止して鞭《む》打《ち》ち《う》と徒《と》刑《けい》（懲役刑）に代えた。とくに徒刑は懲役刑であり、藩の各種の事業に使役し、社会復帰をはからせた。追放刑がもつ問題点は、幕府においても享保の改革以降、何度か指摘されその廃止が議論になったが、結局実行されることはなかった。しかし、寛政の改革で設置された石川島人足寄場《よせば》は、もちろん同じとはいえないものの、熊本藩の徒刑に近い性格を持つ施設となる。

熊本藩の藩政改革は効果があり、藩の財政は好転したかに見えた。ところが、天明四年（一七八四）に、幕府から国役普請へのお手伝いを命じられ、さらに天明八年には、類焼した京都御所の造営へのお手伝いとして二〇万両の献納を命じられた。献納そのものはこの年の四月に熊本藩から幕府に申し出ていたことではあるが、財政再建の途上、あるいは改革により一定の成果があがっても、将軍へのご奉公であるお手伝いなどの賦課により財政はふたたび悪化してしまう。これが、幕藩関係の現実であった。

2――米沢藩などの改革

米沢藩財政の危機

熊本藩の藩政改革とならんで有名なのが、上杉鷹山《ようざん》による米沢藩の藩政改革である。米沢藩は、一三〇万石から三〇万石、ついで一五万石へと二度にわたり大規模な領知の削減をうけた。にもかかわらず家臣の数を減らさなかったこともあり、もともと藩財政は苦しかった。それでも一七世紀末頃までは、貯え金もそれなりにあった。しかし、藩財政の窮乏は享保期に始まり、宝暦期に入り急速に深刻化した。江戸藩邸における支出の増加に加えて、幕府から、享保一八年（一七三三）に江戸城修復のため二万六〇〇〇両、宝暦三年（一七五三）に東叡山寛永寺根本中堂・仁王門再建のため五万七〇〇〇両の上納を命じられた。幕府が課す形を変えた軍役であるお手伝い普請役は、藩の財政を悪化させる大きな要因となり、同五年の領内大凶作が決定的な打撃を与えた。

図42　上杉鷹山

このほか幕府との関係では、幕府老中を江戸藩邸に招き接待する、老中招請《しょうせい》という儀礼が行われていた。米沢藩は、財政困難のためそれを延ばし延ばししてきたが、他藩とのかねあいもあり、天明元年（一七八一）におこなった。そのために、江戸藩邸の書院の建て増しに五千数百両と当日の接待費用、合わせて約八〇〇〇両を使っている。幕府からの軍役としての普請役と幕藩間の儀礼が、逃れられないものとして藩財政に重くのしかかっている実態をみてとれる。

藩財政の窮乏は、藩士への負担転嫁と領内への御用金賦課、さらには領内外商人からの借金となった。藩士の俸禄の一部を藩が強制的に召し上げる借上《かりあげ》は、禄高の半分にも及んだ。そのため宝暦五年には、困窮した下級藩士が領民を扇動し、百姓五、六〇〇人が米沢城下に乱入するという騒動を起こさせる事件すら発生するほどだった。幕府による藩への負担転嫁が藩財政を悪化させ、藩による藩士への負担転嫁が家臣を困窮させるという負の連鎖が起こっている。江戸の豪商三谷《みたに》三九郎・野挽《のびき》甚兵衛、および酒田の本間家からは、三万から一万両におよぶ借金をし、さらに上杉家伝来の家宝まで質入れして大坂の豪商から借金している。なお三谷・野挽・本間氏は、米沢藩家臣の身分すら与えられていた。城下商人らへは御用金を課し、領内の有力農民には名字帯刀の免許と引き替えに献金させてもいた。それでも藩財政は好転せず、宝暦一三年（一七六三）には、財政破綻の危機的状況に直面して藩を維持するのは困難と判断し、領知の返上を幕府へ願い出ようとする動きすら登場するあり様だった。

米沢藩は、一八世紀後半に藩の存立そのものの深刻な危機に直面したのである。この難局にあたって、二人半扶持《ぶち》三石取りという軽輩から身を起こした森平右衛門が、異例の出世を遂げて藩主上杉重定《しげさだ》の側近となり、森一族を登用して藩政を牛耳った。これは、幕府における田沼意次の事例と相似している。農村支配を再強化するため郡《こおり》奉行を設置し、百姓・町人身分に人別銭、藩士で商売を行う者に役銀を賦課し、さらに城下商人や在方の豪農に士分取立を条件に御用金を命じた。財政再建のため積極的な政策を実施したが、成り上がり者の森平右衛門に対する上級門閥藩士の反感、不満が高まり、宝暦一三年には、上級藩士の手により森平右衛門が暗殺されるなど、藩政の混乱が生れた。これも、田沼意次への反感と、意次の子で若年寄の田沼意知《おきとも》暗殺事件を想起させるものがある。

明和・安永改革と国産奨励

上杉鷹山は、日向高鍋《たかなべ》藩主秋月種美《たねみ》の次男に生まれ、米沢藩主上杉重定の養子となった。明和四年（一七六七）に家督をついだ鷹山は、「大倹」（厳しい倹約）を実行して米沢藩を中興させることを、上杉家歴代が尊崇した白子神社に誓い、自ら藩政改革に取り組んだ。鷹山は、名門家臣である江戸家老の竹俣当綱《たけのまたまさつな》と中下級家臣で側近の莅戸《のぞき》善政らを登用して改革にあたった。改革は、まず藩主が率先して自らの支出を削減する厳しい倹約を実行し、緊縮財政を断行することから始まった。

財政再建策としてとられたのは、借財の整理、積極的な産業開発、荒廃した農村の復興であった。検地帳の調査により耕地を再把握し、借財を整理するとともに、財政規律を回復させることにより江戸の豪商と酒田本間家との金融関係の円滑化を図り、凶作・飢饉に備えて籾を備蓄する義倉《ぎそう》や郷蔵《ごうぐら》の設置などの社会政策が採用された。天明の飢饉で領内は打撃をうけたが、二〇年で一五万俵を蓄える備荒貯穀計画を立てている。義倉や郷蔵などによる大規模な備荒貯穀は、幕府寛政の改革で採用された囲米《かこいまい》を想起させる。

なお米沢藩は、改革を開始した直後の明和六年に、幕府から江戸城西丸《にしのまる》のお手伝い普請役を課された。これは一万六〇〇〇両を超える負担となり、鷹山をまさに「途方に暮れ」させた。財政再建の途上であろうと、幕府からの軍役である普請役は賦課され、藩財政を悪化させている。逃れられない負担、これが幕藩関係の現実であった。

荒廃した農村の復興のため、藩主自らが「籍田《せきでん》の礼」という農耕儀礼を始め、耕地の開発・再開発のため藩士に勤労奉仕をおこなわせるなど、藩として農業を重視する姿勢、すなわち重農主義を打ち出した。さらに、郡《こおり》奉行制の復活、郷村頭取の設置、代官の更迭など、農村支配機構の整備・強化が図られた。しかし、穀物生産を重視しただけではなく、特産物生産の奨励、すなわち産業振興に努めたのが特徴である。

米沢藩領は、初期から青苧《あおそ》（苧《からむし》から採る繊維）と漆・蠟が特産物であった。とくに青苧と漆は初期専売制の対象となり、藩の重要な財源となっていたが、しだいにうまく機能しなくなっていた。それをふまえて藩政改革のなかで国産奨励が打ち出され、安永四年（一七七五）には、漆・桑・楮の木をおのおの一〇〇万本植える計画を立て、それを推進する機関として樹芸《じゅげい》役場を設置した。とくに漆の実を藩が買い上げることにし、計画実現のため江戸の豪商三谷家から資金の融資を受け、天明初年には領内の漆木一〇〇万本が達成された。藩は、藩が買い上げた漆の実を蠟にする製蠟所を二カ所設けた。

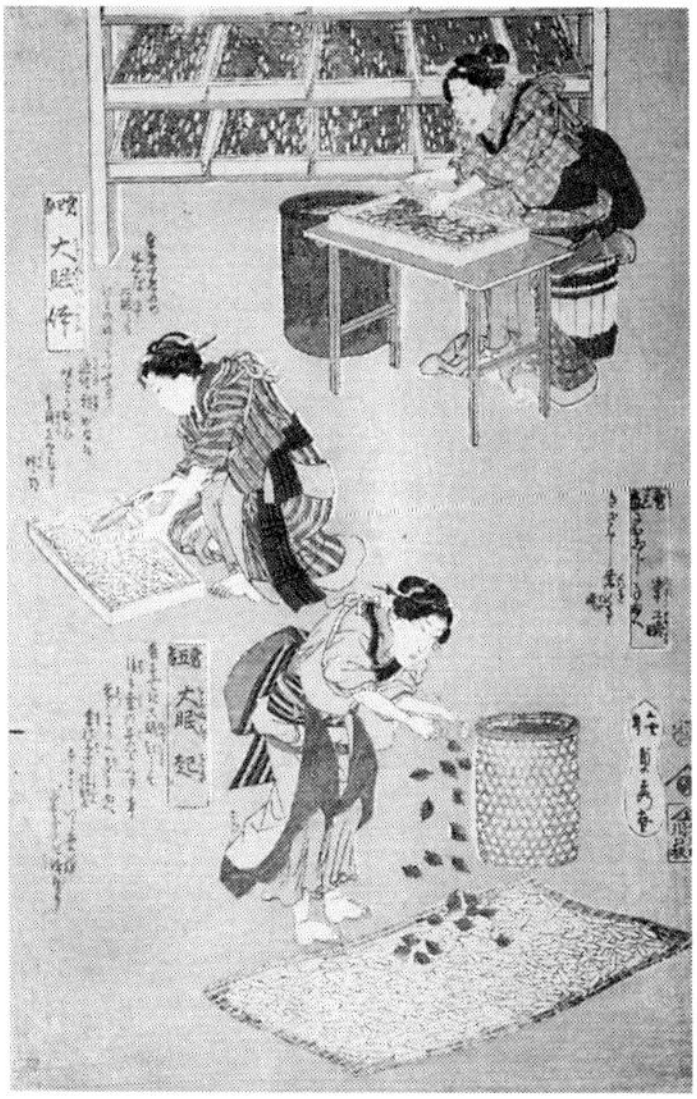

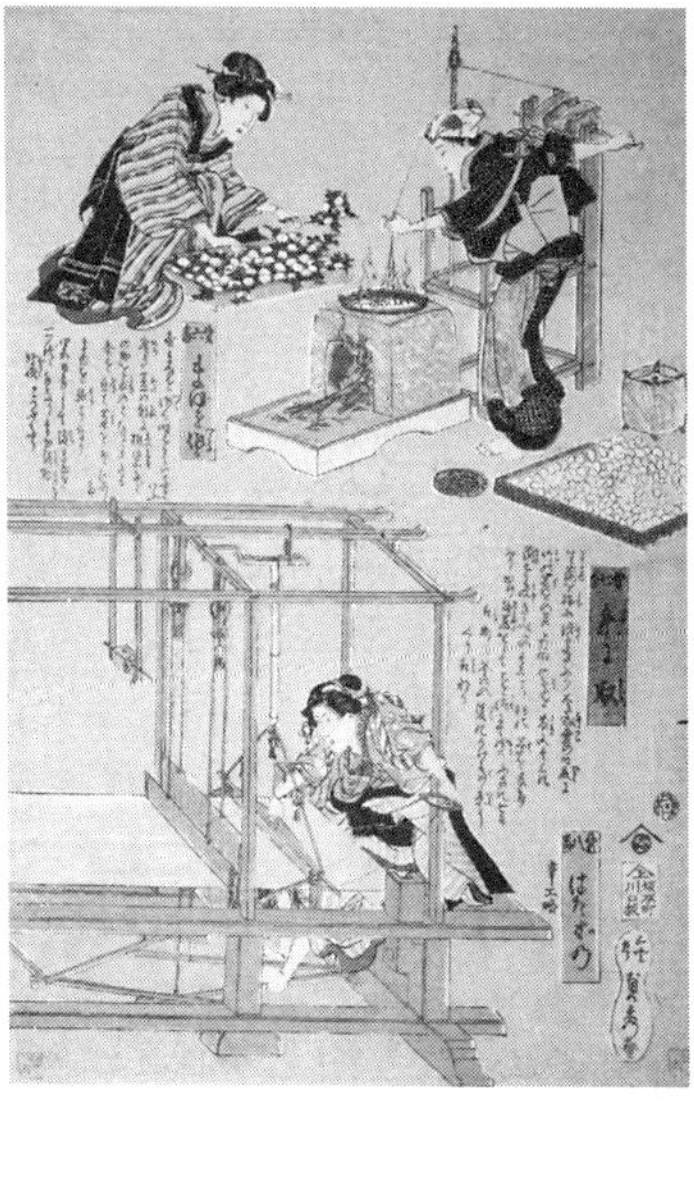

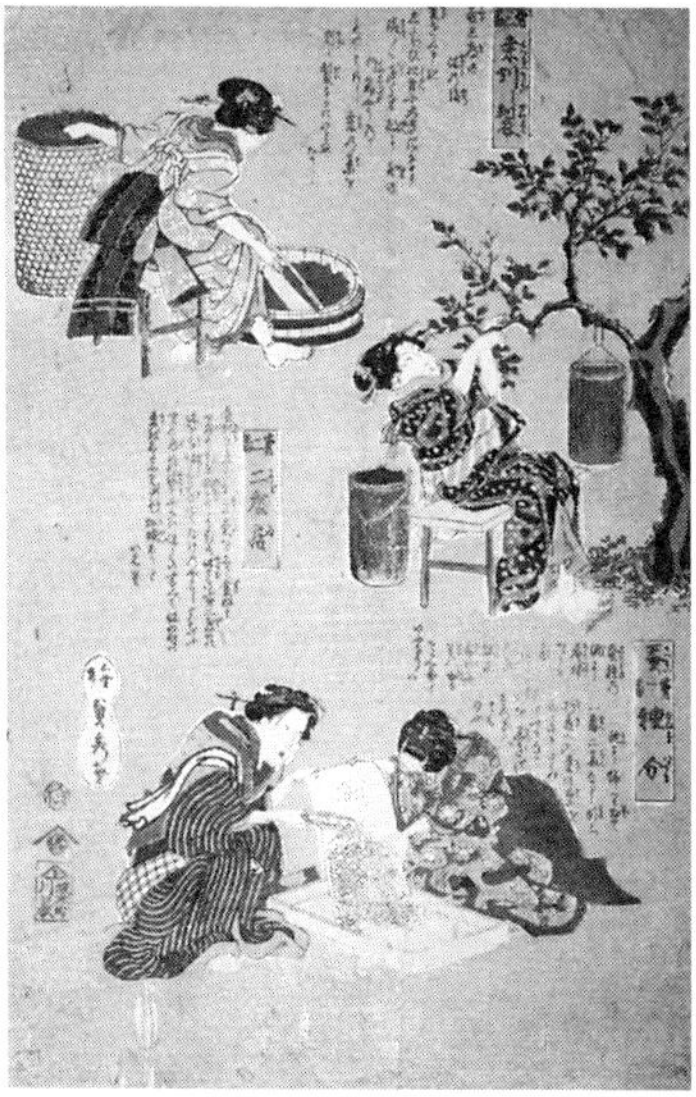

図 43　養蚕仕事の様子（五雲亭貞秀画）

米沢藩領の「国産第一」といわれた特産物である米沢青苧《あおそ》は、奈良晒《さらし》、越後小千谷縮《おぢやちぢみ》の有力な原料となっていた。米沢藩は、原料生産から一歩進んで縮織《ちぢみおり》業を起こそうとし、まず、安永二年（一七七三）、縮織の染料となる藍《あい》の栽培を仙台から職人を招いて開始し、さらに藍染物役場を設置して国産染料を製造した。ついで、越後松山から縮師と職工を招いて縮織の技術移転をはかり、藩営縮布製造所を開設して縮織加工を開始した。それは、藩士の妻女らに技術を伝習させ米沢織として発展していった。ただし、米沢織は一九世紀以降、次第に麻織物から絹織物に転換してゆく。このように領外から積極的な技術移転を進め、まさに藩主導の殖産興業策を展開したのである。

米沢藩は、養蚕の発展にも積極的に取り組んだ。樹芸役場主導のもと、まず陸奥伊達地方から桑木一万本を購入して桑の増産を始めた。さらに、養蚕技術を向上させるため、養蚕業の先進地である伊達地方から熟練者を招いて教授をうけるなど、ここでも先進的な技術の導入を図っている。のちに養蚕業は発展し、それが米沢織の原料となっていった。

これらの国産奨励、特産物生産の振興策は、領内の自給を強化して富が領外へ流出するのを抑制し、さらに、特産品の増産とそれに付加価値を付けて領外への移出商品として育成し、領外から富を領内に取り込もうとするのが狙いであった。

藩校興譲館の創設

宝暦期以降、米沢藩の藩士を含む社会全体の秩序が乱れ、風俗の頽廃《たいはい》がひどかったという。領知の返上を願い出ようとするほどの極度の困窮と領内の疲弊は、社会秩序や風俗を混乱させることになったのだろう。藩主側近で軽輩だった森平右衛門が藩の実権を握る事態そのものが、米沢藩の家臣団秩序を乱し、さらに御用金の負担を条件に城下の大商人や富農を士分に取り立てたことは、武士と百姓・町人の身分秩序を混乱させた。身分に応じた立ち居振る舞いや生活こそ、もっとも重んじられた秩序、風俗であったが、秩序の混乱は儀礼や風俗の乱れとなった。そこで博打《ばくち》の死刑制度や、藩士の風俗に対する権力的な統制を強化した。さらに、米沢藩の法令や儀式書、さらには藩の歴史書の編纂がおこなわれ、文化の面からも藩の秩序の回復が図られた。

図44　細井平洲

上杉鷹山は、本格的な秩序の回復を教育により実現しようとした。鷹山は、江戸藩邸に住んでいた時に講義を受け傾倒《けいとう》した折衷《せっちゅう》学派の細井平洲《へいしゅう》（一七二八―一八〇二）を明和八年（一七七一）に米沢に招き、藩士教育のあり方について指導をうけた。そして、安永五年（一七七六）年に藩校興譲館《こうじょうかん》の建物が落成し、開校した。上級家臣を中心に、有能な藩士の子弟二〇名を選び、三年間寄宿舎に入れ勉学を続けさせた。この他に一〇名が、一年間だけ寄宿舎に入り勉学した。そこでの学問は、考証の学ではなく実用の学であった。藩内の秩序を維持し、庶民教化の先頭に立つ人材の育成がめざされた。興譲館開校とともに、再び細井平洲が米沢に招かれた。平洲は、興譲館で藩士教育にあたるとともに、領内の町や農村に出向いて郷村講話を開き、庶民教化にもあたった。この庶民教化をおこなうことのできる人材の育成も、藩校に求められたのである。

諸藩の改革―松江藩の改革

「名君」のひとりとされる松平治郷《はるさと》（不昧《ふまい》。一七五一―一八一八）の松江藩でも、一七世紀後半以降、年貢率の低下などにより財政窮乏に直面し、享保期に年貢増徴を強行したものの激しい百姓一揆を引き起こしてしまった。そこで、六代藩主宗衍《むねのぶ》の延享の改革、七代藩主治郷の明和の改革と連続して藩政改革が行われた。

延享四年（一七四七）八月から始まる松江藩の延享の改革は、藩政の意思決定のあり方を、それまでの家老合議制から「御直捌《おじきさばき》」とよばれる藩主松平宗衍の親政に切り替えて行われた。宗衍は、譜代の家臣ではない小田切備中尚足《ひさたり》を側近に抜擢し、用使役に小田切を補佐させた。用使役は、低い身分の小身出身者で、新たな増収策を考案することに長けた有能な藩士たちであった。幕府の勘定所の役人を想起させる存在である。おもな政策は、利子収入を期待した藩営銀行ともいうべき泉府方《せんぷかた》の創設、年貢を先納する代わりに田畑の土地所有権を与える義田《ぎでん》仕法や新田を農民らに売却する措置、そして木実方《きのみかた》、釜甑方《ふそうかた》の設置による藩専売制の実施であった。その基本的な仕組みは、領内の豪農・豪商に依拠した改革政策である。

木実方は、延享四年（一七四七）、他国産に依存していた蠟の領内自給と他国輸出をめざして設置された。櫨《はぜ》の木の栽培を強制し、生産された櫨実の一定量を藩が独占的に集荷し、さらに藩の細工所で製蠟した。なお、江戸幕府の朝鮮人参国産化政策と関連して、領内で人参栽培を開始し、後に雲州《うんしゅう》人参として特産品となった。しかし、泉府方の失敗や藩士たちの不満の増大、さらに宝暦一〇年に、幕府から比叡山延暦寺山門普請のお手伝いを命じられて改革は破綻した。譜代門閥の出自ではない藩主側近と、利益追求に巧みな小身藩士による改革政治という点に特徴があり、田沼時代の幕府政治との共通点を見ることができる。

図45　松平治郷

松平治郷が宗衍のあとを継ぐ明和四年（一七六七）前後から、国家老朝日丹波茂保《しげやす》による明和の改革がスタートした。この改革は、「御《お》立派《たてば》の改革」とよばれる。江戸藩邸の冗員冗費の淘汰による経費節減、大坂豪商との交渉による藩債の整理と領内債務の破棄（棄《き》捐令《えんれい》に類似したもの）、農村支配機構の再整備と年貢の増徴、藩営専売の継続と領内商業の抑制、学問奨励などによる藩政再建策が断行された。この政策は大きな成果を生み、藩財政は立ち直った。しかし、厳しい年貢増徴に凶作が加わり、天明三年（一七八三）一月には大規模な百姓一揆を引き起こすにいたった。

松江藩の大きな特徴の一つは、藩士教育が重視され藩校が設立されたことである。宝暦八年（一七五八）、江戸に文学所、松江に文明館（天明四年に明教館と改称）が創設され、藩校による藩士教育が開始された。教育は朱子学が中心に据えられ、儒学書や『貞観政要《じょうがんせいよう》』など治国の政治書をテキストとして、講義、講読や輪読により学ばれた。藩校では、一〇等級のクラス分けがされ、成績によって進級していく仕組みをとっていた。勉学が奨励されたため聴講者が増加し、安永年間には三七〇人を超えるほどだった。なお、治郷の時代には、漢方医学教育の「存済館《ぞんさいかん》」、兵学教育の「大享館」なども設立され、藩校は充実していった。

藩主とその側近たちによる藩政の主導、そのもとでの厳しい倹約による財政緊縮、農村の復興と耕地の再調査などを通した土地の再把握による年貢の増徴、領内特産物生産の奨励と藩による専売制、および領内自給の強化、そして藩校の設立や整備拡充による藩士教育の振興などが諸藩の藩政改革に共通してみられ、さらに、幕府の田沼時代の政策、とくに寛政の改革に類似した政策をみることができる。これらは単なる偶然ではなく、藩と藩、藩と幕府が改革政策、統治技術を学びあい、交流していた結果なのである。

3——朝廷の新しい動き

尊王論のたかまりとは

「尊王」とは、君主としての天皇を尊ぶことであり、そのような考え方、思想のことを「尊王論」とよんでいる。尊王論は、田沼時代になって急に登場したわけではなく、実は江戸時代のほぼ全期間を通じて存在した、江戸時代の伝統的な思想なのである。

たとえば、江戸時代前期の儒学者で兵学者の山鹿素行《やまがそこう》（一六二二—八五）は、武家政権の代表者—平清盛、源頼朝から徳川家康にいたるまで—は、日本の政治の実権を握っても天皇を否定したり、あるいは天皇にとって代わろうとしたりすることもなく、天皇との君臣の道徳を守ったことを賞賛した。その結果、日本では中国のような易姓《えきせい》革命は起こらず政治の安定がもたらされ、その結果、万世一系といわれる皇統の一系性などの日本的特質が生まれことを、諸外国との比較でわが国の美点と讃え、それを根拠に日本こそが「中華」であるとすら主張した（山鹿素行『中朝《ちゅうちょう》事実』など）。皇統の一系性は日本が諸外国よりも優れた点という主張は、林羅山《らざん》、伊藤仁斎《じんさい》、新井白石らの儒学者にも見られる。万世一系の天皇の存在こそ日本が諸外国に優越していることを示す事実である、という主張は、深刻な対外的危機により国家的、民族的な危機に陥った幕末になるほど強まっていく。

また、南北朝内乱を素材にした軍記物である『太平記』が広く普及したこともあり、一七世紀末以降、南朝に尽くした楠木正成《くすのきまさしげ》が忠臣として礼賛されるようになった。御三家のひとつ水戸徳川家の藩主である徳川光圀《みつくに》が、元禄五年（一六九二）に「嗚呼《ああ》忠臣楠氏《なんし》之墓」と彫った石碑を、摂津湊川《みなとがわ》（神戸市湊川神社）に建てさせたことは有名である。武家社会でもっとも重要な主従の関係においては主君への絶対的な忠誠が強調され、幕藩制社会に相応しい考え方であった。しかし、忠誠の対象が南朝の天皇であったことは、江戸時代の天皇が北朝の系統を継いでいるため、やや複雑な状況も生まれた。また、天皇と将軍との関係をどのように理解するのかが問題となり、君臣関係として理解する考え方が生まれてくる。尊王論は、将軍・幕府をも巻き込んだ議論として展開した。

近世神道説の動向

宝暦事件で処罰をうけた竹内式部《たけのうちしきぶ》（一七一二—六七）が公家に講義したのは、垂《すい》加《か》神道とよばれる神道説であった。この垂加神道も、一八世紀半ばの宝暦期になって公家たちに受け入れられて浸透したわけではなく、それ以前から公家や神職たちのあいだに広まっていた。中世の神道は、日本の宗教の特徴である神仏習合《しゅうごう》（混淆《こんこう》）をうけて、その多くが仏教の論理や用語によって説明されてきた。中世を代表する神道説としては、伊勢神道、吉田神道、両部《りょうぶ》神道などがあり、いずれも仏教の論理を借りてその説を体系づけているために仏教的な色彩が濃かった。近世に入っても神仏習合という基本的な性格に変化はなかったが、近世の神道説は、神仏混淆の状態を克服して神道から仏教を除く、あるいは神道を仏教から独立させようとするところに特徴があった。それは、仏教に代わり儒教、とくに朱子学による神道解釈を通して行われた。その結果、各地で神社の神職とその別当寺《べっとうじ》（神社にもうけられた神宮寺）の僧侶との間で、神社の運営や神職の地位をめぐってしばしば争論が起こることになった。

朱子学による神道解釈、神道論は、儒家《じゅか》神道（神儒一致思想）とよばれる。その代表は、徳川家康に重用された朱子学者の林羅山《らざん》（一五八三—一六五七）である。中世以来の神仏習合を前提とした吉田神道を学んだ吉川惟足《よしかわこれたり》（一六一六—九四）は、吉田神道を朱子学的な解釈によって深めた神道説である吉川神道をたて、伊勢神道から出た度会延佳《わたらいのぶよし》（一六一五—九〇）も朱子学を身につけ、伊勢神道を整備した度会神道をたてた。いずれも、朱子学を学んだ神道家の手により、朱子学をかりて神道を体系立てようとする儒学的な色彩の濃い神道説として成立していった。このうち吉川惟足は、天和《てんな》二年（一六八二）に幕府の神道方《しんとうかた》に登用され、吉川神道は幕府公認の神道説となった。

図46　山崎闇斎

林羅山、度会延佳、吉川惟足と発展してきた近世神道論である儒家神道を集大成し、新たな神道説をうち立てたのが山崎闇斎《あんさい》（一六一八—八二）であり、その神道説が垂加神道（垂加は闇斎の霊社号《れいしゃ》。霊社号は仏教の院号に相当）である。

闇斎は、朱子学の一派、土佐の南学《なんがく》（海南学派《かいなん》）を学び、二代将軍徳川秀忠《ひでただ》の子で三代将軍家光《いえみつ》の弟、しかも四代将軍家綱《いえつな》の後見人であった会津藩主保科正之《ほしなまさゆき》（一六一一—七二）に招かれ、正之の師として知遇をうけた。さらに闇斎は、伊勢神道も学び、ついで同じく保科正之が師事していた吉川惟足から吉川神道を学んで神道の伝授をうけた。こうして垂加神道を創始したのである。

垂加神道

垂加神道の主要な点は、平重道氏の整理によるとつぎのようなものである。

① 神と人の関係。天神の初代は国常立尊《くにとこたちのみこと》で、第七代の伊弉諾尊《いざなぎ》・伊弉冉尊《いざなみ》が国土や草木、そして神と人を生んだ。神々の作用により作られた人間には、神の霊が内在する。

② 道徳関係。神により創られた人間は、常に神の教えを受け、その指示に従わなければならない。神の冥加を受けるには、人間は正直でなければならず、そのためには「つつしみ・敬」を実践しなければならない。

③ 人倫関係。神道は君臣関係を人倫の中心とし、君臣関係は国土創生の当初から確定している。その君とは、伊弉諾尊・伊弉冉尊がこの世を治めるために生み送り出した天照大神のことで、日本の治者は征服者ではなく、創造神が定めた神なのである。

歴史の認識としては、国土と万物を創生した神がこの世を治める治者として定めた天照大神の孫にあたる瓊瓊杵尊《ににぎのみこと》が、その命により国土を統治するために降臨し、その子孫である天皇が日本の国土と人民を治める、ということである。ここから、この世界を創った神の子孫である天皇の地位の不変性と、君主としての天皇に対する神により造られた人間である臣下の不変の忠誠が導き出されてくる。

宮地正人氏によると垂加神道の特徴は、

① 近世神道論らしく仏教色を排除し、さらに日本を中国より上位に位置づける日本的華夷意識が強い

② 日本的華夷意識の根源を『日本書紀』神代巻などに求め、王朝交替を繰り返す中国と異なる万世一系の天皇の存在とその国体を根拠とする
③ 人倫関係の実体化が強調され、天皇と公卿、大名と家臣との君臣関係を典型とする
④ 朝廷の祭祀《さいし》や神事、とくに大嘗祭《だいじょうさい》、新嘗祭《にいなめさい》を重視する

以上の四点にあるという。

垂加神道と公家

山崎闇斎の始めた垂加神道の正統な後継者になったのは、公家の正親町公通《おおぎまちきんみち》（一六五三—一七三三）であった。公通は、延宝《えんぽう》八年（一六八〇）に闇斎に入門し、垂加神道の奥義を伝授された（正親町神道ともいう）。公通は、議奏《ぎそう》、武家伝奏《てんそう》など朝廷の要職を務め、元禄八年（一六九五）に従二位権大納言にのぼった上級の公家である。公通は、貞享《じょうきょう》元年（一六八四）に関白一条兼輝《かねてる》（冬経）に垂加神道を伝授し、その他の公家たちにも広め、さらに霊元《れいげん》天皇（一六五四—一七三二。在位は一六六三—八七）へ闇斎の重要な著作である『中臣祓風水草《なかとみのはらえ》』を献上して天皇家への浸透をはかった。こうして垂加神道は公家への影響力を強め、一七世紀末から一八世紀前半に朝廷内外で流行していった。

朝廷では、中世以来の神仏習合にもとづき神事を仏教的に解釈する吉田神道がいまだ優勢であった。また、朝廷内でもっとも政治的な力が強い五摂家《せっけ》（摂政・関白を独占する五家）の筆頭である近衛《このえ》家は、吉田神道を信奉し、堂上《とうしょう》の公家である吉田家を家礼《けらい》として従えていた。その吉田神道に対して、神事

から仏教色を排除して解釈する新しい神道論としての垂加神道が、思想的な対立を孕みながら公家社会の内外に浸透していったのである。そして、一八世紀半ば近くになると、朝廷の内部では垂加神道が吉田神道を圧倒するようになり、吉田神道の側も垂加神道に依拠しようとするなど、その対抗関係は薄くなっていったらしい。

朝廷では、長らく中絶していた神事の復興を押し進めていた。即位した天皇がおこなう最大の神事である大嘗祭《だいじょうさい》は、文正《ぶんしょう》元年（一四六六）以来中絶していたが、貞享《じょうきょう》四年（一六八七）に東山《ひがしやま》天皇のときに再興され、一度の中断を経て元文《げんぶん》三年（一七三八）に桜町《さくらまち》天皇のときに再び復活した。また、毎年一一月に、天皇が新穀を神に捧げ、みずからもそれを食する儀式である新嘗祭《にいなめさい》は、寛正《かんしょう》四年（一四六三）以来中絶していたが、これも元文五年（一七四〇）に御所のなかで行われるようになった。この他、元禄七年（一六九四）には賀茂祭の再興、延享《えんきょう》元年（一七四四）に七社奉幣使《ほうべいし》、同年に宇佐《うさ》宮・香椎《かしい》宮奉幣使の再興などと神事や祭祀の再興があった。垂加神道がとくに重視した大嘗祭と新嘗祭は、一七三〇年代に不完全な形式ながら復興した。朝廷では、それらの朝廷神事や祭祀をどのような思想的、宗教的な解釈により進めてゆくのかという課題があり、それを提供したのが近世神道論だった。

公家と竹内式部

宝暦事件の主役の一人である竹内式部《たけのうちしきぶ》は、越後に生まれ、享保一三年（一七二八）頃に上京して公家の徳大寺《とくだいじ》家に仕えた。山崎闇斎派、すなわち崎門《きもん》学派の学者玉木玉英《たまきまさひで》（一六七〇―一七三六）や松岡仲良《ちゅうりょう》（一七〇一―八三）について垂加神道を修めた。徳大寺公《きん》城《むら》は一二歳で徳大寺家の当主となり、仕えていた竹内式部の強い影響をうけた。

竹内式部の言説は、この徳大寺公城を通して公家の間にひろまった。式部が宝暦八年（一七五八）に幕府の尋問をうけた時の回答によると、徳大寺公城（当時、従二位権大納言、三〇歳）を初めとして、正親町三条公積《きんつむ》（当時、従二位権大納言、三八歳）、烏丸光胤《からすまるみつたね》（当時、従二位権大納言、三八歳）ら二八人もの公家が門人として名前を書き上げられている。この他、さまざまな思惑により中途で式部の講義への出席を止めた者が九名、死去した者が一名、さらに中途で式部の門人であることを止めた者が六名いる。合わせると四四名にのぼり、竹内式部が、公家にいかに強い影響を与えていたのかが推察できるだろう。

図47　竹内式部坐像

なかでも、清華家《せいが》（五摂家につぐ家格で大臣に就任できる）、羽林家《うりん》（清華家につぐ家格で、近衛中将をへて大・中納言に就任できる）のような上級の公家が中心で、さらに名家《めいか》（羽林家につぐ家格で、弁官《べんかん》をへて大・中納言に就任できる）も加わり、そのなかでとくに近習衆《きんじゅう》が中心だった。近習とは、侍従《じじゅう》のように天皇のそばに仕える役で、なかには御稚児《ちご》として幼少のときから仕えて近習になった者もいて、天皇への影響力の大きな存在だった。その徳大寺公城ら近習たちが、桃園《ももぞの》天皇（一七四一―六二。在

図48　桃園天皇

位は一七四七―六二）に垂加神道を吹き込んでいったことが宝暦事件の発端である。

竹内式部の学説

竹内式部の主張の特徴は、垂加神道にふさわしく天皇の歴史的正統性の強調と、天皇への絶対的な忠誠を説く君臣の名分論である。とくに、

日本において天皇ほど尊き御身柄はこれ無く候、将軍を貴《とうと》しと申す儀は人びとも存じ、天子を貴ぶを存ぜず候子細はいかがの儀にてこれ有るべきや、これは天子御代々御学問不足御不徳、臣下関白已下《いか》いずれも非器無才《ひきむさい》（能力のないこと）ゆえの儀に候、天子より諸臣一統に学問を励み、五常《ごじょう》の道備え候えば、天下の万民皆その徳に服して天子に心をよせ、自然と将軍も天下の政統《せいとう》を返上せられ候ように相成り候儀は必定《ひつじょう》、実に掌《たなごころ》を指すがごとく公家の天下にあい成り候、

（広橋兼胤《かねたね》「八槐御記《はっかいぎょき》」宝暦八年七月一五日条）

が、竹内式部の言説のもっとも重要な部分を伝えている。それによると、人びとが将軍の尊いことを知っていても天皇が尊いことを知らない理由は、天皇に学問が不足しているため徳がなく、関白以下の公家にも能力がないからだという。そこで、天皇と臣下の公家たちが学問に励み徳を身に備えるな

らば、天下の万民はその徳に従い天皇に心を寄せるようになるので、おのずと将軍も政権を天皇に返すことになり、世は公家の天下になる、と説いている。

天皇と公家が学問により徳を身につけるならば、政権は幕府から天皇へ返上され公家の天下になる、という王政復古の考え方である。垂加神道には、王政復古を説いたものはないといわれるので、これは竹内式部に固有のものであったらしい。徳大寺公城ら若い公家は式部の言説に突き動かされ、武術を稽古しているとも噂された。さらに徳大寺らは、宝暦七年六月頃から桃園天皇に『日本書紀』の進講を始めた。

王政復古を説く竹内式部に学んだ天皇近習の公家が、天皇へ垂加神道により解釈された『日本書紀』を進講する事態にいたった時、当時の関白近衛内前《うちさき》と五摂家がこれを重大な問題であるとみなした。一つは、王政復古の考え方と武術の稽古が、幕府と朝廷との関係を悪化させるのではないかという危惧である。つまり、徳大寺公城らの行動を幕府が反幕府運動と見なした場合に起こりうる事態を恐れたのである。いま一つは、関白と五摂家や武家伝奏らによる朝廷・公家全体の統制力が、天皇のそばに仕える近習らには及ばなくなったことである。朝廷の実権が、天皇に強い影響力を及ぼす近習の公家らに移りかねない事態を恐れたのである。

宝暦事件

関白や五摂家は、天皇が垂加神道の解釈により『日本書紀』を勉強するのを止めさせ、さらに竹内式部に心酔する近習の公家を一掃するため、幕府（京都所司代）の力を利用した。宝暦八年七月に朝廷の告発をうけた京都所司代は、竹内式部を尋問した。だが、式部に反幕府的な言動は認められず、徳大寺ら公家の武術稽古も風聞のみで確証を得られなかった。それでも所司代は、関白らの強い要請があったことから、式部を「全体教え方よろしからず」という漠然とした理由で、翌九年五月、京都からの追放を命じた。

朝廷内では、宝暦八年七月に、竹内式部門人の天皇近習の公家らに対する処分が行われた。正親町三条公積、徳大寺公城ら八名の公家は、官職を罷免され永蟄居《えいちっきょ》処分（自宅での終身謹慎）を受けた。この他一二人の公家が、近習を止めさせられたり「遠慮」を命じられたりした。こうして、竹内式部の門人である近習の公家たちは、天皇の周辺から徹底的に排除され、朝廷の秩序は回復された。

以上が宝暦事件の概要である。尊王論とそれに基づいた公家たちの行動により幕府と朝廷との間で起こった抗争事件、あるいは幕府による尊王論の弾圧ではなく、竹内式部の影響を受けた一部の若い公家たちによるやや逸脱した王政復古的な行動を、朝廷が幕府の力をかりて抑圧した、というのが真相であった。幕府が朝廷の、あるいは公家の尊王論を弾圧した、という理解は誤りである。この近習の公家たちの行動を、一八世紀の政治動向からみると、側用人・側衆ら将軍側近による幕政の掌握、大名の近習や側近による藩政の掌握、という武家側の幕府や藩の政治動向と類似した現象ということもできる。

山県大弐と明和事件

明和事件とは、江戸八丁堀で私塾を営み、儒学と兵学を教授していた山県大弐《やまがただいに》（一七二五―六七）らが、明和《めいわ》三年（一七六六）、幕府への謀反の疑いで逮捕され、翌年に大弐は死罪、食客《しょっかく》の藤井右門《うもん》が磔刑《たっけい》に処された事件である。

山県大弐は甲府勤番《きんばん》（甲府城の守衛にあたる）の与力《よりき》で、垂加神道と儒学を学んだ。与力をやめて江戸に出て、一時は側用人《そばようにん》大岡忠光《ただみつ》に仕え、その後に私塾を開いた。主著は『柳子新論《りゅうししんろん》』（宝暦九年）である。そのなかで、

> 今の政《まつりごと》をなす者は、おおむね皆聚斂附益《しゅうれんふえき》の徒《と》、その禍を蒙《こうむ》る者は、ひとり農甚だしとなす

と、利益を追求し、百姓から過重に収奪している幕府政治の現状を厳しく批判する。その事態を打開するためには「礼楽《れいがく》」（制度）を立てる必要があり、それは、理想とする平安時代以前の朝廷政治への復古により実現できると主張した。幕府政治への厳しい批判とそれに代わる朝廷政治への復古の主張は、竹内式部のそれより鮮明である。

図49　山県大弐

山県大弐が逮捕されたきっかけは、門人が、大弐らに謀反の企みありと自訴《じそ》したことである。大弐の門人であった上野小幡《おばた》藩織田家（現群馬県甘楽郡。二万石）の

家老吉田玄蕃《げんば》は、藩内の権力抗争もあって、大弐を藩主織田信邦《のぶくに》に推薦したという理由で監禁されてしまった。一部の門人が、この騒動の累《るい》が及ぶのを恐れ、保身のために幕府に自訴したのである。大弐は、明和三年に逮捕され、翌年に死罪となった。死罪の宣告文には、世に兵乱の兆《きざ》しがあり、明和元年（一七六四）に上州で起こった伝馬騒動はその証拠であるなどと語ったこと、兵学の講義のさいに実例として甲府城やその他の城名をあげて講釈したことは、「恐れ多き不敬の至り、不届き至極」と記されていた。

藤井右門は、元播磨《はりま》赤穂《あこう》藩浅野家の家臣だった浪人の子で、京都に出て竹内式部の門人となり正親町三条公績らと交流し、宝暦事件の後に江戸に出て山県大弐の家に身を寄せた。罪状には、南風を利用して品川辺に火を放って江戸城を攻める、という雑談をしたことがあげられ、「叛逆《はんぎやく》等の儀」はないが、「この上もなき恐れ多き儀を雑談いたし候段、不敬の至り、不届き至極につき獄門《ごくもん》」と宣告された。幕府に対する反逆などの言動は確認されなかったが、その言説が不穏当であったことを問題にされ、極刑となった。

宝暦事件で京都を追放になり伊勢宇治《うじ》（現三重県伊勢市）に居住していた竹内式部は、大弐や右門との関連を疑われ、明和四年に江戸へ召喚された。疑いは晴れたものの、追放中にもかかわらず京都に立ち入ったことを咎められ、八丈島に流罪となった。

君臣、上下の名分論と日本の歴史の研究から、天皇の存在に新たな意味や意義を見いだした言説が登場し、現実とはかけはなれた古代、また、現実の政治からかけ離れた朝廷への漠然とした憧れのような感情も入り交じって、天皇・朝廷の存在がさまざまな意義を持ち始めた。宝暦・明和事件とは、そのような思想的な動向のなかでおこった、初発の事件であったといえる。

朝廷財政の動向

天皇家の領知を禁裏《きんり》御料《ごりよう》というが、幕府が元和《げんな》九年（一六二三）に一万石を献上して計二万石となり、さらに宝永《ほうえい》二年（一七〇五）に一万石を献じたので三万石となった。このほか、上皇《じようこう》（仙洞《せんとう》・院）御料や女院《にょいん》御料、公家たちの所領があり、天皇を頂点とする公家集団により構成される近世朝廷の領知は、約一〇万石ほどであった。

天皇家と朝廷の財政は、禁裏御料からの年貢で賄うことになっていた。しかし、一八世紀に入ると、そこからの年貢だけでは支出を賄うことができなくなり、不足分は取替金《とりかえ》という名目で幕府から貸し付けられていた。貸付といっても返済することもなかったので、負債額は累積し、寛政《かんせい》三年（一七九一）には総額で五一万両を超えるあり様であった。財政困難という朝廷財政の動向は、幕府や藩と共通するものであった。朝廷の財政赤字は、幕府からの貸付によって補塡されていたのである。

幕府は、財政状況の悪化への対策として、役所ごとに予算を決めてその枠内で運営させたことと、倹約令を頻発したことはすでに説明した通りである。幕府は、赤字を出し続ける朝廷財政にメスを入れるため、安永《あんえい》二年（一七七三）に、朝廷の財政経理をおこなっていた口向《くちむ》き役人の不正を追及し、厳しく処罰した。さらに、朝廷の財政運営を改善するため、幕府は経理担当の勘定所役人を派遣して監督を強化した。勘定奉行が、赤字をたれ流していた長崎会所に乗り込んで、改革を断行した措置と類似している。そして、同七年に朝廷財政に定高制《さだめだか》を導入した。定高制とは、一年間の支出の上限を定め、その枠内で財政を運営する措置である。朝廷財政への定高制度の導入は、幕府の各役所に予算制度を設けたのと同じ性格の措置であり、幕府の緊縮財政政策の一環でもあった。

田沼時代の天皇・朝廷

一八世紀後半の朝廷に特徴的なことの一つは、皇統の不安定さである。桜町天皇（在位一七三五—四七）が譲位し、その男子である桃園《ももぞの》天皇（在位一七四七—六二）が数え七歳で即位したが、宝暦一二年（一七六二）七月、在位一六年で在位中に二二歳で亡くなった。桃園天皇には五歳の男子、英仁《ひでひと》親王（後の後桃園天皇）しかおらず、幼少すぎるという理由から、桃園天皇の姉の智子《さとこ》内親王が即位した。後の後桜町天皇（在位一七六二—七〇）であり、明正《めいしょう》天皇（在位一六二九—四三）以来の女帝である。もともと英仁親王が成長するまでの中継ぎだったため、後桜町天皇は、英仁親王が一三歳になると譲位し、明和七年（一七七〇）一一月、英仁親王が即位して後桃園天皇（在位一七七〇—七九）となった。ところが後桃園天皇は、安永八年（一七七九）一〇月、男子が生まれないうちに二二歳で亡くなってしまった。このように、天皇が若くして亡くなることが続いたのである。

皇統を継ぐべき直系の男子がいなくなった朝廷は、後桃園天皇の死を伏せて幕府と交渉の末、閑《かん》院宮典仁《いんのみやすけひと》親王（一七三三—九四）の第六王子祐宮《さち》を後桃園天皇の養子として即位させた。祐宮、すなわち兼仁《ともひと》親王は、わずか九歳で即位した。後の光格《こうかく》天皇（在位一七七九―一八一七）である。新井白石の建言により創設した新宮家である閑院宮家という傍系から、皇統を継がせざるを得なかったのである。九日間とはいえ皇位に空白ができてしまうほど、綱渡り的に皇統をつないできたのが、一八世紀後半の朝廷の実態であった。

光格天皇のもとで、朝廷は新しい動きをみせた。それは、さまざまな朝廷の神事、朝儀の再興と復古を押し進めたことである。一一月一日が冬至《とうじ》にあたるのを朔旦《さくたん》冬至とよんで吉日とし、天皇が紫宸《ししん》殿《でん》に出て群臣に酒と肴を賜って宴をはった。これを朔旦冬至の旬《しゅん》というが、宝徳《ほうとく》元年（一四四九）に中絶してしまった。天明《てんめい》六年（一七八六）一一月一日が朔旦冬至にあたり、朝廷では宝徳元年以来、実に三五〇年ぶりに朔旦冬至の旬を再興した。すでに説明した新嘗祭は、元文五年に二七〇年余の中断を経て再興され、ふたたび安永七年（一七七八）に中断してしまったが、天明六年に再興された。なお、新嘗祭は神嘉殿《しんかでん》（平安時代の大内裏では、内裏の南西部に隣接する中和院《ちゅうかいん》の正殿）という神殿で行う神事だったが、江戸時代にはなかったため、たとえば紫宸殿をそれに見立て神嘉殿代と称しておこなっていた。朝廷では、寛政三年（一七九一）に神嘉殿を造営し、天皇による新嘗祭の親祭を実現する。

図50　光格天皇

光格天皇は、天明七年一一月に大嘗祭を挙行した。この時の大嘗祭は、貞享四年（一六八七）に再興された大嘗祭がかなり略式でよろしくないとして、古代の大嘗祭に復古させることを標榜しておこなわれた。新嘗祭といい大嘗祭といい、朝廷にとってもっとも重要な神事を、ただ再興させるだけではなく、できるかぎり古い形式に引き戻し復古させることがめざされたのである。それは、天明八年に焼けた御所の造営にあたり、紫宸殿と清涼殿《せいりょうでん》というもっとも重要な殿舎を平安時代の規模と様式に復古させることにつながった。田沼時代末期の朝廷は、さまざまな朝儀、神事などの再興と復古を推進していたのが特徴であった。朝廷自身に新たな動きが始まっていたのである。

国学による天皇の位置づけ

元禄時代に始まったわが国の古典を実証的に研究する学問は、その研究対象を『万葉集』や古典文芸だけではなく、『古事記』や『日本書紀』などに広げ、国学として発展していった。そのなかで、仏教や儒教など外来の思想や文化が入ってくる以前の日本古来のあり様を明らかにしようとした。伏見稲荷の神職荷田春満《かだのあずままろ》（一六六九―一七三六）の門人の賀茂真淵《かものまぶち》（一六九七―一七六九）は、御三卿《ごさんきょう》のひとつ田安《たやす》家の徳川宗武《むねたけ》に仕え、『万葉集』の研究を通して、古代日本人の心性と古語を解明し、『古事記』読解の基礎を築いた。

賀茂真淵の学問は、儒学の古典・原典の厳密な読解を通して中国の先王の「道」を明らかにしようとした、荻生徂徠《おぎゅうそらい》の「古文辞学《こぶんじがく》」という学問手法に大きな影響を受けている。主著『国意考《こくいこう》』（明和二年〈一七六五〉）では、儒学や仏教などの外来思想を激しく排斥し、日本固有の古道（「国意」）へ帰るこ

図 51　賀茂真淵

図 52　荻生徂徠

図 53　本居宣長

図54　塙保己一

とを主張した。真淵は、中国では「革命」による王朝交代が繰り返されるのに対して、日本はそれがなく万世一系の天皇が連続していることに価値をおき、中国に対する日本の優越性を説いた。さらに、日本という国をさして「皇国《こうこく》」と表現するようになった。「皇国」とは、天皇を頂点にする国、天皇の国という意味である。

真淵の門人の本居宣長《もとおりのりなが》（一七三〇—一八〇一）は、伊勢松阪（現三重県松阪市）で医師をしつつ古典文学を研究していたが、賀茂真淵に入門し強い影響をうけ、三五年をかけて『古事記』を研究し『古事記伝』（寛政一〇年〈一七九八〉）を完成した。その研究を通して、中国を蔑視し、天皇を戴く「皇国」日本は万国に冠たる国であると力説した。天皇は、中国よりも、また世界のどの国よりも日本が優れていることを象徴する存在となったのである。本居宣長の与えた影響は大きく、「皇国」「皇朝」という語は広く普及していった。これは後に平田篤胤《あつたね》の復古神道（平田国学）に引き継がれ、幕末の対外的危機、強度の外圧のもとで尊王攘夷思想に大きな影響を与え、天皇が政治的に重要な役割を果たす思想的な背景のひとつになっていった。

本居宣長は、江戸時代の天皇（朝廷）と将軍（幕府）および大名（藩）との関係を、天皇が政治（「大政」）を行う権限を将軍に委任（「御任《みよさし》」）し、将軍はそれをさらに大名に分けて委任している、と説明した。これを大政委任論《たいせいいにん》とよび、天皇・将軍・大名の関係を説明する政治論として、広く受け入れられていった。将軍が全国を統治する根拠を天皇の委任に求める主張であるため、天皇の地位を高めるとともに、将軍が政治を行う正当性を権威づける学説でもあった。

なお、国学の古典研究の方法は、賀茂真淵の門人である塙保己一《はなわほきいち》（一七四六―一八二一）にも受け継がれた。塙保己一は、七歳で失明したにもかかわらず、日本の古典の収集と保存に専念し、『群書類従《ぐんしょるいじゅう》』の編纂や「六国史」の校訂などに尽力し、後の日本史や日本文学の研究に大きな貢献をした。

一八世紀半ばに、垂加神道による神話的な内容の尊王論が、宝暦・明和事件などの事件を引き起こした。その後の一八世紀後半の古典研究による国学の発展は、天皇の存在に新たな位置づけをおこない、幕末維新期の政治的変動を思想的に準備したものといえるだろう。

五　発展する田沼時代の文化

1――宝暦・天明文化の発展

文化発展の背景

戦国時代の戦乱の記憶もなくなり、長く戦争のない泰平の時代が続いたことは、日本の歴史上で特筆すべきことである。この泰平の持続に加えて経済的な発展が著しく、とくに民間経済の充実を背景にして江戸時代の社会は成熟していった。一八世紀は、文化が発展する条件の整った時代といえる。とくに一八世紀後半の田沼時代には、むき出しの力を誇示せず諸事穏便をよしとする社会の風潮もあり、さまざまな学問のみならず多様な文化の発展を促した。

しかし、現実の政治や経済、さらに社会はさまざまな矛盾や問題を抱え込み、それへの対応を迫られた。なかでも、幕府と藩は、財政的な困難に直面してさまざまな打開策を試み、それと関わり現状の問題点とその対応策を論じる学問である政治論、経世論《けいせいろん》がさかんになった。そのなかで儒学者の荻生徂徠《おぎゅうそらい》は、「古文辞学《こぶんじがく》」というその学問手法、研究手法を通じて多方面の学問に重要な影響を与え、儒学のみならず国学、洋学、医学などの発展を導いた。一八世紀の末頃になると、ロシアの蝦夷地接近に象徴される対外的な緊張も生まれ始め、世界地理やヨーロッパの科学技術に関する知識が求められるようになり、それに関わる新たな学問も興隆した。

一八世紀半ば以降の田沼時代は、知行六〇〇石の旗本だった者が老中に就任して幕政を牛耳り、出自のよくわからないような者が勘定奉行に出世し、幕府の新たな経済、財政政策を担当するという、それまでと比べて身分や格式にそれほどとらわれない時代でもあった。極端な表現を使うと、門閥譜代大名たちから見ると、どこの馬の骨かわからないような連中が将軍をたぶらかして幕府政治を動かしている、ということになる。しかし、前代までの政策や政治運営では直面した現実に対応できないため、斬新な発想や政策が求められたのである。田沼時代とは、それを担うことのできた人びとが、幕府の政治を動かしていたことになる。斬新さや新たな発想は、学問や文化にも求められた。

江戸時代の文化は、歴史教科書では一七世紀末から一八世紀初期の元禄文化、ついで一九世紀前半の化政文化（文化文政期）の二大文化として叙述されるのが通常の構成である。しかし、時期的に化政文化の枠に収まらない文化が、一八世紀後半に花開いている。年号から、宝暦・天明文化、あるいは天明文化と呼ぶに相応しいほどの質量をもった文化が発展した。

田沼意次と遊芸

田沼意次は、子孫に遺した遺訓のなかで、家来たちに学問と武芸に心がけさせることを求めた。それは武家の遺訓・家訓としてありふれているが、さらに、

かつまた武芸心がけ候うえ、余力をもって遊芸いたし候義は勝手次第、差しとめるに及ばず候こ

と、ただし、不埒《ふらち》なる遊芸は致させまじきこと、というのは珍しい。不埒な遊芸は駄目だとはいうものの、武芸に励んだあとの余暇に遊芸を嗜むことは自由にさせよ、という。遊芸とは、遊びごとに関わる芸能、たとえば琴・三味線・舞踊・生け花などのことをいう。ここでは学問と武芸以外のことを広くさしているらしい。武士が遊芸に力を入れることは、武家の戒めるところなので、わざわざ武家の遊びや趣味を公認する遺訓は珍しいのではないか。

老中職にある大名が、家来が風雅の世界に親しみ、遊芸を嗜むことを許容する、ということは、武士が風雅や芸能の世界に遊ぶようになることを後押しするものであったろう。武士、とくに江戸在住の武士が、文化の担い手として登場する背景のひとつであろう。

文芸の世界

文学では、江戸に滑稽さや遊戯性に特徴のある戯作《げさく》文学が新しく生まれた。洒落本《しゃれぼん》、黄表紙《きびょうし》、小咄本《こばなしぼん》、川柳《せんりゅう》、狂歌《きょうか》、滑稽《こっけい》絵本などで、いずれも機知に富んだものであった。とくに、天明年間（一七八一―一八八）に全盛期を迎えた。

そのなかで洒落本は、江戸吉原など遊里の世界を素材とし、人間の滑稽味を会話体で描いた短編小説である。「洒落《しゃれ》」という遊里に生まれた「通《つう》」と称される独特な美意識を軸に、それを理解しない「半可通《はんかつう》」や「野暮《やぼ》」のおかしさを描写し、安永・天明期（一七七二―八九）に流行した。山東京伝《さんとうきょうでん》（一七六一―一八一六）が洒落本作家の第一人者となり、代表作は『通言総籬《つうげんそうまがき》』（天明七年）『仕懸《しかけ》文庫』（寛政三年（一七九二）である。しかし、寛政の改革で山東京伝が処罰されると、洒落本は一時衰えた。

絵を主とする小説である草双紙《くさぞうし》から発展した絵入りの小説、黄表紙（表紙の色が黄色であったことからその名がついた）は、当時の世相、風俗、事件などを素材とし、それを写実的に描きながらも、意表をつく荒唐無稽《こうとうむけい》な構想や表現を用いて、もっぱら滑稽さをねらったものである。なかでも、恋川春町《こいかわはるまち》『金々先生栄花夢《きんきんせんせいえいがのゆめ》』（安永四年〈一七七五〉）、山東京伝の『江戸生艶気樺焼《えどうまれうわきのかばやき》』（天明五年〈一七八五〉）がとくに有名である。このほか、朋誠堂喜三二《ほうせいどうきさんじ》（一七三五―一八一三）らが出て、天明年間に頂点を迎えた。恋川春町（一七四四―八九）は、本名を倉橋格《くらはしいたる》といい駿河小島《おじま》藩（現静岡県。一万石）士で江戸留守居役を務め、朋誠堂喜三二は、本名を平沢常富といい秋田藩士で江戸留守居役を務め、唐来参和《とうらいさんな》（一七四四―一八一〇）も、もとは幕府高家《こうけ》（旗本で、幕府の儀式典礼および朝廷との儀礼を担った）の家臣だった。このように、黄表紙作家には、江戸に暮らす武士身分の者が多いのが特徴である。

図55　山東京伝

しかし、田沼意次の没落と松平定信が主導した寛政の改革を素材とした朋誠堂喜三二の『文武二道万石通《ぶにどうまんごくどうし》』（天明八年）、恋川春町の『鸚鵡《おうむ》返文武二道《がえしぶんぶのふたみち》』（寛政元年〈一七八九〉）が、幕府政

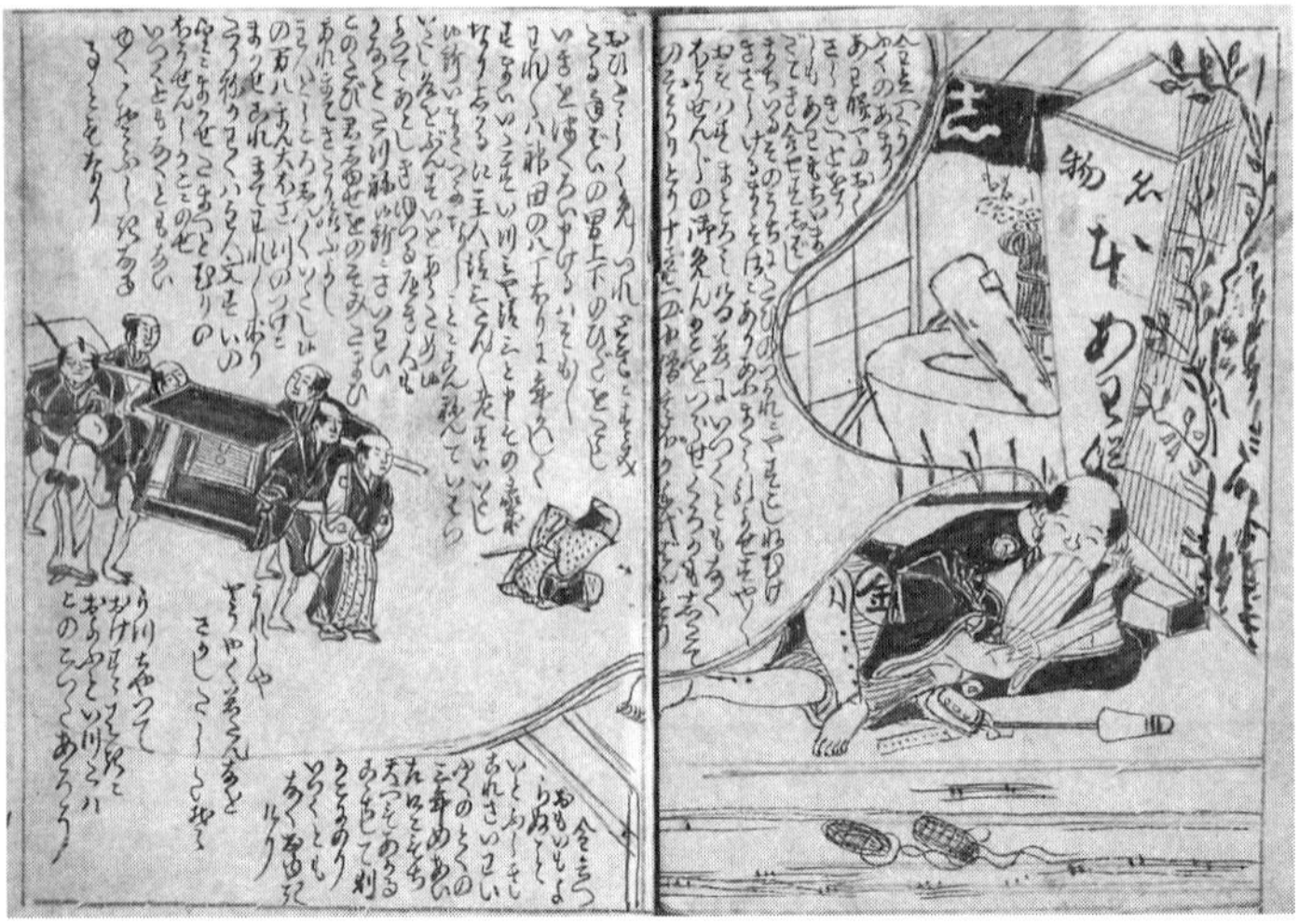

図 56　黄表紙『金々先生栄花夢』

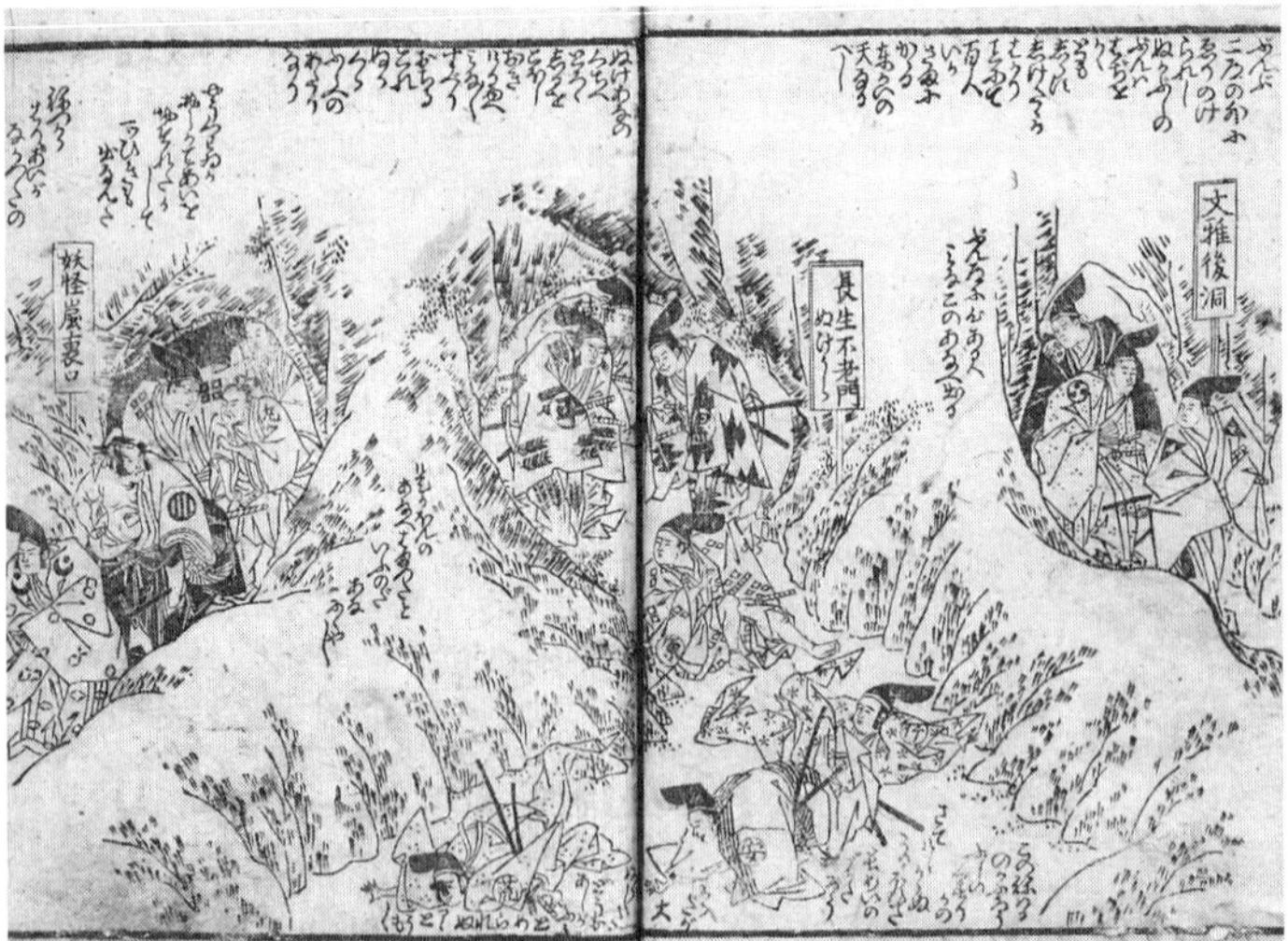

図 57　黄表紙『文武二道万石通』

図 58　上田秋成

図 59　烏亭焉馬

図 60　『雨月物語』

図61　柄井川柳

治を茶化し、滑稽に描いたことから幕府ににらまれ、黄表紙の取締りが厳しくなった。

なお、上方では、中国の白話《はくわ》小説（口語で書かれた小説）の影響をうけた読本《よみほん》という様式の小説が生まれた。代表的な作者は、大坂に生まれた国学者、歌人でもある上田秋成《あきなり》（一七三四―一八〇九）である。秋成が明和五年（一七六八）に執筆し、安永五年（一七七六）に刊行された『雨月《うげつ》物語』は、読本を代表する作品であり、日本の怪異小説の最高傑作といわれる。

歯切れのよい笑話の小咄《こばなし》本が、安永年間（一七七二―八〇）以降に流行した。洒落本作家であり狂歌師でもあった烏亭焉馬《うていえんば》（一七四三―一八二二）は、天明六年から「咄《はなし》の会」を主宰し、公募して集めた落咄《おとしばなし》（話の最後を語呂《ごろ》合わせや洒落で落《お》ちをつける小話《こばなし》）の秀作を出版した。この落咄が話芸の域にまで高まって落語に発展していったことから、烏亭焉馬は落語中興の祖といわれる。

川柳・狂歌

前句付《まえくづけ》の前句を省略して付句《つけく》を独立させたのが、川柳《せんりゅう》である。前句付とは、七・七の短句の前に五・七・五の長句（前句）を付ける俳諧の一種であり、俳諧に比べて遊戯性が強い。季節を表す季語《きご》を読み込む必要がないなど、俳諧の約束事に束縛されることもなく、人情、風俗、世態などを滑稽に、しかも機知や風刺に富んだ句を詠んでいる。明和年間（一七六四―七二）頃から流行し、上級の武家にまで受け入れられた。付句を集めた柄井川柳《からいせんりゅう》（一七一八―九〇）の『誹風柳多留《はいふうやなぎだる》』（明和二年〈一七六五〉刊）が有名である。

伝統的な和歌の形式をひく狂歌《きょうか》は、和歌への深い造詣を必要とし、しかも為政者を風刺し世相を皮肉る機知に富んでいた。一八世紀半ば過ぎに江戸では、若い武家の知識人である唐衣橘洲《からころもきっしゅう》（田安家の家臣。一七四三―一八〇二）・四方赤良《よものあから》（太田南畝《なんぽ》、通称直次郎、別号蜀山人《しょくさんじん》、幕臣。一七四九―一八二三）、朱楽菅江《あけらかんこう》（幕府先手《さきて》同心。一七四〇―九八）や町人の平秩東作《へずつとうさく》（一七二六―八九）、宿屋飯盛《やどやのめしもり》（石川雅望《まさもち》。一七五三―一八三〇）らが活躍した。歌人で儒者の内山賀邸（椿軒《ちんけん》。一七二三―八八）の門下から出た、唐衣橘洲、四方赤良、朱楽菅江らの下級幕臣や町人が、戯名で詠んで人気を呼んだ。『万載《まんざい》狂歌集』（天明三年〈一七八三〉）が刊行されると、世相をよくうがつものとして天明年間に大流行したので、天明狂歌（天明調、天明振《ぶ》り）とよばれる。

和歌・俳諧　伝統的な和歌の世界は、新風に乏しく沈滞していた。それでも、享保期以降、将軍徳川吉宗が推奨したこともあり、田沼意行《おきゆき》、意次父子が冷泉家《れいぜい》（和歌師範の公家）の門人になっているように、将軍の側《そば》ちかくに仕える幕臣の間で和歌を嗜む者が増えていった。また、二条在番《ざいばん》、大坂在番などの任務のため、交代で上方へ出かける大番《おおばん》組の番士や、京都町奉行、大坂町奉行、さらには禁裏《きんり》関係の役人など、とくに上方勤務を体験する幕臣の間に和歌の裾野が広がりつつあった。かれらのなかには冷泉家に入門する者もいて、たくさんの和歌をのこしている。

図62　与謝蕪村

俳諧は、元禄時代の松尾芭蕉《ばしょう》以来、都市と農村に広まっていった。それとともに、前句付、川柳の流行にも見られるような卑俗化や遊戯性が強まり、俳諧それ自体は沈滞していった。しかし、芭蕉の作品を集めた『俳諧七部集』が一八世紀前半に刊行され、蕉風《しょうふう》（芭蕉とその門流の俳諧という意味）は集大成された。とくに、それが安永三年（一七七四）に二冊に合冊されて刊行され、広く読まれるようになった。そのようななか、摂津に生まれ京都に住んだ与謝蕪村《よさぶそん》（一七一六―八三）らが蕉風への復帰を唱えて叙情的、絵画的な句を詠み、とくに天明期に流行した。句集には、蕪村の門人が編集した『蕪村句集』（天明四年〈一七八四〉刊）がある。

絵　画

与謝蕪村は、文人画《ぶんじんが》とよばれるジャンルの絵画にも優れ、池大雅《いけのたいが》（一七二六―七六）との合作である『十便十宜図《じゅうべんじゅうぎず》』が有名である。文人画とは、専門の画家とは異なる文人や学者が描く絵画のことで、中国の南画《なんが》（南宗画《なんしゅうが》の略。中国元代末以降の画風の一つ）が文人・学者らによって描かれたので、日本では文人画と南画は同じ意味に用いられた。

また、京都で絵画を学んだ円山応挙《まるやまおうきょ》（一七三三―九五）は、西洋画の遠近法や陰影法にも学びながら、写生を重視した画風により円山派を築いた。おもな作品に、『雪松図屏風』『保津川図屏風《ほづがわ》』がある。

与謝蕪村に絵画を学び、円山応挙の影響をうけて写実的で独自の画風を確立したのが、京都に生まれた呉春《ごしゅん》（松村月渓。一七五二―一八一一）で、四条派の祖となった。代表作に、『柳鷺群禽図屏風《りゅうろぐんきん》』がある。

文人画や円山派などとは異なり、風俗や遊里の遊女、歌舞伎の役者を描いた浮世絵は、民衆的な絵画として庶民に愛好された。江戸に生まれた鈴木春信《はるのぶ》（一七二五？―七〇）が、明和二年（一七六五）に、数色から十数色まで色を重ねた多色摺りの木版技術を開発し、錦絵《にしきえ》（江戸絵・東錦絵ともいう）を創始してから江戸を中心に発展した。人物の上半身や顔だけを大写しにした大首絵《おおくびえ》という画風が、一八世紀後半に生まれ、一八世紀末の寛政期には、喜多川歌麿《きたがわうたまろ》（一七五三？―一八〇六）が表情豊かな女性を描いた美人画、東洲斎写楽《とうじゅうさいしゃらく》（生没年不詳）が江戸三座の歌舞伎俳優を描いた役者絵と相撲絵で人気を博した。美しい多色摺りの浮世絵版画である錦絵は、地方への江戸土産ともなって全国的に親しまれた。なお、錦絵は絵師、彫師《ほりし》、摺師《すりし》の分業により制作されていた。

後述する蘭学は、江戸時代の日本の美術にも影響を与えた。輸入された蘭書の挿絵《さしえ》や銅版画から西洋の絵画技法を学び、油絵の具を用いた透視遠近画法や陰影画法による立体的な洋風画を生みだしていった。長崎で蘭画を学んだ平賀源内が、司馬江漢《しばこうかん》（一七四七―一八一八）や秋田藩士小田野直武《おだのなおたけ》（一七四九―八〇）らに伝えた。司馬江漢は、天明三年（一七八三）に日本で初めて銅版画を制作し、油絵も描いた。代表作は、銅版画の『三囲之景図《みめぐりのけいず》』、油絵の『異国風景人物図』である。小田野直武は、杉

図 63　喜多川歌麿「婦女人相十品・ビードロを吹く娘」

図 64　東洲斎写楽「三世大谷鬼次の奴江戸兵衛」

図 65　『解体新書』挿図

図66　歌川豊国「中村座内外之図」

田玄白らの『解体新書』の挿絵を描き、藩主佐竹曙山《しょくざん》（義敦《よしあつ》）に蘭画の画法を教授したことから藩内に広まり、その洋風画は秋田蘭画と呼ばれている。この洋風画の技法は浮世絵にも採り入れられ、一九世紀前半には、葛飾北斎や歌川広重らが風景版画の傑作を生み出すなど、強い影響を与えていった。

芸能

芸能では、一八世紀半ばはその中心が浄瑠璃《じょうるり》から歌舞伎へ代わる過渡期にあたった。一八世紀前半の享保から宝暦期は、義太夫節《ぎだゆうぶし》によって語られる人形浄瑠璃の全盛時代だった。大坂では、一八世紀半ばころに浄瑠璃作家の竹田出雲《いずも》（二世）が出て、菅原道真の九州左遷にまつわる伝承を素材とした『菅原伝授手習鑑《すがわらでんじゅてならいかがみ》』（延享三年〈一七四六〉初演）、赤穂浪士の敵討《かたきう》ちを主題とした『仮名手本忠臣蔵《かなでほんちゅうしんぐら》』（寛延元年〈一七四八〉初演）を書き、竹本座、豊竹座、文楽座などで公演されて好評をはくし、最盛期を迎えた。

江戸では、歌舞伎が人形浄瑠璃の演目や演出をとり入れ、演劇性をたかめて発展した。中村座（堺町）、市村座（葺屋《ふきや》町）、守

（森）田座（木挽《こびき》町）の江戸三座《さんざ》が、幕府公認の劇場として栄えた。一八世紀後半には、回《まわ》り舞台が考案されるなど舞台装置にも工夫が加えられ、演劇効果が高められた。人気役者の中には、千両の給金をとる「千両役者」が生まれたほどの人気ぶりで、そのなかには、浮世絵の大首絵の画材となってもてはやされ、歌舞伎と錦絵は相乗効果により人気を高めた。

歌舞伎が、劇場音楽として三味線を採り入れたこともあり、一八世紀中頃より、浄瑠璃から長唄《ながうた》、常磐津節《ときわずぶし》、新内節《しんないぶし》などの音曲の諸流派が派生した。長唄は、歌と三味線奏者は別であり、常磐津節は歌舞伎の舞踏戯曲の伴奏をつとめた。常磐津節からは、その後、清元節《きよもとぶし》、富本節《とみもとぶし》が派生する。心中物を多く扱った新内節《しんないぶし》は、一八世紀末に全盛期を迎えた。このように、歌舞音曲《かぶおんぎょく》と総称される、歌、踊り、楽器を組み合わせた芸能は、田沼時代に大いに発展したのである。

2――新たな学問の展開

蘭学の発展―医学

新たな経済・産業政策のためには、新たな知識、技術、学問、なかでも実用的な学問とその担い手が求められた。このような政治的、社会的な要請こそが、田沼時代に諸学問が多様な発展を見せた背景のひとつであろう。とくに実学としての本草学、蘭学、医学、そして現実社会の矛盾や困難に対処する処方箋を提示する経世論などの政治論、経済論が発展した。

享保期以降の幕府は、新井白石が日本の「宝」、富の流出を防ぐため提起した輸入品の国産化に着手した。輸入額の大きい薬種や砂糖について、朝鮮種《たね》人参の栽培による朝鮮人参の国産化や、甘蔗《かんしゃ》（さとうきび）の栽培と砂糖精製の研究が取り組まれ、また、主要輸出品の銅に代わる俵物《たわらもの》生産の奨励と、その集荷を担当する俵物会所《かいしょ》の設立などの殖産興業策がとられた。さらに、西洋の書物を中国で漢文に翻訳した「漢訳洋書《かんやくようしょ》」のうち、キリスト教と関係のない書籍の輸入を許可した。この措置が蘭学、ひろくは洋学の発展に道を開く「洋学の輸入」だった。儒学者の青木昆陽《こんよう》（一六九八―一七六九）と本草学者の野呂元丈《のろげんじょう》（一六九三―一七六一）が、幕府からオランダ語の習得を命じられ、オランダ語による蘭学研究が開始された。蘭学、洋学は、享保期の殖産興業策との関連で導入が始まったのであ

図 67　杉田玄白

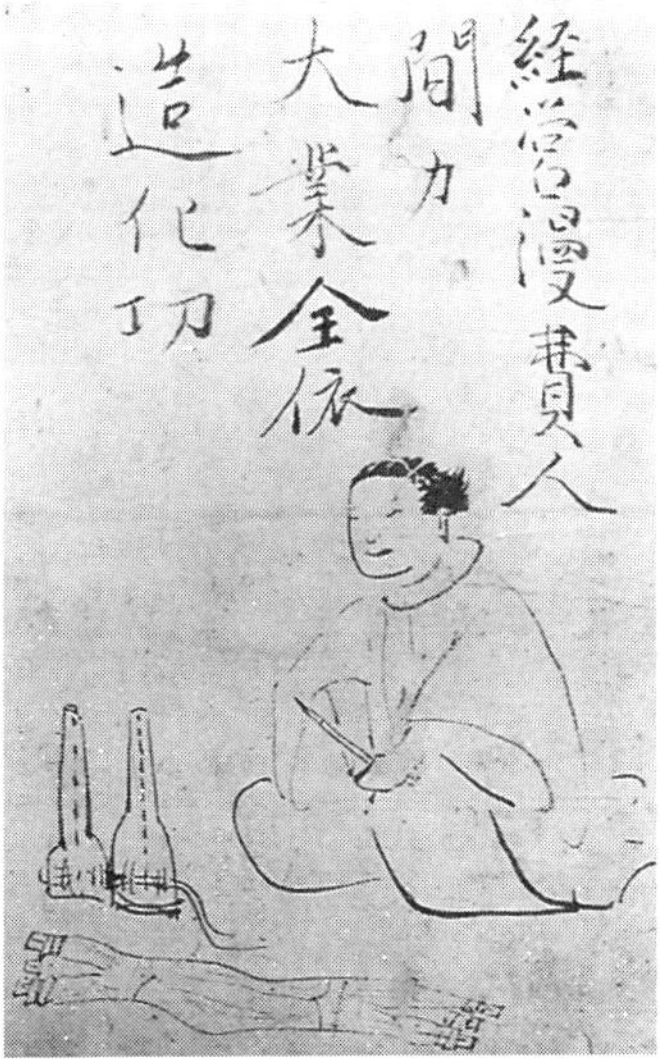

図 68　前野良沢

る。

蘭学は、医学、天文学、地理学などの分野で発展していった。とくに医学の分野では、それまでの漢方《かんぽう》医学に対する蘭方《らんぽう》医学の優位性が明らかとなり発展した。明和《めいわ》八年（一七七一）に前野良沢《まえのりょうたく》・杉田玄白《げんぱく》・桂川甫周《かつらがわほしゅう》らが、解剖学書『ターヘル・アナトミア』の訳述を始め、安永《あんえい》三年（一七七四）に『解体新書』として出版された。杉田玄白は、のちにその経緯を『蘭学事始《らんがくことはじめ》』（文化一二年〈一八一五〉）に著したことは有名である。このことがよく示すように、オランダ語と格闘して西洋の科学技術を学ぶ蘭学が、田沼時代に本格的に発展し始めていた。

宇田川玄随《げんずい》（一七五五—九七）は、西洋の内科医学書を翻訳した『西説内科撰要《せいせつないかせんよう》』（寛政四年〈一七九二〉）により、西洋の内科医学を紹介した。杉田玄白らに西洋医学を学んだ大槻玄沢《おおつきげんたく》（一七五七—一八二七）は、蘭学の入門書である『蘭学階梯《らんがくかいてい》』（天明三年〈一七八三〉）を著すとともに、天明六年（一七八六）に江戸に蘭学塾「芝蘭堂《しらんどう》」を設け、江戸における蘭学研究の中心的な役割を果たした。なお、芝蘭堂では、寛政六年（一七九四）から蘭学者が集まって太陽暦の新年を祝う新元会（阿蘭陀《オランダ》正月）が開かれた。その大槻玄沢の門人、稲村三伯《いなむらさんぱく》（一七五八—一八一一）らは、オランダ人ハルマの『蘭仏辞典』を翻訳した蘭和辞典『ハルマ和解《わげ》』を寛政八年に完成させ、オランダ語の学習を助けて蘭学の普及と発展に貢献した。

オランダ語は、一八世紀後半から一九世紀初頭に始まるロシアの蝦夷地接近、使節の来日と交渉な

図 70　大槻玄沢

図 69　宇田川玄随

図 71　稲村三伯

ど対外的危機が生まれたため、海外情勢を知る上でその重要性が強まった。そのうえ、オランダ通詞ら日本人のオランダ語能力も向上していった。またその頃から、ロシア、イギリスなどとの接触や交渉も始まり、ロシア語、英語の習得が一部で始まった。

図72　朽木昌綱

蘭学の発展—天文学

天文学の分野では、大坂の麻田《あさだ》剛立《ごうりゅう》（一七三四—九九）とその弟子である高橋至時《よしとき》（一七六四—一八〇四）、間重冨《はざましげとみ》（一七五六—一八一六）が、西洋天文学に基礎づけられた中国の天文学書、つまり漢訳洋書である『崇禎暦書《すうていれきしょ》』『暦象考成《れきしょうこうせい》』などにより西洋天文学を研究し、さらに『霊台儀象志《れいだいぎしょうし》』を参考にして改良・考案した観測機器を用いて天体観測をおこなった。このような理論と実践の積み重ねにより、日本の天文暦学は新時代を築き上げていった。高橋至時は、幕府の天文方《かた》に登用され、西洋天文学・暦法に基づいた『寛政暦《かんせいれき》』（寛政一〇年〈一七九八〉施行）を完成している。

またこの時期には、「蘭癖《らんぺき》」といわれた薩摩藩主の島津重豪《しげひで》（一七四五—一八三三）や丹波福知山《ふくちやま》藩主の朽木《くつき》昌綱《まさつな》（一七五〇—一八〇二）などの大名がいた。玄白の『蘭学事始』によれば、オランダ渡りの舶来品を珍品として貴び、好事家《こうずか》が競って買い求めたため、時計や千里眼、天気験器、寒暖験器、震

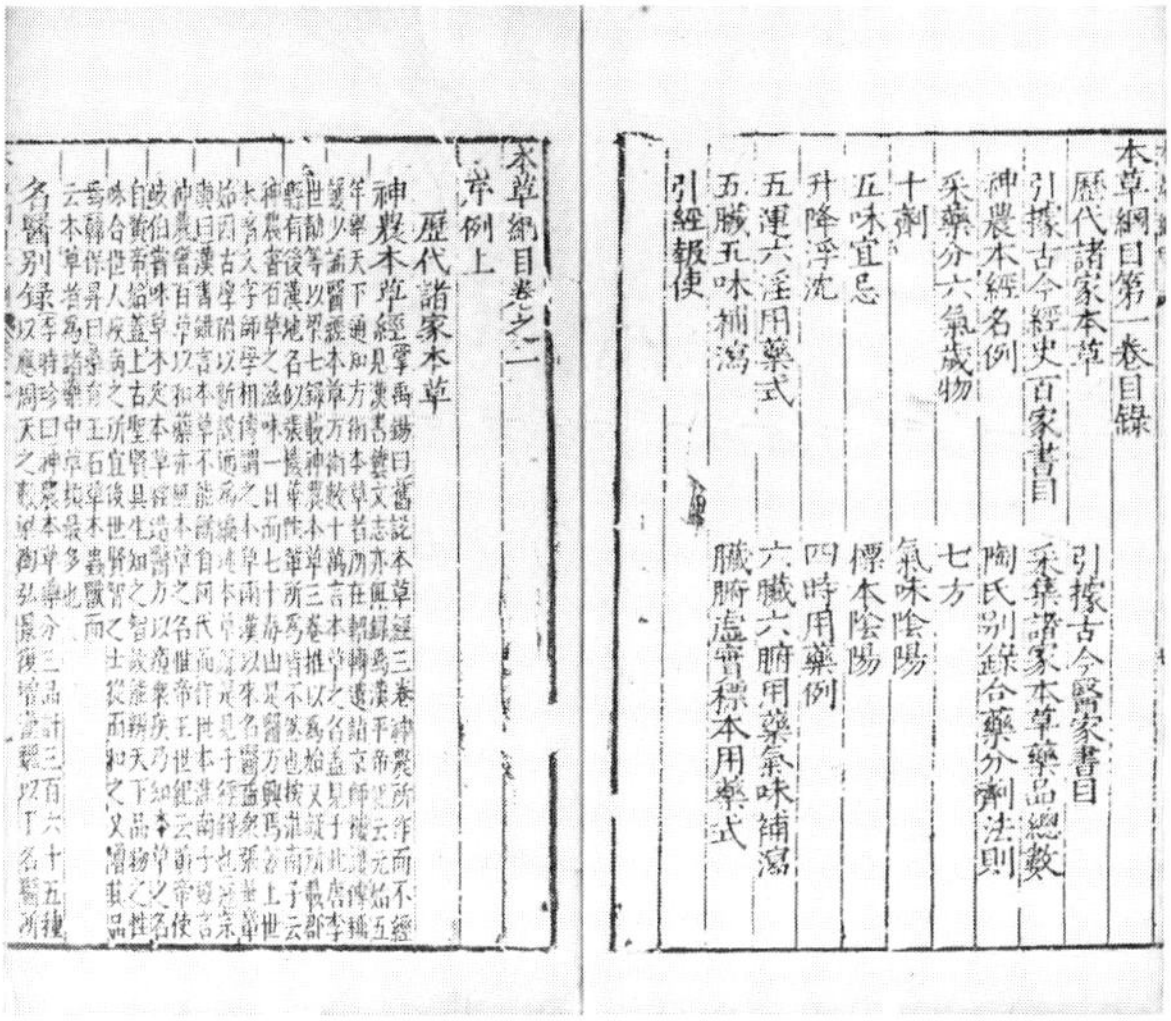
本草綱目第一卷目録
歴代諸家本草
引據古今經史百家書目　引據古今醫家書目
神農本經名例　采集諸家本草藥品總數
采藥分六氣歳物　陶氏別録合藥分劑法則
十劑　七方
五味宜忌　氣味陰陽
升降浮沈　標本陰陽
五運六淫用藥式　四時用藥例
五臓五味補瀉　六臓六腑用藥氣味補瀉
引經報使　臓腑虚實標本用藥式

本草綱目卷之一
序例上
歴代諸家本草
神農本草經
名醫別録

図 73 『本草綱目』

図 74 稲生若水

図 75 小野蘭山

撼雷験器などの器物が毎年のように輸入されたという。後には、無用の玩物《がんぶつ》で無駄、と罵られることになる珍品奇品がもたらされたのである。そのような雰囲気のなかで、平賀源内《ひらがげんない》が、明和元年（一七六四）に火浣布《かかんぷ》（石綿で作った不燃性の布。実用性はなかった）を創製し、エレキテル（静電気を発生させる摩擦起電機。見せ物として利用される）を完成させたのは安永五年（一七七六）のことで、いかにも蘭癖や好事家が飛びつきそうな器物である。

古代中国で、自然に存在する動植物・鉱物から有用な薬物を見いだす研究が始まり、おもに植物（草）を対象とする本草学《ほんぞうがく》とよばれる学問が生まれた。明《みん》の時代に本草学を集大成した李時珍《りじちん》『本草綱目《ほんぞうこうもく》』が江戸時代にもたらされ、貝原益軒《えきけん》や稲生若水《いのうじやくすい》、さらに小野蘭山《おのらんざん》に至り、日本の本草学は博物学としての内実をもつ学問に発展していった。そしてそれは、有用な鉱物の発見や産物の生産にまで進もうとし、たんなる本草学から、新たな産業を生み出す生産技術の開発とその商品化にまで発展しようとしていた。その潮流のなかに田村藍水《たむららんすい》や平賀源内らがいた。

蘭学や本草学などの新たな学問と知識を、どのように実際の殖産興業や新たな経済政策、ひろくは幕府の対外政策を含む新たな諸政策に結びつけて活用するのか、またそれをいかにして独占するのかが幕府の政治課題でもあった。

世界地理への関心と経世論

ロシアの蝦夷地接近をきっかけとして、中国、朝鮮、琉球だけではない日本周辺地域の地理、さらに日本への接近が予感された西洋世界への関心が、日本人の世界地理への知識欲を高めることになった。幕府が対外政策をたてるうえで、世界地理や西洋情勢の知識を必須としたことはいうまでもない。

一八世紀半ば以降の日本人の世界地理に関する知識に決定的な影響を与えたのが、ドイツ人ヒュブネルが一六九四年に書いた世界地理書であった。同書は、世界各国で翻訳されその死後も増補されたが、日本へは一七六〇年代にオランダ語訳が多数輸入され、オランダ通詞や蘭学者に所蔵された。当時の日本人は、ヒュプネルの世界地理書をオランダ語に翻訳した本を「ゼオガラヒー」とよんだ。なお「ゼオガラヒー」とは、オランダ語で地理学という意味である。

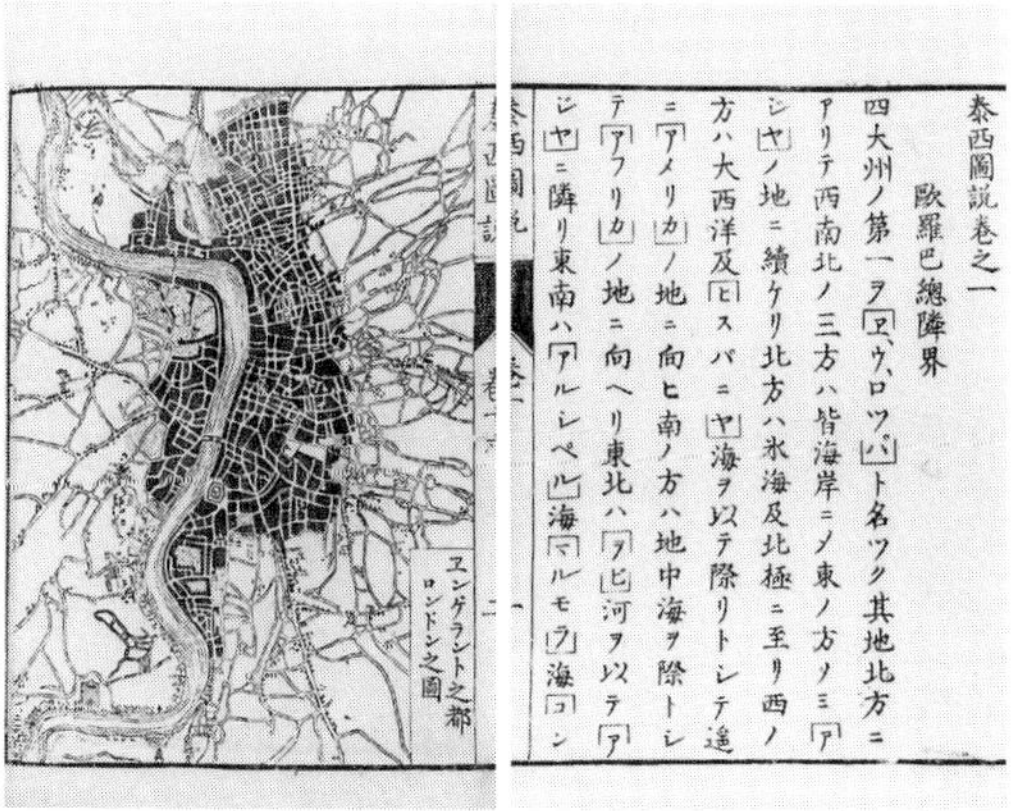

図 76 『泰西輿地図説』

日本人のオランダ語学力の向上もあいまって、同書の翻訳が試みられた。丹波福知山藩主の朽木昌綱は、苦労の末に『泰西輿《たいせいよ》地《ち》図《ず》説《せつ》』一七巻を完成し、寛政元年（一七八九）に刊行された。オランダ通詞で蘭学者の本木良永《もときりょうえい》は、翻訳して

図 77　林子平

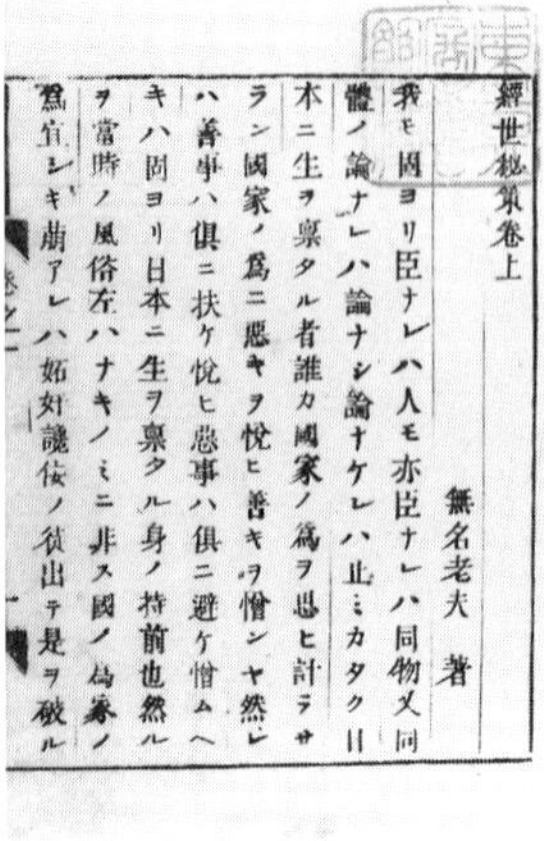

經世秘策巻上

無名老夫 著

我モ國ヨリ臣ナレハ人モ亦臣ナレハ同物又同體ノ論ナレハ論ナシ論ナケレハ止ミカタク日本ニ生ヲ禀タル者誰カ國家ノ為ヲ思ヒ計ラサラン國家ノ為ニ悪キヲ悦ヒ善キヲ憎ンヤ然レハ善事ハ倶ニ扶ケ悦ヒ悪事ハ倶ニ避ケ憎ムヘキハ固ヨリ日本ニ生ヲ禀タル身ノ持前也然ルヲ當時ノ風俗左ハナキノミニ非ス國ノ爲筭ノ爲宜シキ前アレハ姤妬讒佞ノ徒出テ是ヲ破ル

図 78　『経世秘策』

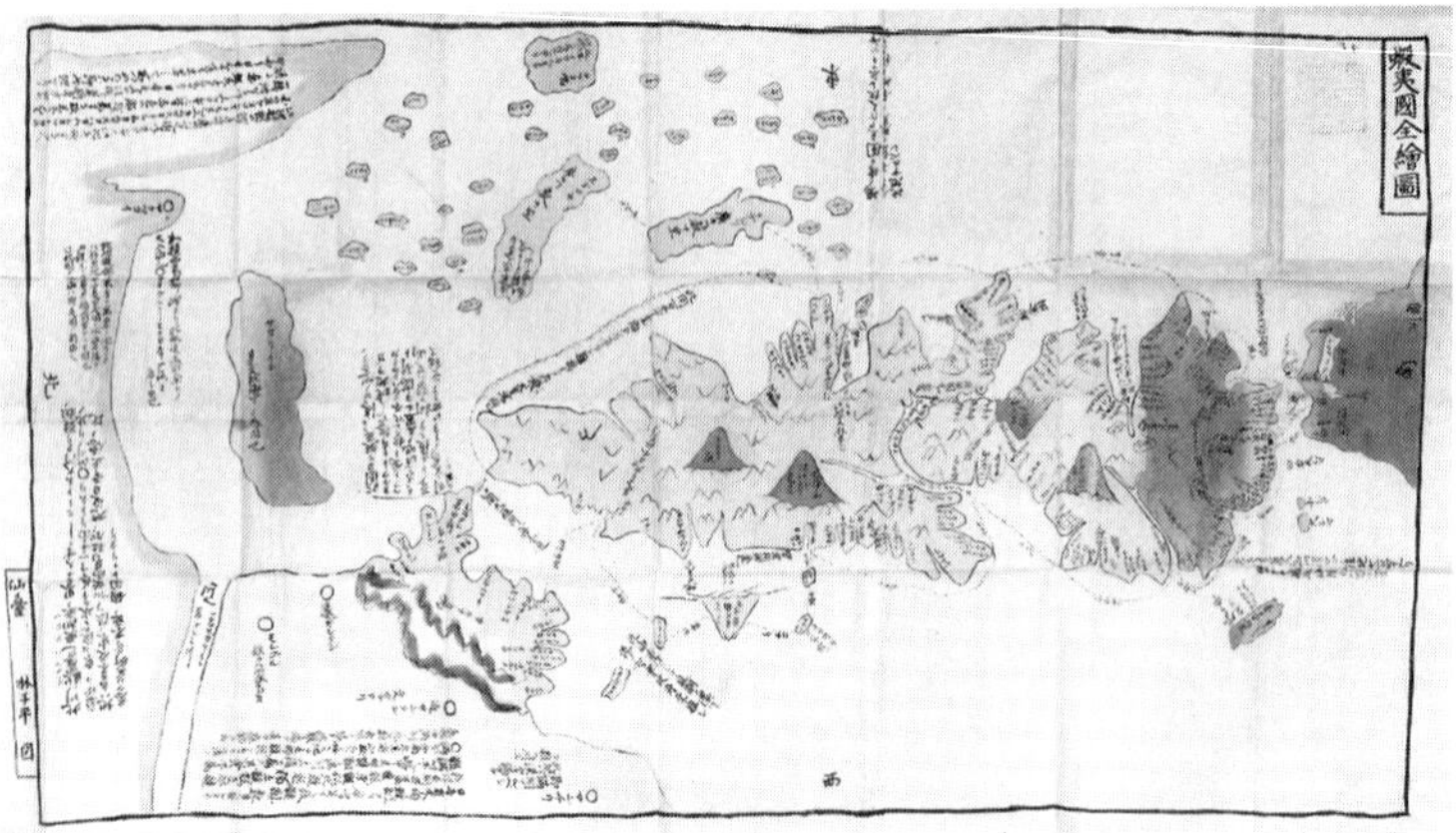

図 79　『三国通覧図説』

『和蘭地図略説《おらんだちずりやくせつ》』を著した。これらにより、西川如見《じょけん》『華夷通商考《かいつうしょうこう》』、新井白石『采覧異言《さいらんいげん》』段階の日本人の世界地理認識を一新させることになった。こうして、一八世紀後半以降の日本人は、ロシアによる蝦夷地接近、イギリスを先頭にした西洋列強のアジア進出の事実を知ったのである。世界地理に対する学問的な関心の高まりには、ロシアやイギリスなどの新たな勢力の日本周辺への登場が大きな影響を与えた。

ロシアの接近は、北方地域への地理的関心を高めるとともに対外的な危機を予感させ、それにいかに対応するのかが議論されるようになった。そこでは、おもに蝦夷地の処置とロシアへの対応策を論じる経世論、海防論が提起された。その代表的な学者の一人が、林子平《しへい》（一七三八—九三）である。子平は、天明五年（一七八五）に『三国通覧図説《さんごくつうらんずせつ》』を著し、朝鮮・琉球・蝦夷地の地図を掲げてその地理と風俗を解説し、とくに蝦夷地については、開発することによりロシアの進出に対抗すべきであると提案した。その翌年には『海国兵談』を書き、対外的危機とそれへの軍事的対応の必要性を論じた。蝦夷地開発とロシア貿易を説いた本多利明（一七四三—一八二〇）も、同じような時期に北方問題の著述や発言がある。しかし、『経世秘策《けいせいひさく》』『西域物語《せいいき》』などの主要な著作は、少し後になる一八世紀末のものである。

ロシアの蝦夷地接近は、地理学を発展させ、海防論、経世論などの政治論を活発にさせるきっかけとなった。危機が深刻化すればするほど、世界地理や国際情勢に関する情報、そして優れた西洋の軍事に関する技術・知識が求められるようになり、そのための学問、すなわち洋学が発展してゆく背景となったのである。また、そのような知識を基礎に、対外的危機に対応するための政策論、政治論がいっそう活発になっていく。さらに、科学技術や軍事に優れた未知の欧米諸国の接近と対外的な危機の発生は、自国認識、日本の伝統への関心を呼び起こし、国学の発展をも促進していく。

儒学の動向

江戸時代を通じて、儒学が基本的な学問であり続けた。一八世紀後半以降、藩政改革の特徴のひとつとして、藩士教育の重視が挙げられ、そのなかで儒学、とくに朱子学が大きな役割を果たすようになった。

江戸時代前期にも、好学の大名が教育を重視したことはあるが、一八世紀後半からは、藩政改革のなかで新たな藩政を担う藩士を教育する機関として藩校が各地に作られ、組織的な藩士教育が進められたのである。藩校は、岡山藩池田光政が寛永一八年（一六四一）に造った花畠《はなばたけ》教場を最古として、享保四年（一七一九）の萩藩の明倫館《めいりんかん》、元文元年（一七三六）の仙台藩の養賢堂《ようけんどう》などが続く。一八世紀後半に入ると、すでに説明した熊本藩の時習館《じしゅうかん》が宝暦五年（一七五五）、鳥取藩の尚徳館《しょうとくかん》が同六年、松江藩の文明館が同八年、鹿児島藩の造士館《ぞうしかん》が安永二年（一七七三）、米沢藩の興譲館《こうじょうかん》が同五年、広島藩の学問所が天明二年（一七八二）、尾張藩の明倫堂《めいりんどう》が同三年（一七八三）、福岡藩の修猷館《しゅうゆうかん》が同四年に創立されている。このように一八世紀後半から、藩校の設立、あるいは拡充整備があい次いでいる。これら各藩における藩士教育を重視する動きは幕府にも影響を与え、幕府寛政の改革において幕臣教育

図80　藩校明倫館

の振興が打ち出され、学問所の拡充と幕府直轄化が実現することになる。そして、多くの藩校における教育を担ったのは、朱子学を修めた学者だった。

民間でも、都市を中心に郷学校《ごうがっこう》（民間の有志らが設立した学校）や私塾が武士、学者、町人の手で造られ、著名な学者の塾は多くの門人を集めた。なかでも、享保二年（一七一七）に摂津平野郷（現大阪市平野区）に設けられた含翠堂《がんすいどう》、同九年に大坂の町人によって設立された懐徳堂《かいとくどう》は有名である。懐徳堂は、朱子学を中心とした研究と教育を行い、幕府の援助もうけて発展した。そのなかから、『出定後語《しゆつじようごご》』で仏教を批判した富永仲基《とみながなかもと》（一七一五—四六）、『夢《ゆめ》ノ代《しろ》』で地動説、無神論、神話批判など合理的な思考を展開した山《やま》片蟠桃《がたばんとう》（一七四八—一八二一）ら、江戸時代の思想史にとって異色の思想家を輩出した。一八世紀末には朱子学者中井《なかい》竹山《ちくざん》（一七三〇—一八〇四）が中心となり、全盛期を築いた。

このような都市における郷学校と私塾の隆盛と、藩の文教を重視した政策による藩校の設立や充実が進むと、農村部でも教育がさかんになり、とくに一九世紀に入ると寺子屋など庶民の子弟向けの教育機関が続々と誕生し、その様相は「教育爆発」とも称されるほどである。それより以前、石田梅岩《いしだばいがん》（一六八五—一七四四）は、京都の商家に奉公しながら儒教、仏教、神道を学んで心学《しんがく》（石門心学《せきもん》）をおこした。正直・倹約・孝行など日常生活の倫理の実践を説き、それを踏まえた商業活動や致富の正当性を主張し、町人道徳として確立した。弟子の手島堵庵《てしまとあん》（一七一八—八六）は、各地に心学講舎《こうしゃ》を設け、平易な道話《どうわ》（心学の講師が聴衆に語りかけた話）を通して心学の普及をはかった。その弟子の中沢道二《なかざわどうに》（一七二五—一八〇三）は、江戸にも広め、松平定信ら幕藩領主にも接近した。一八世紀末以降、藩政改革を推進していた諸藩に招かれて領民教化のための道話をおこない、心学は全国的に普及していった。

図81　中井竹山

図82　石田梅岩

藩校や私塾で教育された学問は、多くが儒学であり、なかでも朱子学が中心だった。その背景には、儒学そのものの動向があった。一八世紀半ばまでは、荻生徂徠《おぎゅうそらい》の古文辞学《こぶんじ》、すなわち徂徠学が隆盛で、その学問の手法は国学や洋学にまで大きな影響を与えるほどだった。しかし、一八世紀の後半以降は、古文辞学を批判し、儒学の諸学派の学説を取捨選択しようとする折衷《せっちゅう》学派、さらには実証的な学風の考証《こうしょう》学派などが登場して徂徠学は衰退した。そのなかで朱子学が、幕府寛政の改革において「正《せい》学《がく》」とされ、幕府の学問所の正統な学問となったことに見られるように、朱子学が重視されるようになった。武士の基礎教養、倫理の重視という要請が、藩校や私塾での朱子学中心の教育を生んだのである。ただし、一九世紀半ばに近づくと、国学や洋学も教育されるようになっていく。

なお、すでに紹介したように、熊本藩は、宝暦七年（一七五七）に医師の教育、再教育機関として医学寮、再春館を創設した。薩摩藩は安永三年（一七七四）に医学院、和歌山藩は寛政四年（一七九二）に医学館、松江藩は文化三年（一八〇六）に存済館を創設し、幕府も、奥医師多紀氏が明和二年（一七六五）に創立した躋寿館《せいじゅかん》を、寛政三年（一七九一）に直轄の医学館として拡充整備した。このように幕府や藩は、一八世紀後半以降、医学教育にも力を入れ始めている。なお、国学の発展については、「四　藩政改革と朝廷の新動向」で説明した。

田沼時代の終焉—エピローグ

田沼意知の横死と世間

田沼意次の息子、田沼意知《おきとも》（一七四九—八四）は、天明元年（一七八一）一二月に部屋住《へやず》みながら奏者番、ついで同三年一一月に若年寄に昇進、そのさい時おり奥勤めをするように命じられ、奥勤めを兼ねた若年寄になった。この結果、父意次は奥兼帯の老中、息子意知は奥兼帯の若年寄になった。田沼家の比類なき権勢を象徴する人事であると同時に、権力を意次から意知へ、つまり父から子へ継承することを意図した布石であった。その意知に刃傷《にんじょう》に及んだ佐野善左衛門に仮託《かたく》される斬奸状《ざんかんじょう》には、「勤功《きんこう》の家柄の者を差し置き、天下御人もこれ無きように、部屋住みより若年寄に致し候」と、意知の若年寄就任が意次の罪状の一つにあげられ、この人事の異常さと人びとの不満、疑念の強さをよく示している。

天明四年（一七八四）三月二四日、新番組（幕府旗本の軍事組織で、寛永二〇年〈一六四三〉創設）蜷川《にながわ》相模守親文《ちかぶん》組の番士で知行五〇〇石の旗本佐野善左衛門政言《まさこと》が、警備のために詰めていた江戸城内新番組の詰所前を通りかかった田沼意知に襲いかかった。大目付、目付、勘定奉行以下一六名もの役人がいるなかで意知ひとりに斬りつけ、しかも逃げる意知を追い駆けて切り倒しているところをみると、

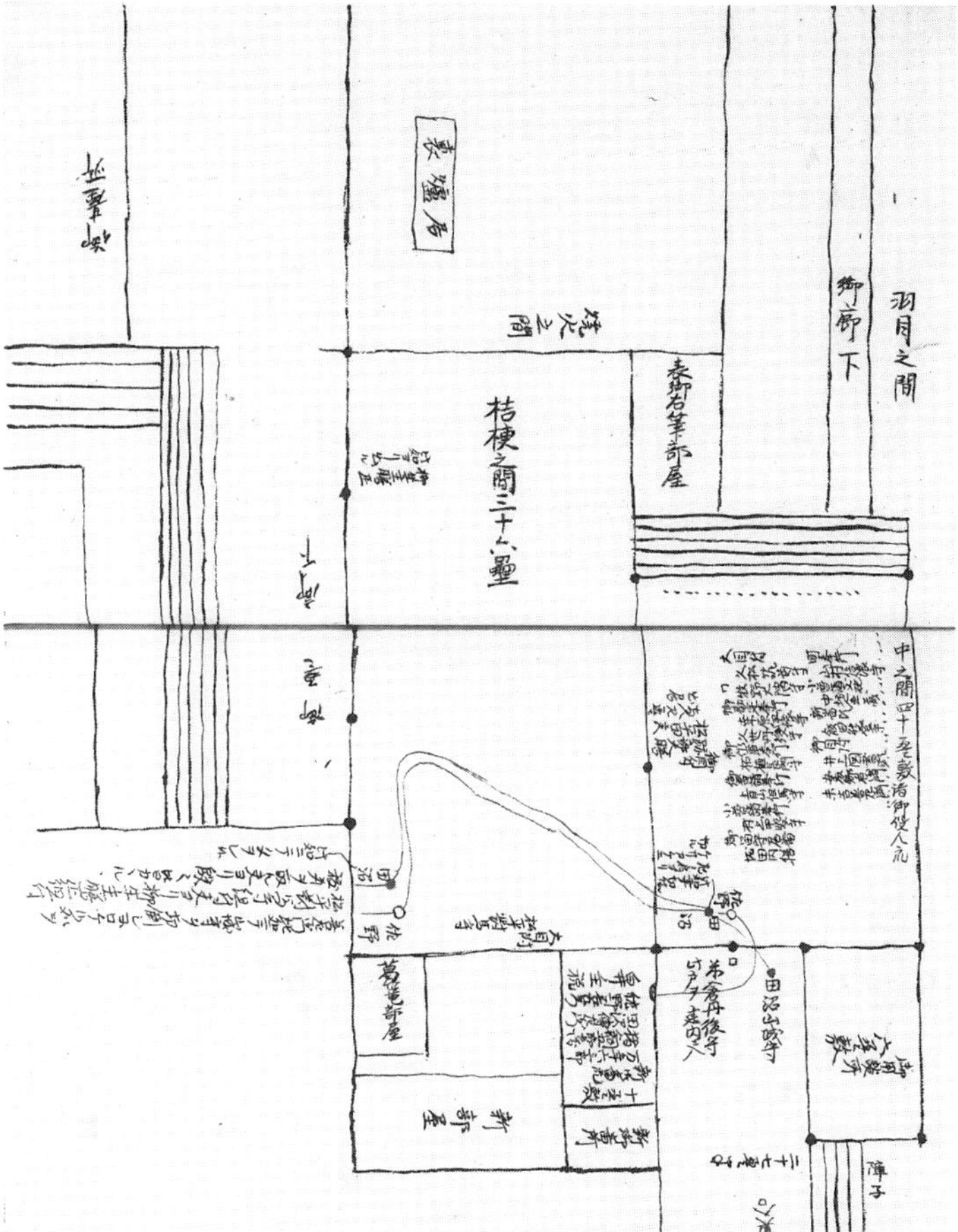

図 83 「刃傷」の略図（『営中刃傷記』）

意知を狙った意図的な凶行の可能性を否定できない。意知は深手を二カ所おい、二六日に死亡したという（公表された死去日は四月二日）。刃傷事件は佐野善左衛門の乱心が原因と評定所で判定され、五月四日に切腹が申し渡され落着した。

この事件に対する世間の受けとめ方は、はっきりしていた。これをきっかけに、意次への批判や反感がいろいろな形で噴き出した。佐野善左衛門が葬られた東本願寺中の神田山徳本寺《とくほんじ》には、老若貴賤が蟻のように群参し、本堂の賽銭箱には、毎日一四、五貫文もの銭が入れられたという。その背景には、おりからの飢饉があった。天明二年（一七八二）は冷害、同三年は浅間山の大噴火などにより凶作となり、天明四年は大飢饉に見舞われた。全国的に米の価格が高騰し、江戸ではとくに下層の町人が日々の暮らしに苦しんでいた。ところが、佐野が切腹した翌日（あるいは刃傷事件の翌日ともいう）から、米の値段が下がり始めたため、人びとは、諸人お救いのためにこの世に生まれたのだ、と佐野を神に祭り上げ、世直し大明神と唱えあがめたという。

それと対照的なのが田沼意知の葬列だった。神田橋の上屋敷から田沼家の菩提寺、駒込の勝林寺《しょうりんじ》に向かうとき、石が投げつけられ、悪口を浴びせかけられたという。米価高騰の一因に田沼政権の無策があると認識し、意次の政治への積もり積もった鬱憤《うっぷん》を晴らすという意味が込められていたのだろう。

田沼失脚の第一段階

意次の後継者として田沼家の権勢を継承する可能性が大きかった田沼意知の死は、政治的にきわめて大きな出来事だった。田沼意次あるいは将軍家治の

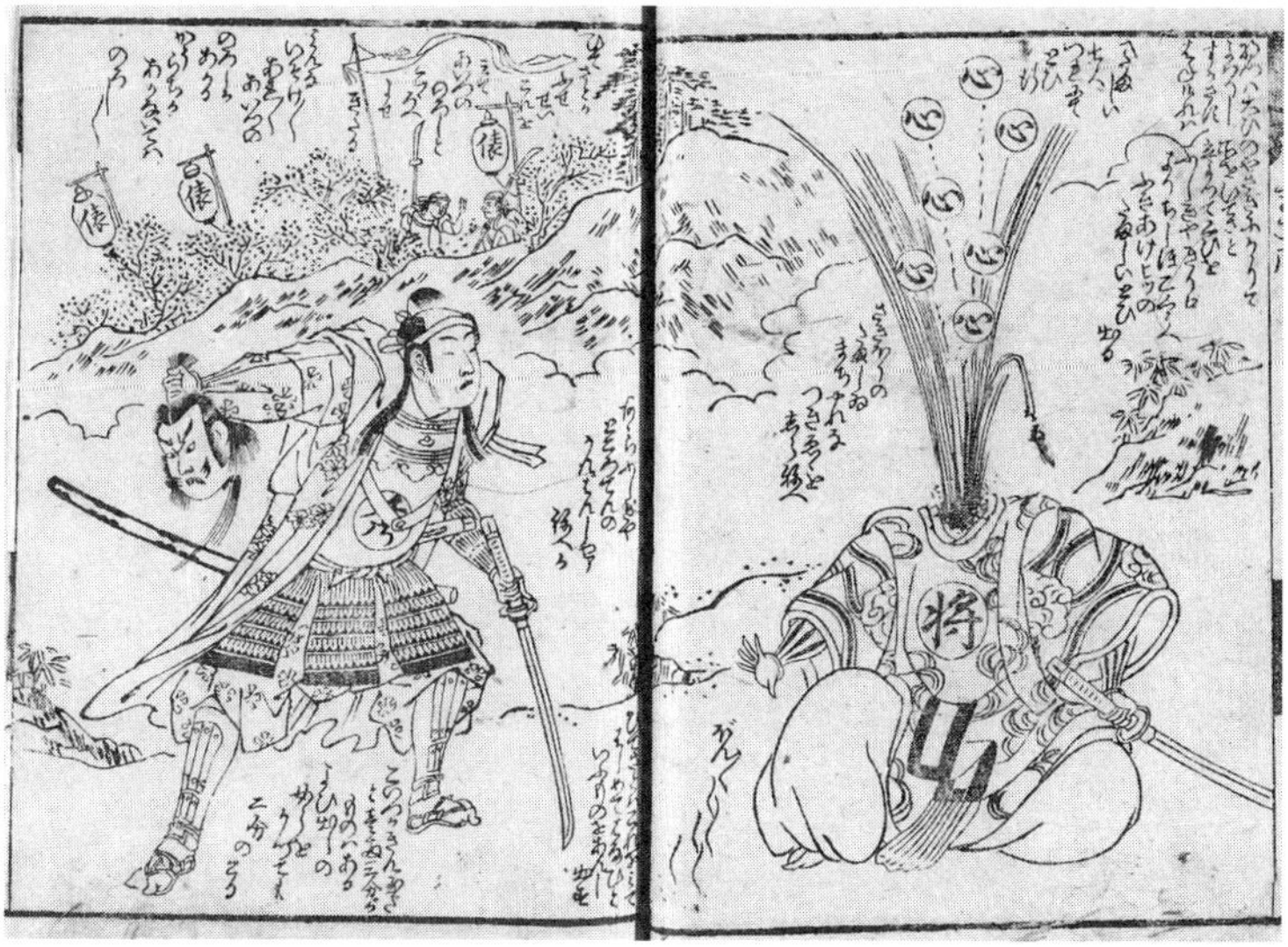

図 84　田沼意知殺傷事件を風刺した黄表紙（山東京伝『時代世話二挺鼓』）

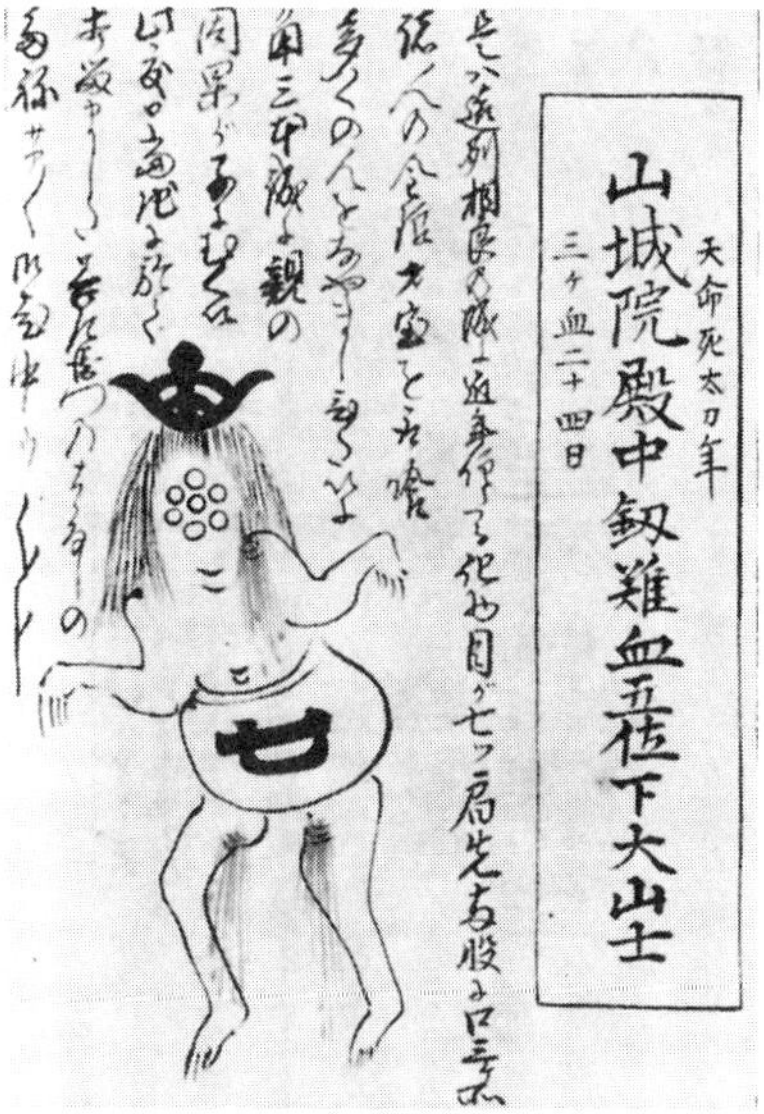

図 85　七つ目小僧（『古今百代草叢書』七つ日は田沼家の七曜紋による。）

死のいずれかにより、田沼家の権勢も終焉を迎えることが見えてきた。事件後の落首《らくしゅ》「丸尽《まるづ》くし」に「田沼にけちがはじまる」とある。まさに意次にけちがつき始め、田沼家の権勢の終りは意知の死からわずか二年五カ月後にやってきた。

意次の失脚は、出世の足取りに比べ釣瓶落《つるべお》としのような速さだった。しかし、一度に完全に失脚したわけではなく、

① 天明六年（一七八六）八月二七日の老中辞職
② 同年閏一〇月五日の二万石と大坂蔵屋敷を没収された処罰
③ 天明七年一〇月二日の二万七〇〇〇石の没収と隠居の処罰

という三段階をたどっている。

田沼意次の辞職は処罰としての老中罷免ではなく、病気を理由に願い出ての免職、つまり依願免職の形だった。田沼が八月二七日に老中を辞職したのは、意次の権勢の根源である将軍家治の死と密接にかかわっていた。家治の死は、旗本森山孝盛《たかもり》の日記（「自家年譜」）の八月二五日条に「今暁御他界《ごたかい》の由」と書かれているので、八月二五日（公式発表は九月八日）の明け方らしい。将軍家治が二五日に死亡し、意次が二七日に老中を辞めたのである。

意次は、八月一一、一二の両日は病気で欠勤、一九日は登城し、意次が推薦し奥医師に昇格した医師両名の誓詞《せいし》提出に立ち会い、二〇日は、寛永寺の有徳院《ゆうとくいん》（徳川吉宗）廟に代参している。ところが、

家治の病状が重篤になった二二日から、病気を理由に登城しなかった。そして、二七日に依願免職になった（「江戸幕府日記」）。

この間に、重態に陥った将軍家治が意次に嫌疑を抱いていると告げ、辞職すべきだと意次に勧告した者（おそらく老中水野忠友）がいた。将軍の不興《ふきょう》、勘気《かんき》（機嫌をそこない、とがめられること）を理由に、何回にもわたって辞職勧告をうけた。意次は、将軍の態度の急変を信じられなかったものの辞職を願い出た。形式は依願免職だが、老中を辞職せざるを得ない状況に追い込まれたらしい。

失脚の真相

意次の老中辞職は、天明六年八月下旬の政局と密接に関わっている。貸金会所を設立するための全国御用金令が八月二四日に、さらに、大和金峰山《きんぷせん》の開発と下総印旛沼の新田開発がいずれも同時に中止されている。意次色の濃い田沼政権にとって重要な諸政策が、ことごとくいっせいに中止になった。つまり、政権の重要政策がことごとく行き詰まり、立ち往生するという深刻な事態に、将軍の危篤、そして死去という重大事が重なるなか、政治責任をとらされたのが真相だろう。将軍が健在ならば、政治上の失態、政策の失敗により行き詰まった政局を打開するため、老中を罷免し謹慎させるのが江戸幕府の普通のやり方だろう。首のすげ替え、トカゲの尻尾きりである。意次の場合、将軍が危篤の状態だったことが幸いし、とりあえず依願免職で済んだともいえる。

田沼意次が辞職するや、田沼家と姻戚関係を結び引き立てられた者たちが田沼家を見限り、身に累《るい》の及ぶのを防ぐため意次との関係を切っていった。意次の二男意正《おきまさ》を養子に貰い、その縁戚関係が功を奏して、七〇〇〇石の旗本から駿河沼津三万石の大名になり、老中にまで出世した水野忠友は、意正を離縁して縁を切った。意次の長男、意知に娘を嫁がせた老中松平康福《やすよし》も絶縁、奥医師の千賀道隆《せんがどうりゆう》も「義絶」〈意次の愛妾が道隆の妹〈道隆の父道有《どうゆう》が仮親《かりおや》なので、擬制的ではあるが妹〉〉を幕府に届け出ている。意次は、もっとも濃い姻戚関係にあった盟友ともいうべき水野忠友、松平康福、千賀道隆らから、老中を辞職してまだ日の浅いうちに「離縁」「義絶」を突きつけられたのである。

田沼失脚の第二段階と御三家

政策の行詰り、立ち往生による辞職なのだから、依願免職で収まるはずはなく、将軍家治の葬礼が一段落つくと、田沼の政治責任を問う声が沸《わ》きあがってきた。天明六年閏一〇月五日、二万石の没収、大坂蔵屋敷と神田橋の上屋敷の返上、そして謹慎が申し渡された。なお同じ日に、田沼の積極的な経済政策を担った勘定奉行松本秀持《ひでもち》も、罷免と二五〇石の没収、そして小普請《こぶしんい》入りを申し渡された。

新将軍家斉《いえなり》の実父、徳川〈一橋〉治済《はるさだ》と御三家は、田沼政治の行き詰まりを打開し、幕府政治を転換させようと動いた。田沼意次を厳罰に処して田沼政治を否定し、幕政転換のため老中に松平定信を送り込もうとして暗闘を繰り広げた。御三家は、一〇月二三日に江戸城へ出仕《しゆつし》したさいに、大老井伊直幸、老中松平康福、同水野忠友に意見書を渡し、田沼意次は将軍を蔑《ないがし》ろにし独断専行で幕政をとり仕切り、不正な政策を実行した重大な政治責任があるにもかかわらず、老中免職だけでは軽すぎるので厳罰を加えるべきだと迫った。さらに幕府政治の現状について、

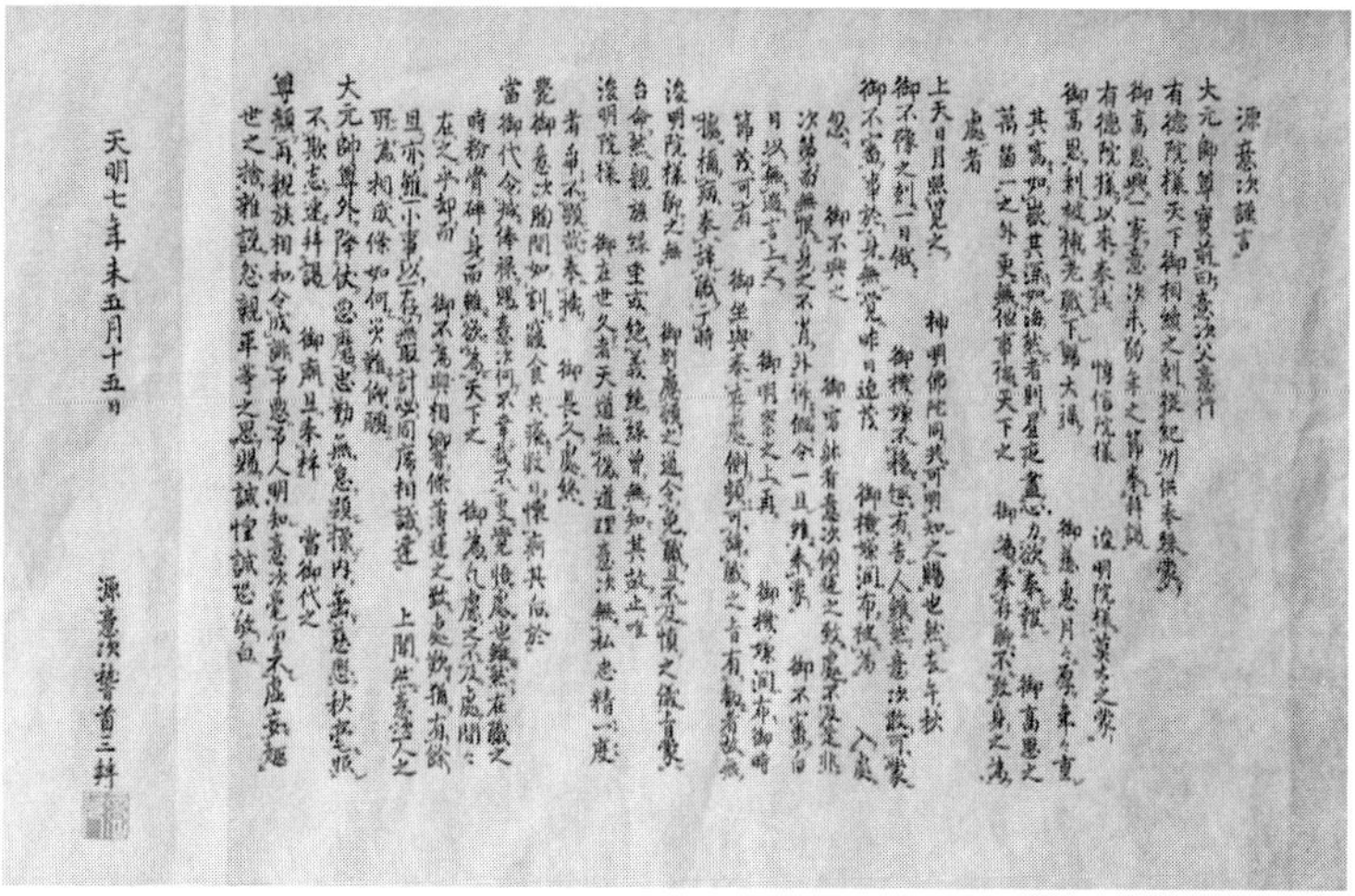

図86　田沼意次の「上奏文」

①　世上一般に風儀が悪くなり、利欲を第一とする風潮が蔓延《まんえん》したこと

②　「御益」を唱え新たに運上《うんじょう》を押しつけたため、人心が幕府から離反したこと

③　幕府役人たちは清廉潔白の風儀を失って権威に媚《こ》びへつらい、その出世も賄賂や権門との姻戚関係によりおこなわれていること

などをあげ、「享保の御仁政」に戻すため幕政改革が必要だと主張した。そのためには老中に人を選ぶことを求め、暗に松平定信を推薦した。

失脚の第三段階

天明七年一〇月二日、田沼意次に二度目の処罰が申し渡された。在職中の不正を将軍家斉が知ったこと、そのうえ先代将軍家治も病気中に不正を知って処罰を指示したという理由をあげ、二万七〇〇〇石の没収と隠居、謹慎を命じられた。まさに厳罰であった。さらに田沼家の家督を継ぐ意次の孫（意知の子）、龍助《りゅうすけ》には同日、将軍の恩典として一万石を与え、大名家としての存続を許すことが申し渡された。しかし、相良城は没収され（のち破却）、田沼家は無城の格式になり、のちに陸奥信夫郡下村（現福島市）へ所替を命じられた。

このような厳しい処罰が行われた理由は、老中に就任した松平定信を中心に、寛政の改革が天明七年六月に始まったことにある。定信が天明六年末、あるいは天明七年初めに将軍に提出したといわれる意見書（辻善之助『田沼時代』）のなかで、

中にも主殿頭《とのものかみ》（田沼意次）、心中《しんちゅう》その意を得ずと存じ奉り候に付き、さし殺し申すべしと存じ、懐剣《かいけん》までこしらえ申し付け、一両度まかり出で候ところ、

と書いている。つまり、定信は二度までも刺し殺そうと決意したほどの憎悪を意次に抱いていた。その定信が、老中に就任し幕政改革を開始したのだから、なお三万七〇〇〇石の大名にとどまる意次を、放っておくはずがなかった。しかも、改革政治を遂行するためには、田沼の政治との違いを際立たせる演出も必要である。田沼の政治を全否定し決別した姿勢をみせるには、意次に厳罰を科すのが最も効果的である。

五万七〇〇〇石から一万石の小大名に転落した田沼家では、家臣団を大幅に減少せざるを得なかったが、暇《いとま》を出した家来には禄高に応じて手当金を支給し、後の生活への手厚い配慮を欠かさなかった。また、藩再建のため、藩機構の要となる家老と用人を新たに決めることになり、その決定を選挙でお

こなった。田沼家の重臣一八名を候補者とし、それ以外の家臣の記名投票により決定したのである。家の都合で暇を出した家来に手厚い手当を支給し、家老と用人を家臣団の選挙で決めた。ここに田沼意次と田沼時代の真骨頂をみることができるだろう。

こうして田沼意次は完全に失脚し全面的に否定され、田沼時代は完全な終焉を迎えたのである。しかし、田沼時代の何が否定され何が引き継がれたのかは、寛政の改革とその後の政治や社会の動きのなかに確認する必要がある。

参考文献

磯前順一・小倉慈司『近世朝廷と垂加神道』ぺりかん社、二〇〇五年
岩崎奈緒子「十八世紀後期における北辺認識の展開」藤井譲治他編『大地の肖像』京都大学学術出版会、二〇〇七年
大石慎三郎『田沼意次とその時代』岩波書店、一九九一年
大石慎三郎「大岡越前守忠相日記とその史料価値についての若干の考察」『日本歴史』二八九号、一九七二年
大石慎三郎「宝暦・天明期の幕政」『岩波講座日本歴史』11 近世3、一九七六年
大谷貞夫『近世日本治水史の研究』雄山閣出版、一九八六年
落合　功「国益思想の形成と池上幸豊」『日本歴史』六四一号、二〇〇一年
賀川隆行『江戸幕府御用金の研究』法政大学出版会、二〇〇二年
菊池謙二郎「松平定信入閣事情」『史学雑誌』第二十六編第一号、一九一五年
木村直樹「十八世紀の対外政策と長崎」藤田覚編『十八世紀日本の政治と外交』山川出版社、二〇一〇年
小関悠一郎「幕藩領主層の政治理念と藩政改革」藤田覚編『十八世紀日本の政治と外交』山川出版社、二〇一〇年
今田洋三「宝暦期の社会と文化」『講座日本近世史5　宝暦・天明期の政治と社会』有斐閣、一九八八年
佐々木潤之介『幕末社会の展開』岩波書店、一九九三年
佐藤雄介「十八世紀の京都所司代と朝廷」『論集きんせい』二九、二〇〇七年
城福　勇『平賀源内』（人物叢書）吉川弘文館、一九七一年
城福　勇『平賀源内の研究』創元社、一九八〇年
鈴木康子『長崎奉行の研究』思文閣出版、二〇〇七年

平　重道「近世の神道思想」『日本思想大系39　近世神道論・前期国学』岩波書店、一九七二年
高澤憲治「田沼意次の勢力伸長」『学習院大学史料館紀要』創刊号、一九八三年
高澤憲治『松平定信政権と寛政改革』清文堂出版、二〇〇八年
高槻泰郎『近世米市場の形成と展開』名古屋大学出版会、二〇一二年
高橋圭一『実録研究』清文堂出版、二〇〇二年
竹内　誠『寛政改革の研究』吉川弘文館、二〇〇九年
塚本　明「都市構造の転換」『岩波講座日本通史』第14巻　近世4、一九九五年
辻善之助『田沼時代』日本学術普及会、一九一五年、岩波文庫、一九八〇年
辻　達也『徳川吉宗』（人物叢書）吉川弘文館、一九五八年
辻　達也・松本四郎「御取箇辻書付および御年貢米・御年貢金其外諸向納渡書付について」『横浜市立大学論叢』第15巻、一九六四年
中井信彦『転換期幕藩制の研究』塙書房、一九七一年
永積洋子「一八～一九世紀はじめの日本におけるオランダ語学力の向上とロシア問題」『東洋学報』七八―四、一九九七年
永原健彦「河岸問屋株をめぐる諸動向」博士論文（東京大学）『近世の内水面舟運と社会構造』第二部第四章
難波信雄「寛政の改革」『講座日本近世史5　宝暦・天明期の政治と社会』有斐閣、一九八八年
日本学士院『明治前日本天文学史　新訂版』臨川書店、一九七九年
林　基「宝暦天明期の社会情勢」『岩波講座日本歴史』12 近世4、一九六三年
深井雅海『徳川将軍政治権力の研究』吉川弘文館、一九九一年
深井雅海『日本の近世3　綱吉と吉宗』吉川弘文館、二〇一二年

深谷克己「一八世紀後半の日本」『岩波講座日本通史』第14巻 近世4、一九九五年
藤田 覚『近世政治史と天皇』吉川弘文館、一九九九年
藤田 覚『近世の三大改革』山川出版社、二〇〇二年
藤田 覚『近世後期政治史と対外関係』東京大学出版会、二〇〇五年
藤田 覚「伊達家文書のなかの田沼意次」『論集きんせい』二八、二〇〇六年
藤田 覚『田沼意次』(ミネルヴァ日本評伝選) ミネルヴァ書房、二〇〇七年
藤田 覚『天皇の歴史06 江戸時代の天皇』講談社、二〇一一年
藤田 覚『泰平のしくみ』岩波書店、二〇一二年
松本寿三郎・吉村豊雄編『街道の日本史51 火の国と不知火海』吉川弘文館、二〇〇五年
道重哲男・相良英輔編『街道の日本史38 出雲と石見銀山街道』吉川弘文館、二〇〇五年
宮地正人「天皇制イデオロギーにおける大嘗祭の機能」『歴史評論』四九二、一九九一年
宮地哉恵子「「ゼオガラヒー」から『海国図志』へ」『歴史学研究』六二三号、一九九一年
山田忠雄「田沼意次の失脚と天明末年の政治状況」『史学』第四十三巻第一・二号、一九七一年
山田忠雄「田沼政権の人脈」『週刊朝日百科日本の歴史 田沼意次と松平定信』一九八七年
山田忠雄「天明期幕政の新段階」『講座日本近世史5 宝暦・天明期の政治と社会』有斐閣、一九八八年
山田忠雄「田沼意次関係の資料批判をめぐって」『日本歴史』六三八号、二〇〇一年
山田忠雄「田沼意次の政権独占をめぐって」『史学』四十四巻第三号、一九七一年
横山昭男『上杉鷹山』(人物叢書) 吉川弘文館、一九六八年
横山則孝「家斉の将軍就任と一橋治済」『史叢』一一輯、一九六七年
渡辺 浩『東アジアの王権と思想』東京大学出版会、一九九七年

史料

『相良町史』資料編近世（一）、相良町、一九九一年
『田村藍水・西湖公用日記』（史料纂集）続群書類従完成会、一九八六年
「続淡海」『内閣文書所蔵史籍叢刊』45・46、汲古書院、一九八五年
「安永撰要類集　金銀銭両替之部」国立国会図書館所蔵「旧幕府引継書」
神沢杜口「翁草」『日本随筆大成』第三期第一九～二四巻、吉川弘文館
「蝦夷地一件」『新北海道史』第七巻史料一、北海道、一九六九年
『東京市史稿』産業篇第三十、東京都、一九八六年
森山孝盛「自家年譜」『内閣文庫影印叢刊　自家年譜』上、国立公文書館、一九九四年
図録『冷泉家の至宝展』一九九七年
『鹿児島県史料　旧記雑録追録』六、鹿児島県、一九七六年
「営中刃傷記」東京大学付属図書館所蔵南葵文庫
「松平康福日記」首都大学東京図書情報センター所蔵水野家文書
「江戸幕府日記」国立公文書館所蔵
『会津藩家世実紀』第一二巻、吉川弘文館、一九八六年
川路聖謨「遊芸園随筆」『日本随筆大成』第一期第二三巻、吉川弘文館
杉田玄白「後見草」『燕石十種』第二巻、図書刊行会、一九〇七年
新井白石『折たく柴の記』（岩波文庫）岩波書店、一九九九年
只野真葛「むかしばなし」『仙台叢書』第九巻、仙台叢書刊行会、一九二五年

伊勢貞丈「安斎随筆」『増訂故実叢書』第一八巻
海保青陵「稽古談」『日本思想大系44　本多利明・海保青陵』岩波書店、一九七〇年
「松平定教文書」東京大学史料編纂所蔵
松平定信「物価論」『日本経済大典』第一一巻、啓明社、一九二八年
喜多村香城「五月雨草紙」『新燕石十種』第二巻、図書刊行会、一九一二年
植崎九八郎「植崎九八郎上書」『日本経済大典』第二〇巻
松平定信『宇下人言・修行録』（岩波文庫）岩波書店、一九四二年
『長野県史』近世史料編第四巻（二）南信地方、長野県、一九八二年
『函館市史』通説編第一巻、函館市、一九八〇年
水口志計夫・沼田次郎編訳『ベニヨフスキー航海記』平凡社東洋文庫、一九七〇年
今出川実種「実種公記」東京大学史料編纂所蔵
『新熊本市史』通史編第三巻、近世1、熊本市、二〇〇一年
『大日本近世史料　広橋兼胤公武御用日記』七・八、東京大学出版会、二〇〇四年・二〇〇七年

略年表

西暦	和暦	事項
一六八七	貞享 四	11・16 大嘗祭、再興（のち中断）。
一六八八	元禄 元	6・6 水戸藩主徳川光圀が派遣した快風丸が松前に到る。11・12 柳沢吉保、側用人となる。
一六九四	七	4月 賀茂祭再興。
一六九五	八	3月 西川如見『華夷通商考』刊行。8月 幕府、慶長金銀の元禄金銀への改鋳を開始。
一六九九	一二	4月 幕府、長崎会所に長崎運上金を課す。
一七〇一	一四	この年、幕府、大坂に銅座を設け、全国で産出される銅を買い上げることとする。
一七〇五	宝永 二	正・28 幕府、禁裏御料を一万石増進。10月 ロシアのサンクト・ペテルスブルクに日本語学校が開設される。
一七〇八	五	閏正月 前年の富士山噴火による降灰地救済のため、全国に国役金を命じる。
一七〇九	六	正・10 五代将軍徳川綱吉、死去。4・15 間部詮房、老中格の側用人となる。5・1 徳川家宣に将軍宣下、六代将軍となる。11月 新井白石、本丸御殿中之口に部屋を与えられる。この年、貝原益軒『大和本草』刊行。
一七一〇	七	4・15 新井白石起草の改定武家諸法度の発布（賄賂禁止の条文が入れられる）。
一七一二	正徳 二	7月 幕府、幕府御用請負業者と幕府役人の贈収賄禁止の触書を出す。10・13 六代将軍、家宣死去。
一七一三	三	3・26 徳川家継、元服。3月 新井白石『采覧異言』を著す。4・2 徳川家継に将軍宣下、七代将軍となる。
一七一四	四	5・15 元禄金銀の鋳造をやめ、正徳金銀の鋳造を通達。
一七一五	五	正・11「海舶互市新例」（正徳新例）発令。貿易額と船数の順守、中国船への信牌を定める。

一七一六	享保元	7月 幕府、幕府御用請負業者へ役人とその家来への贈収賄・借金仲介を禁じる。3月 幕府、民間からの請願・献策を禁じる。4・30 七代将軍家継、死去。吉宗、将軍家相続。5・16 吉宗、間部詮房・本多忠良・新井白石ら解任、大名役の側用人廃止。旗本役側衆の中に御用取次を新設、有馬氏倫・加納久通を任命。8・13 吉宗に将軍宣下、八代将軍となる。
一七一九	四	2月 幕府、民間からの請願・献策を許可。この年、田沼意次誕生。萩藩校の明倫館創設。
一七二〇	五	5・22 幕府、二〇万石以下の大名領の河川国役普請制を定む。この年、新井白石『蝦夷志』著す。
一七二一	六	閏7月 幕府、勘定所を公事方と勝手方に分ける。
一七二二	七	5・15 幕府、勝手掛老中を置き水野忠之を任命。7・3 上げ米の制開始。同年、並河天民『天民遺言』刊行。
一七二三	八	この年、関東と上方に分かれていた幕領支配の一元化。幕府、長崎運上を五万両に定める。
一七二四	九	この年、普請役設置。幕府、印旛沼干拓工事に着手（のち頓挫）。大坂豪商出資の懐徳堂設立。
一七二七	一二	このころ荻生徂徠、将軍吉宗に『政談』を提出。
一七三二	一七	この年、幕府、畿内を除く指定河川の国役普請制を廃止（〜宝暦八年）。幕府、泉州堺煙草庖丁鍛冶三〇人に運上金上納を命ずる。この年ころ佐久間柳居撰の松尾芭蕉『俳諧七部集』成立。
一七三六	元文元	6・15 仙台藩校の養賢堂創設。
一七三八	三	5月 稲生若水『庶物類纂（内三六二巻）』刊行。11・19 大嘗祭、復活。
一七三九	四	5月 ロシアのベーリング探検隊のうちスパンベルク隊が房総半島沖に達する（「元文の黒船」）。この年、金座の座人の坂倉源次郎、『北海随筆』を著す。石田梅岩『都鄙問答』刊行。
一七四〇	五	5月 幕府、中奥役人へ訴願人・訴訟人・老中ら家臣の口利きを禁ずる。11・24 新嘗祭、再興。
一七四二	寛保二	11月 幕府、産銅不足のため長崎貿易額を半減。この年、長崎運上金を廃止。
一七四三	三	11月 幕府、勘定所へ贈物や接待を受けることを禁じる触書を出す。
一七四四	延享元	5・19 七社奉幣使を再興。9・22 宇佐宮奉幣使・香椎宮奉幣使を再興。同年、幕府領四六三

西暦	和暦	事項
		万石、年貢量一八〇万石（幕府領石高・年貢高ピーク）。このころ野呂元丈『阿蘭陀本草和解』二冊を著す。
一七四五	二	9・1 徳川吉宗、家督を家重に譲る。同日、大岡忠光、御用取次見習となる。11・2 家重に将軍宣下、九代将軍となる。この年、幕府、長崎に俵物会所設置。富永仲基『出定後語』刊行。
一七四六	三	3・21 幕府、武家諸法度を発布。8・21 竹田出雲ら『菅原伝授手習鑑』（浄瑠璃）竹本座で初演。10・25 大岡忠光、御用取次となる。12月 幕府、諸役所に二年間の経費節減を命ずる。この年、長崎会所の拝借金総額二二万両。
一七四七	四	4・16 江戸城二の丸御殿炎上。8月 松江藩（藩主松平宗衍）で藩政改革開始。9・15 田沼意次、小性組番頭格御用取次見習となる。11月 幕府、江戸札差を九組とする。同年、幕府、半田銀山を幕領に編入。幕府、大坂・下関にも長崎御用俵物会所設置。
一七四八	寛延 元	6・20 幕府、勘定奉行松浦信正に長崎奉行を兼務させる（宝暦2年2月15日まで）。8・14 竹田出雲『仮名手本忠臣蔵』（浄瑠璃）初演。閏10・1 田沼意次、御用取次見習で小性組番頭となり、一四〇〇石加増。
一七五〇	三	正・20 幕府、農民の強訴・逃散を厳禁する触書を出す。
一七五一	宝暦 元	7・18 田沼意次、御用取次となる。
一七五二	二	7月 熊本藩（藩主細川重賢）が宝暦藩政改革に着手。
一七五三	三	4・29 幕府、諸大名に一万石につき籾一〇〇〇俵の囲米を命ずる。8月 幕府、江戸市中の米を買い上げる（買米）。12・25 幕府、薩摩藩に木曾三川の治水改修工事を命ずる。この年、中村座『京鹿子娘道成寺』初演（諸作事が確立）。
一七五四	四	3・1 大岡忠光、若年寄となり奥と表の職を兼ねる。8月 美濃郡上一揆が起こる。12月 熊本藩校の時習館が開校。この年、朝鮮への銀輸出禁止。関八州綿実買受問屋を設置。

一七五五	五	2・29 幕府、諸役所の冗費節減を命じ、役所別の定額予算制度を採用。9・25 小野一吉、代官から勘定吟味役になる。
一七五六	六	5・21 若年寄大岡忠光、側用人となり若年寄を辞任。武蔵岩槻二万石の城主となる。この年、鳥取藩校の尚徳館創設。
一七五七	七	6月 桃園天皇、徳大寺公城らから『日本書紀』の講義をうける。この年、熊本藩、医学寮・再春館を創設。
一七五八	八	7月 朝廷、正親町三条公積ら天皇近習の公家を処罰（宝暦事件）。6月 松江藩の藩校の文明館（のち明教館と改称）創設。9・3 幕府、側衆田沼意次を大名に列し、評定所での郡上一揆の審理へ出座させる。9・14 郡上一揆の審理の結果、本多忠央（遠江相良藩）、西丸若年寄を罷免・改易、9月23日に老中本多正珍を罷免・逼塞。11・18 田沼意次、遠江相良の大名となる。12月 美濃郡上藩の金森頼錦が改易。12・22 幕府、翌年より再び河川国役普請制実施を布達。この年、幕府、明礬会所を京・堺に追加設置。
一七五九	九	2・4 田沼意次の弟意誠、一橋家家老となる。5・7 竹内式部を追放。
一七六〇	十	正・15 幕府、大坂に菜種問屋・綿実問屋の株を定める。3月 大坂町奉行所、町人出願の銭小貸会所の設立を許可。7月 幕府、諸大名に一万石につき籾一〇〇〇俵の囲籾（置籾）を命じる。9・2 徳川家治に将軍宣下、10代将軍となる。この年、長崎会所の拝借金二一万両を完済。熊本藩、桑・楮・櫨の木栽培を奨励。
一七六一	十一	5月 幕府、再び諸大名に一万石につき籾一〇〇〇俵の囲籾を命ずる。6・12 徳川家重、死去。12・16 幕府、買米資金として大坂豪商二五〇人に御用金一七〇万両を命ずる（翌年、2月撤回）。12月 幕府、空米の米切手発行禁止。同年、伊豆で芒硝（硫酸ナトリウム）発見、平賀源内に調査命令。
一七六二	十二	2月 幕府、薩摩藩へ拝借金二万両許可（御用取次田沼意次へ工作を行う）。6・6 幕府、勘定奉行石谷清昌に長崎奉行を兼務させ（明和7年6月17日まで）、小野一吉、勘定奉行に昇進。

西暦	和暦	事項
一七六三	十三	この年、幕府、八王子石灰に運上を命ずる。3・22 幕府、銅山の新規開発と再開発を命じ、諸国の銅山を調査。6・24 幕府、朝鮮人参の権威の本草学者、田村藍水を幕臣に登用。11月23日に江戸神田紺屋町に朝鮮種人参座を設置。この年、中国への銀輸出を禁止、年三〇〇〇貫の銀の輸入を開始。麻田剛立、同年の日食予言。
一七六四	明和元	正・14 幕府、大坂に金銭延売買会所の設置を許可、冥加金一五〇〇両。2月 平賀源内、火浣布を創製。5月 幕府、秋田藩阿仁銅山と周辺村一万石の上知を命令、6月に撤回（秋田藩は老中松平武元と御用取次田沼意次へ撤回工作を行う）。閏12月 信濃・上野・下野・武蔵国の農民、地主・本陣らの増助郷請負に反対して蜂起、広範囲の伝馬騒動が起こる（増助郷請負は撤回）。この年、作事方以下の役所の備品を現物支給から各役所経費による購入へと変更。
一七六五	二	3月 幕府、勘定奉行へ駆込訴の不受理を命ずる。5・13 幕府、奥医師多紀氏に躋寿館（のち医学館）設立のため、江戸神田に用地を与える。5月 幕府、中奥役人へ訴願人・訴訟人・老中らの家臣からの依頼による口利き禁止の触書を出す。8・2 幕府、江戸亀戸で鋳銭。9・1 幕府、五匁銀を新鋳。この年、初めてヨーロッパの銀貨をオランダから輸入。幕府、全国に俵物生産を奨励。賀茂真淵、『国意考』を著す。柄井川柳『誹風柳多留』刊行。
一七六六	三	5月 幕府小人目付、金山調査のため松前へ着く。6・3 幕府、大坂の長崎銅会所を廃し大坂銅座を設立、諸国の産銅を廻送させ独占的に販売。この年、江戸に来る摂家・門跡・公家の接待を簡素化。
一七六七	四	正・29 幕府、利根川筋の河川工事のお手伝い普請を仙台藩・広島藩に命ずる。5・22 幕府、諸国の金・銀・銅・鉄・鉛の鉱山の新規開発・再開発を奨励。7・1 田沼意次、側用人となる。8・22 幕府、山県大弐・藤井右門を処刑、竹内式部を八丈島に流罪（明和事件）。12・23 幕府、大坂に家質奥印差配所の設置を許可。12月 伊達重村が左近衛中将、従四位上に叙任

		（明和二年より老中松平武元と御用取次田沼意次へ猟官工作）。この年、伏見鋳銭定座で鉄銭を鋳造。田村藍水が闍婆菜を栽培し、その種を献上。米沢藩（藩主上杉治憲〈鷹山〉）、藩政改革を開始。松江藩（藩主松平治郷〈不昧〉）、藩政改革（「御立派の改革」）が進められる。
一七六八	五	正・22 大坂の町人、家質奥印差配所に反対して打ちこわし。4・28 幕府、真鍮四文銭を鋳造開始。4月 幕府、水戸藩と仙台藩に三年間の鉄銭鋳造を許可。6・19 長崎に竜脳座を設置。12月 大坂家質奥印差配所が設立される。
一七六九	六	正月〜2月 幕府、一揆鎮圧のための近隣領主の出兵方と対処を示す。2月 幕府、尼ヶ崎藩領の兵庫・西宮を上知。8・18 田沼意次、奥兼帯で老中格、侍従になる。この年、経費削減のため、工費五〇両以上の修復工事は勘定吟味役の点検を要することとする。
一七七〇	七	4・16 幕府、徒党・強訴・逃散禁止と密告すべき旨の高札を出す。8・25 幕府、大坂の油問屋（菜種問屋・綿実問屋・綿実絞り油屋・出油屋）の株を定め、摂津・河内・和泉の在方油稼株を定める。10月 幕府、江戸の質屋株を定め、運上金を三伝馬町伝馬役助成金とする。この年、江戸口京口油問屋が株仲間として公認される（灯油価格安定のため冥加金なし）。大坂町人の出願により銀小貸会所設置。
一七七一	八	4・5 幕府、不作のため五か年間倹約令を出し、経費削減、拝借金の制限を命ずる。5月 幕府、百姓の江戸門訴の罰則を布令。7・12 小野一吉、大目付となる。8月 池大雅・与謝蕪村『十便十宜図』成る。この年、家質奥印差配所より幕府へ九九五〇両の冥加金が上納される。また、大坂町奉行所、銀小貸会所の設立を許可。本木良永『和蘭地図略説』（翻訳）刊行。この年より安永三年にかけて関東諸河川の河岸調査、一五八の河岸に河岸問屋株を設定。
一七七二	安永元	正・12 幕府、大坂天満青物市場問屋・仲買の株仲間公認。正・15 田沼意次、老中となり、側用人を兼任。正月 幕府、代官に対し酒造・醤油醸造・酢醸造・絞油・水車稼ぎ・薪の稼ぎのある農村への冥加金上納を命ずる。2・29 目黒行人坂大火。屋敷の焼けた老中・若年寄・御用取次・旗本に拝借金を認め、大名には拝借金は認めず。6・5 幕府、大坂綿屋仲間を公認。

西暦	和暦	事項
		9・7 幕府、南鐐二朱銀を新鋳。10月 幕府、大坂綿買次積問屋株を定める。この年、幕府、樽廻船問屋株を公認。
一七七三	二	2月 幕府、大坂の正米切手流通保証のため、官銀立替制を実施。4月 飛騨国で新検地反対一揆（大原騒動）起こる（安永六年に処罰）。同月、菱垣廻船積問屋、株仲間公認。5月 幕府、江戸の医師に医学館再建の寄付銀をつのる。10月 鹿児島藩校の造士館創設。この年、田村藍水が綿羊の飼育開始。鈴木春信、錦絵を創始。手島堵庵、京都東洞院に心学講舎の修正舎を設立（以後、各地に講舎が普及）。平賀源内、秋田藩に招かれ院内銀山から阿仁銅山を視察。この年ころ、平賀源内ら秩父中津川金山の開発開始。
一七七四	三	8・26 幕府、禁中の経理担当の不正官人を処罰。8月 杉田玄白・前野良沢・桂川甫周『解体新書』（挿図は小野田直武）刊行。この年、摂津国平野郷に繰綿延売買会所の設置を認める。熊本藩、櫨蠟専売制を開始。薩摩藩、医学院設立。
一七七五	四	この年、家質奥印差配所が廃止される。幕府、野州石灰、下総銚子・本所深川蛎殻灰の業者に運上を命ずる。恋川春町『金々先生栄花夢』刊行（黄表紙の始まり）。
一七七六	五	正・20 米沢藩校の興譲館が再興される。4月 上田秋成『雨月物語』（読本）刊行。11月 平賀源内、エレキテルを完成。
一七七七	六	正・12 信濃国高井・水内郡幕府領一揆（中野騒動）。9・10 幕府、徒党・強訴・逃散禁令を出す。この年、禁裏に定高制を導入し、年間財政を銀七四五貫目・奥御用金八〇〇両と定める。
一七七八	七	6月 ロシア船、ノッカマプに来航して松前藩に交易を要求。7・28 田沼意誠子息の意致、一橋家家老となる。
一七七九	八	2・24 将軍家治の世子、家基死去。8月 ロシア船、厚岸付近に来航、松前藩は交易要求を拒否。7・29 老中首座松平武元、死去。11・25 光格天皇即位。この年、ハンガリー人ベニョフ

		スキーが阿波・奄美大島に寄港、ロシアの蝦夷地進出の危険をオランダ商館長に告げる。中沢道二、日本橋塩町に心学学舎「参前舎」を開く。
一七八〇	九	8・28 幕府、大坂に鉄座、江戸・大坂・京に真鍮座を新設。
一七八一	天明元	閏5・18 将軍家治、一橋家徳川治済の子息豊千代（のちの家斉）を養嗣子とする。9・18 井伊直朗（正妻は意次の四女）、若年寄となる。12・15 田沼意次の子意知、奏者番となる（↓田沼意次、全権掌握）。この年、幕府財政が金収支・米収支ともに赤字となる。毛綿問屋仲間の株仲間公認。福岡藩の亀井南冥が「肥後物語」を著し、松平定信に献上。
一七八二	二	2・12 幕府、下総印旛沼・手賀沼の調査開始。4・23 田沼意致、家斉の御用取次となる。8月 幕府、印旛沼干拓工事を決定。この年、江戸三度飛脚屋、株仲間公認。幕府、利根川・鬼怒川・江戸川の川浚い請負業者に運上を命ずる。広島藩に学問所創設。内山賀邸が『狂歌若葉集』刊行。呉春、天明年間に『柳鷺群禽図屏風』を描く。この年、冷害。
一七八三	三	正月 工藤平助『赤蝦夷風説考』成立。同月、四方赤良（大田南畝）・朱楽菅江『満載狂歌集』刊行。唐衣橘洲『狂歌若葉集』刊行。7・6 浅間山大噴火。10・9 幕府、大坂の豪商十一軒を融通方に指名、御用金令を出す。10月 幕府、米切手改印制を導入。11・1 田沼意知、若年寄となる（奥兼帯）。12・16 幕府、七か年倹約令を出し、拝借金を全面停止。12月 幕府、代官に年貢量の維持、冥加金・運上・小物成の増額、川除・道路普請工事の減額を指示。この年、尾張藩校の明倫堂創設。司馬江漢、日本初の銅板画『三囲景図』を制作。大槻玄沢『蘭学階梯』を著す。この年（〜翌年）、平秩東作が江差を訪ねる。この年、天明の大飢饉。
一七八四	四	2月 福岡藩校の修猷館創設。3・24 田沼意知、佐野善左衛門政言により斬殺（公表4月2日死去）。4・23 徒党・打ちこわし禁止。5・22 勘定奉行松本秀持、田沼意次に蝦夷地政策案を提出。11月 幕府、江戸両替商の株数を六四三株とし冥加金を両替商役金として納めることとする。同月、米切手改印制廃止。12月 与謝蕪村『蕪村句集』刊行。同年、大飢饉。
一七八五	五	2・17 幕府、俵物を長崎会所の独占集荷にし、長崎役所と改称する。2月 幕府、普請役山口

西暦	和暦	事項
		鉄五郎らを蝦夷地調査に派遣、最上徳内も参加。12月 幕府、大坂の豪商と大坂周辺地域の寺社・富裕者六〇〇〜七〇〇軒に御用金令を出す。この年、林子平、『三国通覧図説』を著す。山東京伝『江戸生艶気樺焼』（黄表紙）刊行。この年末ころ、幕府、印旛沼干拓に着工。
一七八六	六	2月 勘定奉行松本秀持、蝦夷地新田開発策を田沼意次へ提出。4月 武蔵国大師河原村名主・池上幸豊が甘蔗砂糖伝授のため京・大坂・畿内廻村の許可を得る。5月 最上徳内、エトロフ島からウルップ島へ渡る。6・29 幕府、大坂に貸金会所設置し大名へ貸付のため、全国の百姓・町人・寺社に御用金令出す。7月 利根川氾濫、江戸大洪水。8・24 幕府、全国御用金令・大和金峰山鉱山開発・印旛沼干拓工事の中止決定。8・25 将軍家治、死去（公式は9月8日）。8・27 田沼意次、老中辞職。10月 蝦夷地調査を中止。閏10・5 田沼意次、二万石と大坂蔵屋敷・神田橋上屋敷没収、謹慎。松本秀持が罷免、小普請入り。11・1 朝廷、朔旦冬至の旬を再興。この年、林子平『海国兵談』成る。大槻玄沢、江戸に芝蘭堂設立。烏亭焉馬、咄の会を主催。
一七八七	七	3月 幕府、大名へ、老中ら幕府重職の屋敷へ家臣がみだりに出入りすることを禁ずる。5月 江戸で打ちこわし。6・19 松平定信、老中に就任（寛政の改革開始）。6月 幕府、大老・老中ら諸役人への贈物規制の触書を出す。7月 代官へ職務上の教諭を行う。8月 幕府、両替商役金制度を廃止。10・2 田沼意次、相良城と二万七〇〇〇石を没収され隠居、謹慎。同日、孫の龍助に一万石を与えられる（のち陸奥信夫郡下村へ転封）。11・26 幕府、江戸神田の朝鮮種人参座を廃止、人参製法所で自由販売とする。この年、山東京伝『通言総籬』（洒落本）刊行。宿屋飯盛・山東京伝『古今狂歌袋』刊行。
一七八八	八	5月 甘蔗植付け場所の調査がおこなわれる。10月 印旛沼干拓工事を発案した代官宮村孫左衛門、遠島。この年、大坂の銭小貸会所と銀小貸会所が廃止。同年、朋誠堂喜三二の黄表紙『文

一七八九	寛政 元	武二道万石通』刊行。常磐津の歌舞伎舞踊劇「戻駕」中村座初演。この年、質屋運上金を廃止する。朽木昌綱撰『泰西輿地図説』（一七巻）刊行。恋川春町、黄表紙『鸚鵡返文武二道』刊行。
一七九〇	二	この年ころ喜多川歌麿が「美人大首絵」を描き始める。一七九〇年代に司馬江漢、『異国風景人物図』を描く。
一七九一	三	10月 幕府、多紀氏の躋寿館を医学館と改称し官学化。同年、朝廷負債額五一万両。朝廷、神嘉殿を造営。山東京伝、洒落本『仕懸文庫』刊行し処罰。中井竹山『草茅危言』を松平定信に提出。
一七九二	四	10月 幕府、大名らから側衆・勘定奉行・町奉行ら表向き役人への進物に関する触書を出す。この年、宇田川玄随『西説内科撰要』（翻訳書）を紹介。同年、和歌山藩、医学館を設立。
一七九三	五	7・23 幕府、塙保己一に和学講談所の設立を許可。
一七九四	六	5月 東洲斎写楽、芝居興行に併せ黒雲母摺大首絵を描く（翌年忽然と浮世絵界から姿を消す）。
一七九五	七	6月 円山応挙『保津川図屏風』成る、翌月死去。
一七九六	八	この年、稲村三伯『ハルマ和解』完成。
一七九八	一〇	6月 本居宣長『古事記伝』を完成。7月 本多利明『西域物語』成る。この年、高橋至時・間重富の寛政暦を採用。本多利明『経世秘策』成る。

あとがき

私は、二〇〇七年に『田沼意次』（ミネルヴァ日本評伝選）を執筆し、そのなかで田沼意次という人物に密着して田沼時代を描いてみた。本書は、田沼時代そのものを政治の流れだけではなく多面的な要素に目配りしながら叙述しようと試みた。できれば、両方を合わせ読んでいただければ幸いであり、私の意図をよりよくご理解いただけると思う。前著では、人物を政治や社会、経済の深みから理解しようとし、本書では、政治を社会、経済の深みから、そしてその政治が生みだしたものは何かを考えようとした。そのように意図した理由は、つぎのような事情からである。

本シリーズの「刊行の辞」に書いたとおり、近世史研究は、政治史、社会史、経済史、対外関係史、思想史などの分野ごとに深化、発展して大きな成果をあげてきた。ところが、政治史は政治史、社会史は社会史、経済史は経済史などと、あたかも独立した研究分野であるかのように没交渉に近く、他の分野の研究成果にあまり関心を寄せることのないまま研究を進めているように見受けられる。また近世前期と後期とが別個に行われ、近世の全史を見通して研究がなされているとは言い難い。

日本の近世を対象とした現在の研究は、いくつもの部門史という管の寄せ集めであり、しかも前期と後期とは管が途中で詰まっている状態なのではないか。これでは、部門史は発展してもいくつもの要素が有機的に結びついて成り立っている近世の全体像を描くことなどとてもできない、と考えたからである。田沼時代という近世の一期間を取り上げた本書が、近世史の研究状況をどれほど乗り越えることができたのかは読者の判断に委ねるしかないのだが、著者が意図したのはこのような趣旨である。

歴史の一つの時代は、生成、発展、解体の過程を歩む。田沼時代は、日本の近世という一つの時代の発展期にあたっている。社会と経済、そして文化が発展する、人でいえば青壮年期に該当するのだろう。その点で、近世の歴史のなかでもっとも充実し活き活きとした時代だったのではないかと思う。そのような近世の一時期の、そしてそこに生きた人びとの息吹、息づかいを感じ取りその一部分でも描きたかった。

本シリーズ各巻のタイトルは、よくいえばオーソドックス、悪くいえば古くさい。出版する側には不満があるかもしれない。しかし、近年の刊行物のタイトルには悪くいえば誇大広告のようなものすらあり、その書物の内容や内実とそぐわないのをときおりみかける。また、思いつきをさしたる論証もなく主張するものすらある。本シリーズは、そのようなものを排して、狭義には近世政治史、広義には近世史研究の到達点を示すものとして長く読み継がれることを意図し、それを念願している。

本シリーズを企画され、困難な課題の前になかなか執筆のすすまない筆者たちを督励し、刊行にこぎつけた吉川弘文館編集部には感謝申し上げたい。

二〇一二年三月

藤　田　　覚

著者略歴
一九四六年　長野県に生まれる
一九七四年　東北大学大学院文学研究科博士課程修了
現　在　東京大学名誉教授
〔主要著書〕
『近世政治史と天皇』（吉川弘文館、一九九九年）
『近世後期政治史と対外関係』（東京大学出版会、二〇〇五年）
『天皇の歴史06　江戸時代の天皇』（講談社、二〇一一年）
『泰平のしくみ』（岩波書店、二〇一二年）
『幕末から維新へ　シリーズ日本近世史5』（岩波書店、二〇一五年）

日本近世の歴史

日本近世の歴史④
田沼時代
二〇一二年（平成二十四）六月十日　第一刷発行
二〇一八年（平成三十）三月二十日　第二刷発行
著　者　藤田《ふじた》　覚《さとる》
発行者　吉川道郎
発行所　株式会社　吉川弘文館
郵便番号一一三―〇〇三三
東京都文京区本郷七丁目二番八号
電話〇三―三八一三―九一五一〈代表〉
振替口座〇〇一〇〇―五―二四四
http://www.yoshikawa-k.co.jp/
印刷＝株式会社　三秀舎
製本＝誠製本株式会社
装幀＝河村　誠

ISBN978-4-642-06432-3

日本近世の歴史

刊行のことば

本シリーズは、織豊政権から始まり明治維新で終わる近世の歴史を、政治の流れを中心に最新の成果に基づいて叙述した通史である。

近世史研究は、政治史、社会史、経済史、対外関係史、思想史などの各分野ごとに深化、発展し大きな成果をあげてきた。ところが、政治史は政治史、社会史は社会史、経済史は経済史などと、あたかも独立した研究分野であるかのように没交渉であり、かつ他の分野の研究成果に無関心のまま研究を進めている。また政治史分野の研究は、いままでの通説的な理解を覆す多くの新たな成果を生みだしてきたが、近世前期と後期とが別個に行われ、近世全史を見通して研究がなされているとは思えない。その状況は、他の分野でも同様であるようにみえる。日本近世を対象とした現在の研究は、いくつもの部門史の管の寄せ集めでしかなく、しかも前期と後期では管が途中で詰まっているのが現状である。

これでは、部門史は発展してもいくつもの要素が有機的に結びついて成り立っている近世の全体像を描くことなどとてもできない。近世史研究の発展を図るためには、各部門史の研究の到達点を踏まえた総合的で通史的な書物が求められる。本シリーズは、対外関係史は当然のこととして、なるたけ社会史や経済史などの成果にも目配りしながらも、近世政治史研究の最新の到達点を平易に伝えることを目指して企画された。研究者のみならず一般読者が日本近世の全体像を豊かにするうえで、大きな寄与ができれば幸いである。

企画編集委員　藤田　覚
藤井讓治

日本近世の歴史

1 天下人の時代　藤井讓治著　2800円

2 将軍権力の確立　杣田善雄著　2800円

3 綱吉と吉宗　深井雅海著　2800円

4 田沼時代　藤田　覚著　2800円

5 開国前夜の世界　横山伊徳著　2800円

6 明治維新　青山忠正著　2800円

吉川弘文館（表示価格は税別）